黃昏未晚

黃昏未晚

後九七香港電影

彭麗君 著

中文大學出版社

《黃昏未晚：後九七香港電影》（增訂版）
彭麗君　著

© 香港中文大學 2010, 2018

本書版權為香港中文大學所有。除獲香港中文大學
書面允許外，不得在任何地區，以任何方式，任何
文字翻印、仿製或轉載本書文字或圖表。

2010年第一版
2018年增訂版

國際統一書號 (ISBN)：978-988-237-081-4

出版：中文大學出版社
　　　香港　新界　沙田・香港中文大學
　　　傳真：+852 2603 7355
　　　電郵：cup@cuhk.edu.hk
　　　網址：www.chineseupress.com

本社已盡最大努力，確認圖片之版權持有人，並作出轉載申請。唯部分
圖片未能確認版權誰屬，如版權持有人發現書中之圖片版權為其擁有，
懇請與本社聯絡，本社當立即補辦申請手續。

Sunset Not Yet: Post-1997 Hong Kong Cinema (revised edition) (in Chinese)
By Pang Laikwan

© The Chinese University of Hong Kong 2010, 2018
All Rights Reserved.

First edition 2010
Revised edition 2018

ISBN: 978-988-237-081-4

Published by　The Chinese University Press,
　　　　　　　The Chinese University of Hong Kong,
　　　　　　　Sha Tin, N.T., Hong Kong.
　　　　　　　Fax: +852 2603 7355
　　　　　　　Email: cup@cuhk.edu.hk
　　　　　　　Website: www.chineseupress.com

The Press has made all possible efforts to identify the copyright
holders for all images printed in this book and has sought permission
to print accordingly. However, for those copyright holders who could
not be located and who are owners of the copyright(s) for one or
more images in this book, please contact the Press and we will rectify
any permission requests that are necessary.

Printed in Hong Kong

獻給吳榮

目錄

增訂版序

　　非常感激中文大學出版社，讓《黃昏未晚》能夠有再版的機會，也讓大家繼續相信，在這個電子化的即食文化下，書本依然有其持久的價值。但今天重看八年前的文字和分析，恍如隔世，當天的思考都跟今天的氣氛狀況很大程度接不上軌。2014 年的雨傘運動確實是香港歷史的一個重大節點，當中的轉折不單指大家對中國的態度，或是對香港的期許，更深層次的是不少香港年輕人對香港文化的理解和實踐，已經跟上一輩完全割裂。除了是因為互聯網逐步管理和革新文化製作和接收外，也是因為香港新一代對傳統文化工業的厭惡與不信任。電影，作為傳統文化工業的代表，也沒法再承載這一代人的創意、親密、憂慮和想像。相反，很多年輕人相信，傳統文化工業是既得利益集團的意識形態灌輸渠道，也是資本主義的合謀。

今天很多香港年輕人都自覺地站在廣義的社會建制的對立面上，覺得文化不能再用工業模式來製作和營銷，也不再眷戀一些去政治的、純娛樂的文化。反而，新一代的文化應該是機動的、批判的、本土的、社群的。這樣的文化，傳統的雅俗之別已經不再明顯，也沒有很清楚的主流和另類的分野，我們見到更多非工業的電影／錄像作品，成本低，製作簡陋，在互聯網或另類影展流傳，很多同時兼顧嚴肅和過癮，可以很低俗，但又義無反顧、理想高遠。今天這種青春和反叛，又不像當年的龍剛電影，我們看不到《飛女正傳》中大喊「我要坐監」的蕭芳芳，或在《英雄本色》憤世嫉俗一臉忐忑的謝賢，反而是三次創作又願意無限自嘲《日日去鳩嗚》的邁邁華dee，或做了無數次古惑仔以及一次恐怖分子（《十年》中的〈浮瓜〉）的南亞演員陳彼得，他們既卡通又認真，自己的生活或演出的角色可以很失敗，但都是貨真價實的新一代香港人（雖然陳彼得已過四十）。反而，在電影院上映的傳統香港商業電影，無論是心態上或製作上都顯得老態龍鍾，絕大部分都沒有辦法勸服年輕人買票進場。

我一直相信，香港電影在過去的七八十年中是香港文化的一個豐富載體，電影是大眾娛樂，也是人文表達，貫連高低雅俗，無論在電影美學、動作表演和反映社會上，香港電影也有其不平凡的歷史。就算九七後的十年香港電影風光不再，但當中各種掙

扎和嘗試其實很有質感，是香港文化史的新章，這是我寫《黃昏未晚》的本意。但當十年又過去，「香港電影」這個概念已經全然變得面目模糊，合拍片的運作非常成熟，當中很多香港電影人已經融入國家的工業和市場，再沒有明顯的你我之分。也有很多大陸資金投資香港導演香港題材，例如《寒戰II》、《葉問3》、《危城》、《明月幾時有》等，但因為主要為大陸市場而拍，都顯出不同程度的彆扭。沒錯，因為審查或自我審查，香港導演或編劇可能要用上曲筆寫故事，但在香港看這些故事的觀眾和評論人，部分沉溺於自己的無限想像，硬要把二元的意識形態塞進特意去政治的文本上，評論都變得很單一。

這幾年在香港打正旗號沒有中國資金、以香港為題材、在香港又有一定票房和口碑的「香港電影」寥寥可數，例如《五個小孩的校長》、《踏血尋梅》、《點五步》、《幸運是我》、《一念無明》等。但沒有大陸資金不代表不想要大陸票房，其實這幾部電影最後都成功進入中國市場，只是成績比較普通，無法吸引大量國內觀眾，也代表在中國市場的運作上，投資和回報有很大關連。也有一些突顯政治取態的，例如《那夜凌晨，我坐上了旺角開往大埔的紅VAN》、《樹大招風》和《十年》，以沒有大陸資金和大陸市場為定位，可以很歇斯底里，例如《紅VAN》的姦屍以及《十年》的反共。電影在社會引發各式各樣正面負面的評論，這幾年也只有

這幾部香港電影在國際上能產生一些迴響,《十年》的團隊還成立了「十年電影工作室」,促進不同的國際版本,名導演是枝裕和更已經答應出任《十年日本》監製一職,而其他絕大部分的香港電影在國際上都得不到甚麼關注。不能否認,這些所謂的本土電影很多都是電影工業的例外,尤其是《十年》的成功,根本是對傳統電影工業的諷刺和鞭撻,電影能夠得到2016年香港電影金像獎的最佳電影,很大程度代表了投票人(大部分都是電影從業員)對這個工業和整個社會的投訴。

九七後香港政府迷信「創意工業」,而電影製作又被誤以為是香港「創意工業」之首。從1998年董建華年代撥款一億元成立的「電影發展基金」開始,到2003年用五千萬成立的「電影貸款保證基金」,和2009年推出的「首部劇情電影計劃」,甚至到了2015年梁振英還在他的《施政報告》中再次提出扶持電影工業,曾俊華在隨後的《財政預算案》中落實撥出二億元到「電影發展基金」發展電影。香港電影作為創意工業、需要政府支持這舊調已經重彈了不知多少遍,但就如很多社會範疇一樣,香港電影工業的發展與政府的積極投入都成反比,我們暫時都看不到各種措施對香港電影有任何明顯的推進作用。

我覺得大家不能再用「工業」這種思維來理解今天的香港電影,因為在中國電影的巨大商業磁場下,香港電影作為一個商業

概念已經不大能成立：香港的電影人，要麼進入中國市場，難以
表現香港的在地經歷和集體感情，因為市場不需要這些，也可能
觸碰各種政治禁忌；要麼放棄中國市場，但資金非常不足，根本
沒法拍攝傳統主流商業電影，可能間有商業成功的例子，但鳳毛
麟角，不足以維持一個工業。在傘後四年的今天，如果我們還是
相信有香港電影這個概念，我們要問的是，除了商業能力外，香
港電影還有何價值？

　　幾年來香港電影工業的衰落，卻換來一個獨立電影文化，這
在本書新的第九章會有比較詳細的討論。我們應該珍惜這一股獨
立之風，因其在香港電影的歷史軌跡下是新生事物，有利電影文
化的多元發展。香港從來都是一個主流太大，另類太少的地方，
沒有足夠空間讓非主流的文化發展，相比其他很多國際城市，例
如紐約、倫敦、東京，甚至北京，香港的非商業文化發展都比較
匱乏，而我們常常懷念的九十年代的文化工業，可能也是主流最
霸道的年代。當今天這些壟斷的文化工業沒落時，也讓各另類文
化找到生存的空間，我們或許能看到香港文化的各種可能。這不
代表我們可以盲目地頌揚本土文化；我們需要的，是一個更寬廣
多元的視野去接受不同的電影實踐和試驗。

　　我們也應該更留意香港對中國的意義。事實上，香港電影在
中國大陸的上映和接收有明顯的小眾化趨勢，觀眾群可能越來越

小，但她們帶着的知識、要求甚至思考也更高，她們也不一定只用娛樂的角度看香港電影，而是相信香港有其自身的社會肌理和文化脈絡，可以找到不同於內地的例外，甚至政治想像。另外，越來越多廣東地區的影院選擇粵語版本，而在廣東以外也有零星粵語版的放映，在強烈的愛國主義下，粵語電影在中國究竟被歸類為外語電影，還是方言電影，似乎還沒清楚，但肯定兩者都有政治風險。最令人費解的是，在眾多所謂的客觀指標下，香港在國內被解讀為於各領域都落後於北京、上海甚至深圳，但中國投資者為何還要不斷投資中港合拍片？為甚麼仍然要拉攏香港電影人拍以香港為題材的電影？中國怎樣看香港，看香港文化，始終是一個非常複雜的問題。香港，終歸是中國的一個結，怎樣解、如何用，不單在於某些人的智慧，更是大家的共業。文化最大的價值，就是它的開放和多元性，我相信電影永遠不能被政治完全收編，我也相信香港不會被二元的政治氣氛所淹沒。

我沒有為原來的各章節作出很大改動，雖然香港社會改變很多，但我想忠於當時的看法，也覺得大部分的分析沒有完全過期。另一方面，我也希望能為 2010 年後香港電影的發展做一些記錄和分析，所以除了這個新的增訂版序，以及修改了一下結論，我在第六章更新了比較多的數據，尤其是中國電影市場這十年來的快速發展，對香港電影來說非常關鍵，我也添加了新的兩章

（第九章和第十章），講述和分析我所知的雨傘電影，以及提出中港兩地界線的意義。第九章討論雨傘電影和傳統的香港商業電影的分野，無論在題材、類型、美學，以至整個製作、發行和放映的文化和機制，都有其嶄新和實驗的成分，最重要的是，它們同時在反映社會，也為社會指向一個開放的未來。第十章延續本書原來的「跨越」母題，通過觀眾和導演兩個角度看中、港的商業電影跨界活動，一方面中國觀眾會親身來港看內地看不到的電影，另一方面香港導演大量回國拍中國觀眾要看的商業製作，我會特別細讀《美人魚》，通過電影討論跨界的各種意義。在此我特別感謝李屏的翻譯和黎國威的資料搜集，讓我在有限時間內把工作完成。也感激中大出版社的彭騰，她是本書初版和增訂版的責任編輯，她的專業和善解人意，讓我覺得出版不只是一個人的孤獨旅程。

2018年4月

第一章

導論：香港電影研究

　　打從 1997 年開始，香港電影的衰落是有目共睹的，票房及產量每年遞減，除了少數因為要爭取龐大市場而不可能有新意的中港合拍片外，這個曾經是生氣盎然的電影文化圈已沒能力提供令人驚喜甚至及格的娛樂。一群造夢者在一個不能為她們提供夢想的市場掙扎求存。作為一個聲名顯赫的東亞電影夢工場，香港電影經歷着超過十年的大衰退。雖然論者早已對此作出了多種解釋，並提出各種解決方案，[1]但香港電影市道依然未見復甦。在香

---

[1]　1999 年，香港政府撥出一億港元，成立電影發展基金以支持本地製作，但由於條款苛刻，最後成功批出的資助非常少。後經業界多番遊說，時任香港特別行政區行政長官曾蔭權終於在〈2006 至 2007 年施政報告〉中承諾，政府將加快成立香港電影發展局，以宣傳香港電影工業。很快地，政府就公布成立了一個全新的電影基金，預算為之前的三倍，並會直接投入業界。此外，還有為數不少由學院和專業團體主辦的工作坊和研討會，都是旨在探討如何推動香港電影工業的發展，其中包括由香港電影工作者總會主辦，於 2002 年 9 月舉行的 "The Conference on Uplifting Hong Kong's Film Industry"。至於其他相關的例子，可參張建（1998：9–26）；陳清偉（2000：6–11）。

港上映的港產片，2006年有52部，2007年有51部，2008年有53部，這是二次大戰以來最低迷的時代。[2]

今天，對香港電影工業來說，無可稱道的不僅是台前幕後的人才、電影中的人物或故事，甚至是各種製作和宣傳意念（即港人所說的「橋」）。本土觀眾再沒有看本土電影的習慣，開始失去對本土電影曾經有過的投入和感動；海外觀眾更沒有義務去支持人家一個凋謝中的文化。商業電影所從屬的香港文化工業不斷枯萎，廣東流行音樂再沒法打造天王天后，而香港電視（曾經是電影人的訓練場）的水準更是每況愈下，整個娛樂工業不斷向守舊靠攏。而最致命的，是中國文化工業的快速成長：香港曾經是整個華人社會的潮流集散地，但這個普及文化首都的位置慢慢被北京所取代，大部分的香港傳媒事業都以其北京分店（或總店）為光榮。正如其他文化、社會和經濟範疇，「香港電影」這個概念逐漸被「中國電影」所取代，很多電影人把目光轉到中國的市場和觀眾上，不過，國內的審查制度、市場規律和複雜人脈關係還是讓很多精明的香港電影人感到糊塗與費解。再不然就如陳可辛一樣，把辦公室和自己遷往北京去落地生根，直接了解和迎合北方人的口味，也第一時間感受政治風向。

---

[2] 數字已包括合拍片。數據來自香港貿易發展局。

經過幾年的失意經營，很多香港電影人對香港電影這個品牌漸漸失去信心，代之而起的是跨境或跨國電影的新潮流，這種製作的邏輯及氛圍現正瀰漫着整個電影工業。不單止香港，各地很多製片人都希望通過策略性的跨國合作，付出最少的風險及成本，而得到最大的投資機會及最廣的市場、最多的稅項優惠和最配合的政策實施。特別在中國龐大市場的誘惑下，一個自以為遊走於新自由主義和壟斷資本主義的香港政府，不斷鼓勵發展文化工業的融資和服務介面，而香港電影也正在努力發展它亞洲買辦的角色。這種轉變，帶來的後果是香港電影的去本土化。香港電影的成功，一直在於作品和觀眾的文化親緣性，這種關係在這個跨境/跨國合作潮流中快將消失殆盡，香港觀眾和香港電影近百年所建立的互信和「心照」，可能會靜靜地在這代的電影人及觀眾中遺失掉。

　　然而，大家依然認同香港電影為香港文化的代表。在中港電影融合的大潮流下，香港電影的獨立身份，還存在於普遍中國人的意識中。而事實上，在這樣一片蕭條和衰敗的氣氛中，這個工業又似乎有着驚人的柔韌性和生命力，監製及投資者還是非常積極地尋找新導演和新題材，希望可以掌握或帶領內地市場和新一代觀眾的口味。在主流商業電影的不斷減產下，獨立電影卻發展蓬勃，隨着數碼科技的普及，參與獨立電影製作的年輕人有增無減，當中很多可能只是為了個人的興趣或朋友之間聯誼，但為數

不少也嘗試以拍攝電影為人生目標；這幾年對香港電影圈來說，失意離場和努力混進去的人同樣多。同時，香港繼續為內地另類電影提供出路，在香港獨立短片錄像比賽（IFVA）中，本地及國內提交的作品有不斷上升的趨勢；香港國際電影節和香港亞洲電影投資會（HAF）繼續為內地新進提供機會，造就賈樟柯和寧浩等傳奇。香港電影雖然有可能被偌大的中國市場所吞沒，但另一方面，香港電影也可能借勢鞏固已有的優勢，輸出技術、意念和人才。香港電影和中國電影現在的關係，不單是簡單的北進想像或是霸道的大中華同化，而是複雜的互生和消融，香港在當中位置，以及電影人跨境的合作，充滿計算、憂慮和變數。究竟現在的香港電影是處在黃昏遲暮，還是衝在重生的當頭，還要看各方的努力，和種種的因緣。

但我還是選擇先面對香港電影已被判死刑的事實，才重新閱讀它的意義，和它重生的可能。大部分論者都以一個診斷的角度來看今天的香港電影：很多分析及意見都歸咎盜版光碟和互聯網下載的盛行，造成買票進電影院的觀眾減少；亦有解釋是東南亞市場對港片的需求及投資縮減，以至直接影響香港電影的資金及水準；也有說是香港觀眾的收入及資產下降，在娛樂層面的花費當然相對地減少，加上網絡的發展，進電影院看電影是過時的活動；也有評論提出電影過份的商品化為香港電影業所帶來惡果；又或者，香港

電影在八九十年代的發展太冒進,當中有太多的急功近利,大起大跌是歷史必然,也是活該……。無論歸咎哪一方面,以上各種論述都很容易傾向錯誤地把期望寄託在政府頭上(因為大家都在找一個市場的控制者),也會忽略了電影與社會的複雜關係。

或者香港電影近十年最有趣的意義,是它在一種恐懼環境下的自處。面對死亡需要一份悲劇式的勇氣,這也可能是創造力的來源。它跟九十年代的世紀末氛圍不一樣,當時面對的雖然是一個未知數,但同時也帶來不合理的經濟利潤,一種「只有今天」的狂喜和虛耗。但除了少數大導演大明星外,今天的香港電影連「今天」也沒有,只能咬緊牙關妄想「將來」,可能電影工作者只有在面對這個工業的衰敗時,才能體驗真正的跨越性。

我希望通過本書探討各種在當代香港電影表現出的跨越性:跨越可能是因循和守舊的相對,帶出創新的契機,但跨越也可以是一種假像,可能只能躍到別人的控制中;跳出困局需要無比的勇氣,但也可能只是盲目地尋找生路,發自一種最簡單的求生慾望;跨越的主體往往卡在計算與無法計算之間,最後犧牲的可能比獲得的更多,但一個跳躍也是對自由的允諾,開展了時間和空間,承擔了歷史的可能。今天的香港電影在掙扎求存中表現出的種種面貌,可能更複雜地表現了香港文化的潛質。我覺得這十年來香港電影蹣跚的發展,間接地體會了香港文化在九七後的一種

難堪局面：香港還可以依賴甚麼去繼續維持（或自欺欺人）它的獨特性？當經濟和政治也只是「大國」的一個部分，「小城市」的普及文化好像無可避免地會逐漸湮沒於其中，但是，在學習做一個國家的公民，在跳出狹隘的轉口港視野的同時，我們還必須繼續承擔本土社群的文化身份，而「香港」確實有它豐富的歷史厚度和意義。我們如何在既不把香港文化本質化的同時，能不卑不亢地守護一個地方一個社群的自主空間，這是研究今天香港文化不能迴避的問題，縱使在這本書中我們要面對的是一個以商業邏輯為主導的電影工業。

電影和電影研究

在這裏我必須向讀者申明本書的論述位置：這不是一本香港影評集，香港有很多出色和有承擔的影評人，讀者很容易在各渠道讀到她們的作品。這也不是一本純粹的電影讀本，我對香港電影工業和文化缺乏全盤的掌握，沒有能力也沒有野心為當代香港電影作一個總結，本書所排除在外的比所包含的多許多，例如我就愧疚於沒有時間及能力為香港另類電影作一個綜論，也沒有為這幾年很多出色的相關作品仔細分析。我從事文化研究，最大的研究興趣不（單）在於文本的閱讀，而是個別電影作品、電影人或

是整個電影文化所給予我對一些文化現象和理論的啟發，我希望在尊重電影文本的同時，也能通過研究電影這個媒體去探索及開拓一些比較宏觀的文化視野以至理論分析。我不想犧牲電影的獨特個性和文化脈絡以遷就理論的既定論述，但我也不能只從屬於個別作品的規限或電影人的視野去作出反應式的批評。我希望在尊重電影文化和電影文本的同時，也要保持學術研究所應有的後設思考和理論關懷，因此本書是一本學術論文集。

前段說明瞭「香港電影」的歷史條件，在這裏我也必須概括指出「香港電影研究」所面對的問題。多年前當我在美國念電影研究的本科時，香港和華語電影根本不在當中的版圖上，教授當中沒有亞洲電影研究的專家，豐富的課程也找不到任何有關的科目。但今天，華語電影研究在海內外可以說已成為顯學，國外主要的電影系都有亞洲甚至華語電影研究的專家，而很多歐美的東亞研究系或是華人地區的中文系、藝術系、傳播系等也不斷開辦和發展電影研究的課程。以各種文字發表和正在進行的有關碩士、博士論文不計其數，還有不停出版的論文集和研究專論，見證了一個學科的快速成長。[3] 雖然有關香港電影的研究主要是附屬於華語

---

[3] 根據 H. C. Li（舒明）和 Louis Williams 所編纂的有關目錄，在 1993 年或以前出版的華語電影研究的英文學術專書只有 17 本。但到了 2007 年，有關的英文學術專書已增加到 89 本，當中 65% 更是 2000 年或以後出版的（Li, 1993: 118–121; Williams, 2007: 75–78）。

電影研究或是更大的亞洲電影研究中，但隨着學術圈對這方面的研究興趣和視野的不斷擴大，有水準的著作不斷湧現，再加上香港電影資料館的成立以及它所扮演的積極角色，香港電影的研究逐漸趨向多元化，深度和廣度都明顯提高。

面對如此快速的成長，華語和香港電影研究受着兩種主要的批評：一方面，很多學者覺得如此大量的關注，可能只反映了新一代學生甚至學者的快速求成，對文字缺乏興趣，也沒有耐性跟細碎的歷史文獻打交道，只看一兩部電影，就可以把功課交出來。這種批評有一定的客觀性，可是，這種批評背後的假設，似乎趨向於詆毀電影的簡單。事實上，華語電影在學術圈中突然提升的地位，並不是因為華語電影的商業性：要知道中、港、台的電影工業一向擁有大量的觀眾，這是法語電影德語電影從來不能相比的，但在九十年代之前，華語電影基本上沒有出現在國外的電影研究或是華人地區的文學和藝術研究中。這十多年來華語電影研究的跳躍發展，主要始於二十多年前個別作品開始在世界各大電影節所得到的獎項和榮譽，從而反映了華語電影的藝術成就。而華語電影作為普羅文化的表徵，只是到了近十年才興起的研究題目。

另一種的批評主要針對華語電影研究的整體方向：為甚麼大部分的華語和香港電影研究最終關注點往往不是電影本身，而是它們

所屬的華人社群？對我來說，這比第一個批評有意思，現在很多華語電影研究者都不是專事電影研究的，也不一定對電影語言和世界電影歷史感興趣，她們可能更關心電影和社會的關係。我個人不覺得電影學者需要對電影語言有全盤認識，電影這個如此綜合的文化載體應該可以盛載不同的研究取向。反而，華語電影研究者對「家國」討論的熱衷，似乎是一個更有意義的現象，我在另一篇文章中也探討過有關的問題（彭麗君，2007：130–135）。其實，現在大部分的華語電影研究者，對國族電影的論述都持批判的角度，不斷批評單一中國電影論述所代表的單一文化身份的霸權，這是我絕對同意的。但是，揚棄了「中國電影」的論述，卻成就了「華語電影研究」的合法性，這是一種以否定來認定（disavowal）的態度，箇中不無曖昧，一方面見證了今天學術建立的困難，研究的「合法性」變得越來越重要，另一方面也看到詹明信的靈光——當年被華人學者猛烈批評的詹明信「國族寓言」（national allegory）的概念（Jameson, 1986: 65–88），依然纏繞着當今的華語電影研究。也許如詹明信所言，第三世界的學者真的對政治較敏感，所以個別電影的意義必須被放回有關的文化政治脈絡中才可以被閱讀；又或者周蕾的解釋才更貼近學術界的迷思——西方的個別電影作品可以成為認真細讀的經典，但非西方電影的研究價值只在於它們所代表的族群（Chow, 2007）。

兩個問題加起來，讓我們看到華語電影研究的一個發展過程及學術角度改變的傾向。事實上，很多學生和學者對華語電影最初的興趣都是從華語電影的藝術性所引發的，大陸第五代、台灣新電影，還有相對藝術性較淡的香港新浪潮，這些電影在七十年代末到八十年代中興起，帶來很大迴響，令不同的觀眾和學者對華語電影發生興趣。就香港電影而言，許鞍華、徐克、關錦鵬、王家衛、陳果以至杜琪峰在國際電影節中取得的獎項和讚譽，都把香港電影帶進世界各大學的課堂上。但是，現在華語電影研究的主要方向由探討電影的藝術性，越來越偏向作品的社會文化性，華語電影研究從「電影研究」的主體慢慢轉型到「文化研究」，弊處是鼓勵天真的反映論——香港電影總是反映香港的社會文化政治；好處是電影的商業元素不但不再是電影研究的負資產，作為流行文化反而是這個研究其中最活潑的地方。香港電影研究在這方面的特性更為明顯，因為相比中國或台灣電影，香港電影的主色還是它的商業性，以及電影跟本土或全球華人普羅觀眾的親密關係。

　　在研究香港電影時，很多學者都覺得香港電影作為一個工業現在面對的主要問題，是香港電影的身份危機：香港電影應當保持它的獨立性，還是歸入成為中國電影的一部分？相應來說，香港電影研究作為一個學科也面對一個類似的學術問題——究竟香

港電影研究應該納入華語電影研究，還是繼續保持自身獨特的身份和軌跡？學術研究一方面要有現實的依據，如果香港電影真的正在被中國電影所同化，那麼，我們如何繼續吹捧當代香港電影的獨特性都只是自欺欺人；但學術研究也應有某種前瞻性，研究者需抱有自己的堅持，我始終阿Q的相信現在的香港電影有其價值，將來的香港電影也應繼續有它的生存意義。再者，電影研究本來就是一個新興的學科，它有較強的機動性，以及具備跟其他文化載體關係緊密並可以做比較的特點。好像現在電影研究其中一個最熱烈的討論就是「電影已死」的問題，就能體現這個特點。所以電影研究本身應該是一個比較開放的場域，繼續糾纏於香港電影的獨立性未必是一個過時的討論，反而因為香港電影正處於某個臨界點，分析香港電影所面對的獨特歷史環境與掙扎有其正面的意義，尤其是當我們把這個問題放在對中國和中國電影的理解中，我們會發覺香港電影的獨立身份更應保存。

研究中國必須要理清這個國家本身的文化、地理及歷史的內在差異，而這種歧異性正好接合研究中、港、台以至海外華語社區不同的電影文化所需要的寬廣胸懷，我覺得這眾數的地方電影文化的差別與相交，賦予了華語電影研究最豐富的面向。相反，很多其他國家的電影文化比較單一，而華語電影的社會文化結構卻體現在現、當代華人文化的特定性和複雜性中。對我來說，

「中國研究」必須守住「中國」本身的內在歧異性，而研究華語電影也必須在這方面保持清醒。其實，要釐清中、港、台（甚或是各方言電影和少數民族電影）各自的電影文化及工業的歷史，絕不容易，所涉獵的文本、人物及背景資料，浩如煙海，電影研究並不如一些批評者所言是一項容易的工作。研究者如果能指出中、港、台電影文化的差異與關係，可以避免對華語電影作為一個完整概念的過份否定；要抵制大中華主義，我們不是要簡單地丟棄所有跟中國有關的研究範圍，而是要理解每一個命名中的「多重決定機制」（overdetermination）（Althusser, 2005〔1965〕: 87–128）。當然，華語電影的多重決定機制不一定只建立在中、港、台的差別中，但我覺得探討內在歧異要比指出外在影響更有意義。如果我們要把華語電影研究建立成一個健康的研究學科，它必須用一個開放的角度來面對當中深度與廣度的平衡，而它的研究環境正恰好可以提供一個開放的平台。從這個角度來看，堅持香港電影的研究對自身和對整體華語電影的研究也有它的重要意義。

研究新的文化發展必須具備新的坐標，但也必須顧及所謂的「新」是如何建基在它與「舊」的交涉、競賽甚至勾結中。當香港電影，以至中國電影甚或全球電影，都因為後資本主義電影工業的急促變化而處於一個全新的發展／倒退期中，而我們的視覺文化牢固地嵌入全球主義的跨地域誌慶時，我們更需要積極面對地

域文化的獨特性，以及其中不能輕易地被全球文化或國族文化所收編的在地屬性；但我們又不能迷信本土的純粹和真實，以免墮入更糟糕的大香港主義中，不但中國有其內在歧異性，香港也然。我在本書所提出的跨越意義，也包括希望在香港電影中，尋找一種超越這種「中—港」或「香港—全球」二元對立想像的可能。對電影和電影文化的細讀，是寫作本書的重要指引。

關於本書

我的研究興趣向來雜亂無章，但最終關注的始終是中國的現代性，尤其是它對文化藝術所帶來的影響，以及文化、政治和經濟各介面在歷史中的互動，所以我面對的往往是一些大歷史和大論述，但攙和在其中總有香港電影不相干的份兒。對我來說，閱讀香港電影為我提供了一個愜意的小房間，相對着那些宏大的文化論述和歷史潮流，它顯得庸俗與淺薄，但對我個人來說，它卻又親密和熟悉，香港電影的某種直接和質樸，令我清晰感受到人文關懷應有的寬廣度，以及可以平衡我對歷史和理論研究的迷思。本書所載文章，是這幾年我對一些香港電影或現象所作的研究，當中記錄了我個人的感受和關心。部分文章曾以英語或中文在其他學術雜

誌或專書出版過，感謝中文大學出版社的安排，讓我有機會把它們
整理及翻譯，為個人在這方面的思考作一個小小的總結。

　　雖然書內文章是在不同時間和因應不同題材而寫成，但重看
一遍後，我發覺到它們互相有着承傳關係。其中最明顯的一個關
注點，就是香港電影在九七後的商業環境下所表現出來的跨越意
圖，這種意圖主要彰顯在兩個方面：第一，個別文本的意義相對
着整體的電影商業環境；第二，電影如何在本土和國族性的矛盾
中體現它們之間的互構。兩者都緊扣在後九七的特殊香港歷史條
件中，因此，分析這段時期香港電影的跨越性也是分析後九七香
港在文化和政治上的可能。我相信文化跨越與文化嵌入有其不能
分離的辯證關係，當我着意分析一些電影和電影人如何超越香港
和中國的規範時，我會更清楚看到她們與香港的不可分割。

　　在編輯這本集子的過程時，我驚覺自己對當代香港電影男性
面向的濃厚興趣，尤其面對書內充斥着的「打打殺殺」的電影，確
實有點汗顏，但自己的性別角度肯定在各文章中通過不同的方式
浮現，所以從女性的視野來研究男性的作品也是本書的其中一個
不太明顯的方法與價值取向。從另一個角度來看，對動作片的鍾
情也可能是我對香港電影其跨越性的潛在興趣的一個表現，數十
年來香港商業電影的兩個最主要類型分別是動作和喜劇，但後者
在九七後本土市場萎縮下全面潰敗（除了一些由女性視野主導的

小品都市輕喜劇外），剩下來的主流作品大部分圍繞着由動作所支配的幾個次類型發展，尤其是時裝警匪片和古裝武打片，特別在警匪片和黑社會片中見證到各種有關本土和跨國、困局和生機的複雜關係。暴力可能是普及文化上其中最原始、最表面和最易被操控和販賣的情緒，但暴力也可以承載很多文化的深層意義，也可以是超越性的最直接體驗。

我把書內文章分成兩個部分：第一部分主要從文本出發，閱讀幾個香港電影人/團隊（包括陳果、成龍、銀河影像和黃精甫）和他們的作品，探討香港電影和香港的關係，以及香港商業電影的某些類型特色和道德規範。這幾章的研究重點，特別放在這些電影製作人，以及由他們創作出來的角色如何面對困局，而我特別希望把電影人與角色所面對的不同矛盾有機地連接起來，我相信這些作品很大部分的文化意義和價值是建基和體驗在創作人有意無意所陷入的矛盾中，而這些掙扎也呈現了其作品的超越性：圈閉與突破往往是互為因果的。陳果的一章是為這本書而寫的，要講香港電影和香港的關係，我覺得重看陳果電影的香港性，是最適合的開場，陳果電影充滿逃脫香港的衝動，但陳果的香港情意結又是最強；第三章寫成龍與香港旅遊論述，相對八十年代成龍所演活的殖民地小公僕，今天的成龍是一個最不屬於香港的香港代言人，成龍沒有陳果的深思，他的香港性其實一直都有點幼

稚，但面對香港今天所處的困局，他的反應和視野也有其直接和理所當然的一面，雖然本章論及的電影大部分是成龍在荷里活的作品，但我覺得它們反而最能突顯他的香港身份；第四章主要分析幾部銀河影像早期的電影，他們可以說是後九七香港電影的開章，具劃時代意義；原稿是本書最早寫成的一篇文章，所以在這裏所作的改動也比較多，我希望把銀河影像早期的作品聯繫到杜琪峰近年的發展，也可以開啟之後一章對新導演的討論；第五章是較新的寫作，事緣韓國梨花女子大學在 2008 年成立了一所新的人文研究中心，邀請了幾位海外的學者與本土學者參與幾場研討，就着相關題目對談，我有幸被邀，當我選擇題目的時候，知道對位的韓國教授準備談金基德的電影，作為香港／中國代表，我想要配對成功，談的不離王家衛就是賈樟柯了，但最後選擇了黃精甫作為我的討論題目：如果金基德代表了近十年韓國電影起飛的精髓，對很多本土評論人和觀眾而言，黃精甫 04 和 05 年的兩部商業電影可能是香港電影近年最尷尬的失敗陳述；我希望通過重新評價黃精甫的電影，可以在香港電影，以及整個商業電影世界裏，尋找一些閱讀的另類可能。

第二部分研究當今香港電影的跨地區及跨文化性，在新的全球電影規律中，究竟香港電影的本質在於它的本土性、中國性、亞洲性還是全球性？而當中各論述的組件、指涉和意涵又是甚

麼？這幾篇文章主要研究香港電影工業如何面對外來的衝擊，以及香港電影本身對荷里活電影、亞洲電影以及中國電影的積極構成。第六章提綱挈領地把當今香港電影工業所面對的問題勾畫出來，總體分析了香港電影在本土和跨國之間的位置，我相信香港電影的本土性和跨國性是同時存在的，但當中的張力卻不能視之為理所當然；第七章和第八章的研究範圍雖然不同（荷里活的盜版政治和亞洲電影的全球性），但重點都在抄襲與模仿這個根本的文化問題上，以及荷里活和亞洲電影裏香港電影的成分；如果要理解香港電影的獨特性，我覺得必須同時看它的相對面，就是它的模仿性，以及它跟其他電影體系不能迴避的相連關係，也只有在這個層次上，我們才可以避免跌進本土主義的陷阱，偏執地只看到香港文化的罕有和珍奇。書的總結重申香港電影和香港身份的非必然關係，我們不應想當然地在當代香港電影中找尋後九七的香港文化，但是只要我們能釐清當中的複雜性，得出來的文化閱讀卻可以是豐饒的。

增訂版除了新的序言外共有十一章，其中六篇脫胎自我曾經出版的文章。出處如下：

第三章："Jackie Chan, Tourism, and the Performing Agency," in *Hong Kong Film, Hollywood, and the New Global Cinema*, ed. Gina Marchetti and Tan See-Kam (London and New York: Routledge, 2007),

206–218；本文部分有關香港旅遊的論述，也曾收錄在宋耕編的《全球化與「中國性」：當代文化的後殖民解讀》；

第四章：〈「銀河影像」電影世界中的男性形象與男性關係網〉，《中外文學》第29卷，第10期（2001年3月）：19–34；

第五章："Edges of Hong Kong Gangster: Wong Ching-po and His Visual Excess," *Trans-Humanities* 1, no. 1 (Sept 2009): 121–141；

第六章："Postcolonial Hong Kong Cinema: Utilitarianism and (Trans)Local," *Postcolonial Studies* 10, no. 4 (Winter 2007): 413–430；

第七章："Copying Kill Bill," *Social Text* 83 (Summer 2005): 133–153；以及

第八章："New Asian Cinema and Its Circulation of Violence," *Modern Chinese Literature and Culture* 17, no. 1 (Spring 2005): 159–187；〈新亞洲電影及其暴力的循環流轉〉，《中外文學》第34卷，第1期（2005年6月）：107–126。

在此，我特別感激香港中文大學、香港中文大學聯合書院，以及香港研究資助局的出版和研究資助，[4]沒有這些鼓勵我不可能在堆積如山的工作中，下這樣的決心再找時間來完成這書的編輯、翻譯和重寫。也要感謝鄧正健幫助其中一些翻譯工作（第

[4] 香港中文大學研究鼓勵計劃（Research Incentive Scheme）、2009年香港中文大學聯合書院教職員著作出版資助計劃，以及香港研究資助局角逐研究用途補助金（CUHK 4552/06H）。

五、六、七章），他對原文的一些指證，以及他對翻譯的擇善固執，使我不用在文字中沒頂；[5]譚偉峰是第八章的原中文翻譯者，我在他的基礎上又做了不少改動，郭詩詠抽空改正了我的一些文字錯漏，李祖喬也參與了很多編輯工作，還有楊陽提供的研究協助，在此我向他們表達自己深深的感激。也值此感謝多位抽空接受訪問的香港電影工作者。

---

[5] 有關他對翻譯的看法，見鄧正健（2008：13–14）。

第二章

陳果電影的香港主體

任何身份都一定充滿陌生性和制約性，但我不追求從既定身
份解放出來，因為這只會導向另一種癱瘓，跌進一種巨大
的、被動的未分化狀態。對於身份，我們必須繼續追尋，但
同時對它也要不斷質疑。

——Jane Gallop,

Feminism and Psychoanalysis: The Daughter's Seduction

　　如果要通過電影來研究當代香港身份（identity）和香港主體性
（subjectivity）的話，陳果電影肯定是其中最熱門的文本，陳果的
「九七三部曲」——《香港製造》、《去年煙花特別多》和《細路
祥》——一直被視為最能夠反映香港九七回歸心態的代表電影。
由於開宗明義地以「香港」為主角的香港電影為數不多，所以如要
在香港電影中尋找香港近年的文化政治軌跡，陳果電影就成為了

必然之選。但更重要的是，他的電影有很多「香港寓言」，既有直接描寫，也提供了間接線索，總能讓研究者滿載而歸。在一眾香港導演中，陳果可謂最有這方面的慧根。如果說七八十年代的許冠文是香港電影史上中最具代表性的「知識分子」導演，那麼，陳果就可能是對「文化研究」最敏感的香港電影導演。陳果可以在其作品中呈現各種比較複雜的、但又可供研究者解讀的香港文化政治面向。他的電影在這方面的「學術意義」，是構築陳果傳奇的其中一個重要元素。

我們不妨把美籍台灣裔教授史書美對陳果「九七三部曲」的閱讀看為「陳果－香港」研究的一個基本範本，她陳述了陳果的電影如何既是、也不是香港寓言 (Shih, 2007: 144–157)。一方面，這三部電影都細緻地描述了香港人在英國和中國政權轉換之間錯綜纏結的身份建構：《香港製造》裏中秋與他的年輕朋友們在長輩的拋棄和背叛中一一選擇或被逼結束生命；而《去年煙花特別多》的本地退伍英軍連一個當賊的機會也被剝奪，在殖民地長大的中年香港人在剛面世的「中國香港」裏只能被時代淘汰；《細路祥》的一段中港兩地天真的小孩友誼建基於一個政權更替的大時代。另一方面，史書美覺得陳果的電影亦存在着內在的反寓言性，通過對香港本土日常生活的細碎描寫，「九七三部曲」可以同時被看成是一份反對香港集體身份的宣言：在《香港製造》裏中秋的暗殺失

敗，《去年煙花特別多》中那子彈穿過臉頰的大洞，《細路祥》中的兒童、老人、新移民和外籍勞工的日常生活，都被史氏解讀為對於香港寓言的反諷，因為中秋、家賢和祥仔的反叛，以及由她們所代表的反殖隱喻，最後還是在荒謬可笑的、營營役役的日常生活中被朦朧地消解。

史書美這部著作的主要研究對象是當代的華人文化，此書有其明顯的政治傾向：她認為，隨着中國近年的經濟起飛，一個大一統的「中華文化」開始變得政治正確起來，中、港、台和海外華人文化的整合，在經濟和政治大論述下成為理所當然。史書美正是希望通過香港、台灣和不同海外華人文化的複雜面向來闡述這文化霸權的虛偽性。從這個角度來看，她選擇陳果的電影作為研究文本顯得非常合適。史氏一方面要尋找一些比較清晰的香港文本來代表香港發言，但另一方面這些香港作品又不可以傳達一個統一的「香港故事」，否則便有可能墮入集體身份建構的陷阱，變成文化霸權的支持者。因此，她所揀選的文化作品必須既代表香港、又不代表香港，而「九七三部曲」恰好具有這種特性。

總的來說，陳果的電影經常被用作分析香港身份和香港主體性的素材。作為一本討論有關香港電影其跨越性的著作，本書選擇以陳果的電影作為起首的研究對象，正是因為陳果電影裏豐富的本土元素。「香港人」應如何定義？而陳果的身份認同在電影的

再現中又起了甚麼作用？香港電影與香港身份的關係是甚麼？在這裏我們首先要問的是，究竟陳果的主角應否被看成香港的代言人。

意識形態和香港身份

雖然陳果常常運用超現實的場面來處理問題，有時候甚至沉溺於看似沒有章法的隨意性，但陳果的理性思維很強，他賦予電影的思辯性也比較深刻，再加上陳果的反叛，所以一方面他有很多問題要討論，但另一方面他又總不會簡單地給予觀眾她們所要的東西，反而喜歡以比較曲折的方法來把問題及答案表達出來。就像一個彆扭的戀人，總不會直接滿足對方甚至自己的慾望，陳果電影的結局往往不停自我迴轉，無論是在《香港製造》、《去年煙花特別多》、還是《細路祥》中，導演總是不想（或者沒有這個能力）下一個坦率的結語，而電影中意欲表達的香港身份，必定會在兜兜轉轉中變得混淆，甚至變得迷人。雖然我們很清楚陳果在《香港製造》裏賦予了中秋某種香港人的身份，並通過他的死來表達對社會的某種抗議，但中秋究竟能否和如何代表香港人，陳果並沒有在電影中提供任何清楚的線索。

綜觀陳果的各部作品，他的反叛性常常反映在他的角色設計

上。陳果的人物總會大力或默默地抵抗外力加諸她們身上的期望與壓力，好像《去年煙花特別多》裏那位的士司機伯伯一樣，拒絕接受外界強加的訊息，只會用更大的侮辱回敬。正因為這種反叛性，陳果的角色不但會拒絕外在的意識形態，更會拒絕任何定型，所以她們往往不容易被理解。又或者說，他的角色不斷在跟觀眾捉迷藏，不斷從觀眾的期望中逃跑。可以想像，雖然史書美的定型是建基於「否定」上，但「九七三部曲」的主角還是不會接受史氏的定型：說她們代表香港也不是，說她們不代表香港也不是。陳果的電影往往表達出一種對自由的高度渴望，容易製造出一種文本與解讀的繃緊狀態。這種反叛性形成了陳果電影的基調，要在他的電影中找到香港身份也許總是徒勞的，但這種徒勞又偏偏令陳果電影在這方面充滿吸引力。

另一方面，我們必須承認，陳果對「香港代表」這位置有高度的敏感，從而使他的電影滿載着既令人困惑又充滿睿智的「香港」描述。有關這一點，必須從《香港製造》在國際影展上的成功談起。《香港製造》是香港電影的一個奇蹟，因為它的成本極低（五十萬港幣），用的是過期菲林，打的是游擊戰術，在沒有太大的壓力下，陳果拍出了一部在香港商業電影圈中稀有的「個人」作品。不過，它的成功主要不是記錄在本地票房上（港幣二百萬左右），而是體現在不同國際電影節中所取得的大小獎項，在當時

來説，這是香港電影史上的異數。《香港製造》的拔地而起，告訴人們香港有另類電影，可以代表香港，也可以被世界接受。

　　現在電影的首輪發行主要有兩個系統，一個是由數個主要全球院線和各地的地區院線所組成的商業電影市場，涉及的主要是投資比較大、發行比較廣的荷里活或其他地方的商業電影；另一個是如雨後春筍般在世界各地獨立興起的電影節市場，而這些電影節又往往舉辦各種活動，讓相關的投資者、發行商與製作人互相認識，造就合作的機會，這個電影節市場逐漸收歸之前與商業電影相對的藝術影院 (art house theatre) 系統，雖然兩者還有很多合作的空間。[1]有個別電影人確實能遊走於兩者之間，但這兩個系統基本上是相對獨立的，而隨着全球化的發展，這兩個系統各自的一體化亦越來越明顯。這種情況在近年電影節的發展中尤為顯著，雖然各地電影節的選片均由各自獨立的策劃人所負責，但不同電影節之間的互相協調(例如在一年中各大電影節的排列次序)、互相競爭(例如各電影節的獎項分配)，以及互相影響(例如電影潮流發展的趨勢)已經越來越明顯。

　　當香港在九七年前後成為全世界的媒體焦點時，這兩個電影系統也有其各自的回應：在商業電影方面，吳宇森和徐克等商業

---

[1]　首輪發行之後的是更廣泛的影碟市場和電視播放。

導演、成龍和李連杰等武打明星開始被荷里活收編，雖然這「香港電影人大逃亡」的現象有其個人和歷史因緣，但從這些電影人在二千年後逐漸回歸可以看出，「九七」確實是發揮了它強大但短暫的效應（我在下一章會詳細分析成龍進入荷里活後的形象）。在電影節方面，九十年代中香港電影在世界上的知名度仍主要建立在商業電影方面，《香港製造》——還有王家衛——的出現正好填補國際電影節在這方面的空白和好奇，尤其是打正香港旗號的《香港製造》，它在國際電影節中的「廣受青睞」，比起吳宇森和成龍的「西進」來講，它所受到的「九七」國際論述的影響更為直接。

《香港製造》的歷史機遇可能不是陳果的計算結果，這部「獨立」電影的產生有其自我軌跡。據說，《香港製造》的劇本寫了好幾年，陳果好不辛苦籌了五十萬港幣，加上從劉德華當時的天幕公司取得的過期菲林，以及一班幕後幕前人員的相助，電影才可以開拍。而根據陳果的自述，他覺得當時整個香港社會對「九七」有很大的焦慮，但商業電影卻不懂得如何回應這個題材，所以他想用他的方法來拍一部相關的電影來處理這空白 (Gatto and Sonatine, 2002)。早在 1991 年陳果已首次執導，但電影《大鬧廣昌隆》被電影公司雪藏了三年才面世，他對商業電影的機制很是不滿，但對陳果這個在商業電影棚中成長的「香港仔」而言，電影節的文化對當時的他來說始終非常遙遠。《香港製造》在國際電影節

網絡的意外成功，對他往後的電影創作方向起了很大的影響，因為電影節讓他接觸到不同地方的觀眾、評論與投資者，大開了他的眼界，也讓他了解外國人對香港的印象和興趣。回想第一次接觸電影節文化，陳果說：

> 那種開心的程度是難以形容的。但最重要的是你要尋根究底，去了解人家為甚麼喜歡你的戲，所以我覺得開竅是在那時候⋯⋯因為我一部電影去十幾個電影節，十幾個國家，然後拍了那麼多部，連一些最偏僻的地方也去了，就是說，你的視野闊了⋯⋯〔到了現在〕我覺得如果拍不出我心目中的香港特色我可能不會拍，你說甚麼是香港特色，又很難講⋯⋯所謂香港特色最重要的是culture，外國人怎樣看你的戲，比方功夫，是一種culture，除了功夫，人家還買你的戲嗎？比方王家衛的戲，它裏邊有很重的culture。[2]

陳果所說的culture其實是一種外國人對香港電影的文化期望或驚喜。因為陳果了解到自己電影的發行渠道不會是傳統的香港商業電影市場，而《香港製造》的成功令他發現電影節的全球網絡能賦予他一個很大的開拓空間，所以「九七三部曲」的其餘兩部以

---

[2]　作者訪問陳果，2008 年 8 月 28 日。

及往後他的很多電影都明顯有這方面的取態——符合外國觀眾希望通過電影來審視香港文化的期望。陳果電影的「香港性」肯定有部分是有意或無意的投其所好，但無可否認，某些國際觀眾和評論希望在成龍、吳宇森電影以外去理解香港，這個良好願望在陳果對香港低下階層的深刻描繪中得以實踐，它不但豐富了香港電影的傳統，而且造就了國際和本地電影觀眾對香港的更廣闊認識。

表一列舉了一些陳果電影曾參與過的不同國際電影節以及當中曾得到過的獎項。

表一：陳果電影的國際影展經驗及獎項[3]

電影	影展	榮譽
《香港製造》 （1997）	韓國釜山國際電影節（1997）	費比西獎
	法國南特三大州電影節（1997）	最佳電影、青年評審大獎
	西班牙杰桑國際青年電影節（1997）	最佳電影大獎、最佳劇本獎
	台北金馬影展（1997）	最佳導演、最佳原著劇本
	加拿大溫哥華國際電影節（1997）	Dragons and Tigers Award
	瑞士羅迦洛國際影展（1997）	歐洲藝術影院聯盟大獎

---

[3] 資料並不一定完整。資料來源：Trbic (2005); Ho (2004); 百度百科 (2008)；Sense of Cinema; YesAsia; Wikipedia; The Internet Movie Database.

(續表一)

電影	影展	榮譽
《去年煙花特別多》(1998)	澳洲香港電影節(悉尼、墨爾本、布里斯班)(1999)	
	捷克卡洛維瓦里電影節(1999)	Crystal Globe 提名
	奧地利維也納國際電影節(1999)	評審團大獎
	德國柏林電影節(1999)	入選評審團大獎
《細路祥》(1999)	第三屆NHK亞洲電影節(1999)合拍片	
	台北金馬影展(2000)	最佳原著劇本，最佳新演員
	加拿大多倫多國際電影節(2000)	
	西班牙基安國際電影節(2000)	最佳電影提名
	瑞士羅迦洛國際影展(1999)	銀豹獎，CICAE Award Special Mention
《榴槤飄飄》(2000)	意大利威尼斯國際電影節(2000)	金獅獎提名
	台北金馬影展(2001)	最佳劇情片、最佳原著劇本
	英國倫敦電影節(2000)	
	加拿大多倫多國際電影節(2000)	
	荷蘭鹿特丹國際電影節(2001)	
	美國紐約新導演新電影影展(2001)	
	菲律賓馬尼拉國際電影節(2004)	
	Electric Shadows Film Festival (2004)	
	克羅地亞莫托文電影節(2002)	

（續表一）

電影	影展	榮譽
《香港有個荷里活》（2001）	意大利威尼斯國際電影節（2001）	
	馬尼拉國際電影節（2002）	Netpac Award
	星加坡國際電影節（2002）	最佳亞洲電影提名
	意大利威尼斯國際電影節（2001）	金獅獎提名
	台北金馬影展（2002）	最佳導演、最佳造型設計、最佳音效
《人民公廁》（2002）	加拿大多倫多國際電影節（2002）	
	意大利威尼斯國際電影節（2002）	聖馬可特別獎
	荷蘭鹿特丹國際電影節（2003）	
	克羅地亞史比國際新電影節（2002）	FIPRESCI Price
	土耳其伊斯坦堡電影節（2003）	
	捷克茲林電影節（2003）	
	菲律賓馬尼拉國際電影節（2003）	
	泰國曼谷國際電影節（2003）	
《三更II》（2004）	克羅地亞薩格勒布 One Take Film Festival（2004）	
	西班牙西晉思國際電影節（2004）	最佳電影提名
	美國荷里活電影節（2005）	
	紐約市驚慄電影節（2005）	
	英國倫敦雨舞電影節（2005）	
	美國舊金山國際電影節（2005）	
《餃子》（2004）	澳洲墨爾本國際電影節（2005）	
	美國舊金山亞裔國際影展（2005）	
	英國倫敦雨舞電影節（2005）	閉幕電影
	台北金馬影展（2004）	
	澳洲悉尼 Traveling Film Festival（2007）	

陳果的經驗其實非常脗合著名的後馬克思理論家路易・阿爾都塞（Louis Althusser）有關主體建構與意識形態的理論。阿爾都塞所闡述的主體（subject）建構是一個被動的機制，個人必須通過對意識形態的召喚的回應，才能成為有意識的主體（Althusser, 2001 [1971]: 85-126）：要成為一個「香港人」，一定有一個自稱為「香港」的意識形態首先呼喚你，而通過你對它的回應，你的香港人身份才可以成立。簡單來說，我們對香港人的身份認同不是自己的決定，而是受到相關的意識形態所影響。如果我們大膽套用阿爾都塞的理論來看陳果的話，他的「香港電影導演」的身份可能是在《香港製造》以及他之後所製作的電影在國際影展巡迴放映中而確立，當時已經有一個關於香港的論述，電影人通過對它召喚的回應，才能成為一個有意識的香港電影創作主體。

從這個角度來看，雖然陳果的電影充滿反叛性，但他的作品無可避免地受到國際電影節的文化和意識形態所影響，而陳果電影的「香港性」，亦無可避免地遵從了和受制於既有的西方想像和國際電影節文化的規則。因為陳果電影很注重影展，它們是否必定會跌入某種「東方主義」的誘捕中？而所謂的創作空間是否必會受到很大的制約？一個很明顯的後果，就是當國際電影節文化對香港的興趣下降時，陳果便缺乏開拍電影的機會——這是我們清楚看到的事實。從阿爾都塞的理論來看，不但是陳果的電影，香

港人身份的建立也永遠是消極的，因為主體只能被動地接受意識形態的召喚。

自由與服從

因此，在研究陳果電影所表述的香港文化身份時，我們面對着一個兩難：要麼我們着眼於陳果在文本中所投入的反叛性，而排除了所有有關香港人身份的論述的可能——《細路祥》裏的祥仔永遠不能被定義；要麼我們只看到電影人回應外在意識形態所決定的角色，電影的所謂獨立創作又變得毫無意義——祥仔只反映了外國人對香港人的想像。我們如何才能跳出這套二元思維去繼續探討陳果電影的香港主體呢？我相信這不但是研究者的問題，也是陳果自己的問題。也許，我們從陳果其他沒有直接提及香港人身份的作品裏，可以更清楚地窺見他對個人和主體的想像和建構，因為在這些作品中，人物的建立不用受制於一個集體身份，角色可能會更直接表現其獨立性。

2003年陳果為「母親的抉擇」拍攝了一套宣傳照片及短片。「母親的抉擇」是幫助未婚懷孕少女及照顧等待領養嬰兒的志願團體，有其鮮明的反墮胎立場。這次宣傳圍繞的不是反墮胎，而是更保守的反婚前性行為，廣告的首要目的是要提醒少男少女不要

隨便做愛，因為性行為的後果可能是懷孕。在廣告中，陳果沒有老套「男騙女」的典型，反而突顯愛情的自欺欺人，在部分硬照和短片中，懷孕的少女分飾自己的愛人，以表明「說服你去發生性關係的，可能就是你自己」。在這輯廣告中可以看出，陳果要逃脫的不但是外人的控制，甚至是自己的慾望，以及自己為自己建構的虛幻枷鎖。

陪同着「母親的抉擇」廣告一起面世的是陳果的第一部長篇「商業電影」——2004年的《餃子》。故事講述一個嫁給富商的過氣女明星艾青青，希望挽回丈夫的心，找到從內地來港、曾任墮胎醫生的媚姨幫忙，媚姨的回春靈丹是用嬰兒的死胎剁成餡料來做餃子。艾青青是一個被監禁在自己的不安和憂慮中的囚犯，她為了青春，為了籠絡已變心的丈夫，而變成一個最不自由的人。相對艾青青，媚姨在電影中正正就是「自由」的化身，媚姨實際上是一個老婦，她以人胎的滋補來保持青春，但她的青春不為討好任何人，她沒有家人，遊走於中港兩地，體會生與死、青春和老去之間親密的關係。媚姨最後在香港警方的追捕下逃回內地，化身成為一個乞丐打扮的小販。陳果通過一個充滿曖昧性的遠距離

圖二・一：媚姨在《餃子》片末孤獨的身影。　Applause Pictures 圖片

鏡頭來結束他這首部「商業電影」：[4] 我們在一個密封的天橋的上端
看着媚姨走往出口的背影，鏡頭只能落後於她的敏躍，而這個背
影既突顯了她的自由又強調了她的孤寂。（圖二・一）媚姨可能是
陳果電影中最自由的角色，但也是其中最孤單的人。通過他創造
的眾多電影角色可以看出，陳果所嚮往的獨立主體性是頗為極端
的，她們的自由是建基在對他人甚至對自己的拒絕中。有趣的

---

[4]　這鏡頭之後還有兩組短的場景對比：艾青青今天烹調死嬰時所表現出來的無情
　　和她結婚當日的天真。這結局同時表達了電影的最終意圖，也就是對比這兩
　　個女性的性格和命運，她們的開展與拘禁。

是，到今天為止，陳果的電影基本上是沒有愛情的——《香港製造》裏中秋和阿萍的關係更像是天真的友誼，而最真摯的感情，例如在《細路祥》中祥仔對菲傭的依戀，最後還是要以分離收場。

在這裏請容許我先離開陳果的電影，回到阿爾都塞的主體理論和對它的再引申，來研究主體中的獨立性和積極性的相互關係。裘蒂‧巴特勒 (Judith Butler) 提出，阿爾都塞意識形態理論的最大貢獻是指出主體的獨立性和附庸性是同時建立的，又或者，主體的概念是建基於它對外在權力的服從上，在這樣一個迴轉中，現存的權力關係可以被維持的，而主流的意識形態亦可以通過其對人的控制而繼續享受其主導的位置。然而，在這樣一個自我再生的系統中，巴特勒提出，「改變」是否就變得無從思考 (Butler, 1997: 1–18)？這是一個非常重要的道德和政治問題——難道理論家只能描述主流意識形態的循環不死，而不能帶領大家想像改變現狀的可能？

阿爾都塞預設了主流意識形態的穩定性，但巴特勒提醒我們，權力制定了主體，但權力的頒布也必須由主體所賦予 (power enacts the subject ... power [is also] enacted by the subject) (Butler, 1997: 15)。巴特勒重申主體的必要：正正因為主體在當中的調停 (mediation)，權力的自我再生才不會是必然的，而改變也變得可能。但我們應如何理解當中主體與意識形態的動態關係呢？阿爾

都塞的理論可能太注重主體與意識形態的私密關係，而忘記了兩者之間複雜的和必然的互相構造，巴特勒提醒我們，正是因為這種互構關係，個人才不會是孤獨的，通過意識形態，人與人之間才有文化性的聯繫，所以意識形態是構成人類文明必不可少的元素。巴特勒從心理分析的角度提醒我們，服從（submission）的意義不一定是負面的，服從可以是愛人愛己的後果，就好像小孩對父母的服從，其實體會了小孩在心理上對父母同時存在的愛和害怕，作為人性中最基本的愛，小孩對父母的服從跟小孩自己的生存慾望是分不開的，所以服從不一定是麻木的，也可以有其複雜的主體性，小孩愛自己必先要愛父母，又或者，小孩愛自己和愛父母是不能分割的。由此引申，自我對他者或對權力的服從，同時有其消極與積極的面向，而主體必須在這種張力的糾纏中才可以被實現。

另一方面，巴特勒也覺得個人對意識形態的「服從」往往是建基於一種更基本的心理構成，就是自己對自己良心的屈服，以保護自己及他者的繼續生存，這種服從是主體由愛而產生的回應，而這種服從是自覺的。一方面，我們必須欣賞阿爾都塞的理論為我們解釋了人們在意識形態當中的被動和無助，事實上，孩子對父母的愛和依賴常常被利用，而父母往往會或多或少利用小孩對自己的愛和服從，而剝削她們的自由或滿足自己自私的意圖，我

們所愛的他者往往會操縱這份愛來達到控制的目的。而阿爾都塞把這種控制的機制從個別的人際關係提升到意識形態的層面，讓我們看到文化操控在社會上的生生不息。但巴特勒也提醒我們，相對來說，主體不可能是完全被動和無知的，服從也可以是由個人心理掙扎所成就出來的產品，有其對自己和對人的道德層面。從心理分析的角度來講，愛所引發的動力是充滿破壞性的，最終會導致自己和他者的消亡，所以我們永遠活在一種繃緊的張力中：外在的世界永遠是我們的慾之所在，但我們對這個外在世界的慾望最終會吞沒自己與所愛。要繼續生存，以及保護自己所愛的客體，免被自己的愛破壞，主體必須要抑壓這自毀和毀人的驅動，從而建構良心和內疚感，以繼續成就這愛的延續。[5]

　　一種由死亡驅動 (death drive) 而支配的愛是專橫獨裁的，是純粹由自我出發的，但當這種愛屈服在自我的良心後，它會轉化為種種人際關係，當中不但包括了服從，而且有尊重，所以主體不單建立在獨立的自我上，也有賴於對外界的確認與服從。但是，尚·布希亞 (Jean Baudrillard) 提醒我們，在全球化的影響和

---

[5]　巴特勒覺得，服從是源自內省 (self-reflection)，當自己的愛慾通過服從而被「取消」(foreclose) 時，也是成就自己和他者繼續生存的契機，因此，巴特勒覺得「取消」(foreclosure) 也可以有其正面的生產 (productive) 動力 (Butler, 1997: 18 – 30)。

允諾下，我們好像已經活在一個「沒有陌生人」的國度裏，純粹的「他者」好像已經不復存在，人的認知能力被無限擴張，知識變成控制他者的工具，人也因此失去面對他者、尊敬異質的能力（Baudrillard and Guillaume, 2008: 113–131）。知識是權力，但權力最終又可能無可避免地為我們帶來無知；對他者的了解可以成為一種控制的手段，但對他者越是了解，我們越可能在逃避他者。我們以為對他者有很深入的了解，但不知道這種運算只是一個神話，反而令我們更孤單、令這個社會更疏離。

回到「母親的抉擇」的廣告，無疑，愛情總有自我欺騙的成分，我們愛上的總是自己的慾望，恨的也是自己的粗陋和卑下。但這幾幅照片和片段所忽略的，卻是「他者」在自我體現上必不可少的本質，所有自我的完成、甚至連最私妄的欲求也必須由一個實在的客體他者來承載。「我」必須要把「他」的碎片拼湊和連接成一個連貫的形象和敘述，才可以具體地表達自己。只有自己沒有他者，主體的概念便不能成立。在這樣的一個社會中，要重新認識自我、建立獨立主體，不能只把愛人描繪為自己，把愛情約化為一幀自己傷害自己的硬照，更重要的是意識到「我」和「他」雖然共生，卻不應通過了解去達到控制，因為「我」和「他」一定有其不可逾越的距離。在建立香港主體時，陳果最忽略的可能就是

個人和他者之間複雜微妙的關係，太着眼於逃避服從，會令我們忽視服從的積極性和自覺性。

　　正是這份自覺把巴特勒和阿爾都塞的主體分別出來，因為前者的主體可以通過對「愛／服從」的不斷表演和運作中引申出「改變」的可能，而阿爾都塞的主體只能無意識地被主流意識形態所構造。套用於陳果的電影，如果他對主體的追求是建基於一種對絕對自由的嚮往──也就是對阿爾都塞所描述的主體的批判，陳果這種主體可能是虛幻的，因為他必導向自我滅亡。沒有對外在世界、甚至是對既有的意識形態的依戀和服從，主體是無法進行如巴特勒所說的內省和協調。媚姨有能力超越逝去的年華，也能跳出人際關係的規範，她也許可以逃離他人和外在意識形態對她的控制，但她更像一隻鬼魂。電影對媚姨最大的諷刺就是以恐怖片為包裝，除了墮胎之外，電影沒有觸及任何有關靈界的話題，但實際上，媚姨正正是電影中恐怖的最大來源。電影最驚嚇的時刻，是當李先生（青青的丈夫）驚覺媚姨已經是六十歲高齡的一刻，如果青春和自由是所有人的共同追求，媚姨作為這兩方面的化身卻顯得異常可怕。

　　巴特勒和布希亞在不同的討論中提醒我們，自我和他者不是一個簡單的對立關係，「我」和「他」不是被困在一個互相爭奪控制權的機制裏：服從可能還包括對他者的尊重，以及改變現狀的可

能。依賴和服從外國人對香港文化的期待可能有自我東方化之嫌，但結果不一定是對這種意識形態的絕對重複。陳果在國際電影節文化制度下所生產出來的電影，不必一定會無意識地促使了一種文化偷窺；一種更深刻的文化再現和自省，可能必須在這樣一種對外在文化的服從和模仿中才能實現。因為模仿不是複製，生生不息的創新往往是建基在無意識的摹擬中，所以小孩可以通過對父母的模仿而發展個性（Benjamin, 1978: 333–336），所以變裝皇后（drag queen）對主流性別的顛覆表演也許能帶大家跳出舊的性別常規（Butler, 1999 [1990]: 171–180）。也就是說，有意識地去建構香港人，不一定會簡單地複製一個統一的香港人身份。

在剛才提及的一個訪問中，陳果透露自己雖然剛拍完一部荷里活製作，但他還是心繫於開拍一部有香港特色的本土電影。[6]這正正是陳果始終無法逃脫的情意結，他一方面反覆重申對香港文化及香港人的認同，另一方面他對個人自由又極度嚮往，因此所謂的香港身份也會是他的角色所拒絕服從的。回到我前段所提及的研究陳果的兩難，諷刺的是，可能正正是陳果對外國電影節文化及制度的依附，和他對再現香港的迷思，令他的作品不能如他

---

[6]　作者訪問陳果，2008 年 8 月 28 日。他所提及的荷里活電影應該是 2009 年上映的《不許向上看》，改編自日本導演中田秀夫的處女作。美國片商買下該片版權後，找來香港導演陳果執導，但票房和口碑都差強人意。

所願過份追求獨立和自由。雖然陳果對意識形態有很大的戒心，但他又對香港這個集體標籤有其委身和承擔，哪怕只是商業決定。而正是在這種對香港文化的依戀和反抗的張力中，我們才可以了解陳果電影的開拓性，以及其電影對表述香港的意義。相比九七前後，今天的香港人可能再沒有尋找和再現本土文化身份的濃厚興趣；正是在這個時間，繼續在外國觀眾的期望中展現自己，反而有可能推陳出新——這依然是我對陳果的期待。

第三章

成龍的表演論述和香港旅遊業

　　在本書的導論我曾提及，要討論後九七香港電影工業的發
展，不能不提的是一班大舉進軍荷里活的幕前幕後人員。當中最
成功的可能是袁和平，作為動作指導，他在荷里活已是大師了；
其次是幾位動作片演員，成龍、李連杰、周潤發、楊紫瓊，她們
基本上都辛苦找到自己的位置。然而導演方面，差不多都鎩羽而
歸，林嶺東、徐克、唐季禮和陳可辛只是曇花一現，黃志強和于
仁泰的荷里活壽命可能比較長，但只能留在二、三線位置，至於
吳宇森更是明日黃花了。這群打着香港旗號到彼邦發展的電影工
業從業員，拍的雖然不是港產片，但也代表了某種後九七香港電
影的角度和情意結，尤其是她們幾乎都不斷來回兩地（或三、四
地），或許因為她們確實八面玲瓏，所以機會處處，但更可能只是
港美兩地電影文化圓鑿方枘，電影人苦於適應，為口奔馳。在這
一章中我暫時離開香港電影，集中討論成龍如何在其荷里活的星

途上依然「心繫家國」，但他表現出來的香港人身份又是何其尷尬。

很多成龍的研究者與影迷也能清楚指出成龍電影與香港身份的緊密關係（Teo, 1997: 126–128; Abbas, 1997: 30–31; Fore, 1997: 115–142; Chu, 2003: 81–84; Lo, 2005: 94–98），這在他八十年代和九十年代的作品中表現特別明顯。例如《警察故事》系列（1985, 1988, 1992, 1996）和《A計劃》系列（1982, 1987），成龍在當中都扮演忠誠的香港公僕，這些角色可以輕易地被理解為他對九七前快將消失的香港殖民地身份的敬禮，但這份厚重的香港身份情意結在回歸後卻灰飛煙滅，伴隨而來的是一種靈巧的跨國運作。當他全身進軍荷里活時，他也同時歸祖認宗，大力認同中國人身份（如果我們還記得，《A計劃》裏主角馬如龍的香港身份是建基於對中國身份的否定上）。而在大概的同時，在1995年香港旅遊協會也正式邀請成龍擔任香港旅遊大使，這份公職他一直保留到現在。由九十年代中開始，成龍就在這三個身份中迴旋，他面向中國人民時不斷宣揚愛國情操，特意隱藏香港人身份；作為香港的旅遊大使，他又在其他有關場合向全世界宣示他作為香港人的榮耀感，而伴隨着他的身份移位也是他個人在荷里活的成功。也可以說，緊扣着他個人在國際上的星途發展是香港的後殖民國際境遇。在上一章中我曾經討論過不應以簡單的社會反映論來理解電影與文化的關係，但成龍的電影以及他的明星形象又確實跟香港

社會文化有着複雜甚至人工的關係，他與香港旅遊論述的互相牽連，使他成為研究香港回歸後的全球形象的一個有趣進入點，而這閱讀也可以提供另一個角度，讓我們理解香港電影與香港文化之間「非本質化」的關係。

電影與真實之間

從七十年代以來，成龍電影中的「成龍形象」一向非常穩定：作為一個樂觀和進取的鄰家男孩／男士，他只會在逼不得已的情況下才還擊，總是先替人着想，動作既悅目又不殘忍。這形象深入香港電影三十年，而他也依仗這個形象進軍世界市場，廣為不同國家的觀眾所接受。雖然他的首兩部由嘉禾拍攝的荷里活電影《殺手壕》（*The Big Brawl*, 1980）和《炮彈飛車》（*The Cannonball Run*, 1981）——沒有產生太大的迴響，但他的港產電影一直通過唐人街電影院和錄影帶市場銷售美國以至全世界。一直到1995年的《紅番區》（*Rumble in the Bronx*）他才正式進入美國主流電影市場，而1998年《火拼時速》（*Rush Hour*）的成功讓他成為名正言順的荷里活明星。

在《火拼時速》和往後的荷里活製作中，成龍飾演的都是服從性很高的角色。例如《火拼時速》兩集中的香港警察，《贖金之王》

兩集（*Shanghai Noon*, 2000; *Shanghai Knights*, 2003）中的清廷侍衛，以及在《特務踢死兔》（*The Tuxedo*, 2002）和《八十日環遊世界》（*Around the World in 80 Days*, 2004）中服侍西方主人的男僕。在這些電影中，成龍所飾演的全是謙卑和平的角色，一方面秉承了他在港產片所建立的忠厚形象，另一方面他的功夫也沒有為西方社會帶來任何恐懼，他只會在主人（不是自己）有危險時才出手，他的愚忠洗去荷里活動作片主角所必須擁有的英雄主義，也正因為這樣，他永遠不能（於劇情而言）成為電影真正的主角。

當西方家長開始放心她們孩子觀看成龍的荷里活電影的時候，他在香港的受歡迎程度很明顯與之成反比，令香港觀眾反感的不但是那些比較幼稚的荷里活電影，更是他的公眾言論。好像所有香港人都要尊稱他為「成龍大哥」，而他也是越發投入這大哥的角色，在傳媒面前他喜歡表達他的價值觀，教授大家——特別是年輕人——做人的道理，他藐視新進歌星只懂翻唱日本或歐西流行歌曲（《澳門日報》，2003年10月29日），也厭惡黑人流行音樂（《新報》，2003年10月29日），說如果發覺自己的兒子唱hip-hop，會把他狠很打死云云（《華僑報》，2003年10月29日）。在九七以後，他的言論特別愛國，他說最愛中國衣服，也相信自己的品味打動了一眾荷里活明星對中國服裝的喜愛（《東方日報》，2004年3月29日）。他說2004年的台灣總統大選是鬧劇一場（《文

匯報》，2004年3月29日），到今天很多台灣民進黨人士還繼續把他列為台灣不受歡迎人物。最令港人憤恨的，還是在2009年博鰲亞洲論壇中，他說社會讓人民擁有太多自由就會造成台灣和香港現在的混亂，他覺得中國人還是需要被管的！

　　成龍也經常對港人示教如何在國外觀眾面前「表演」，他常囑咐香港人要保持形象，特別是在國際傳媒和遊客面前。他所指的自重，不是對自己負責，而必須是面向觀眾，而香港人的觀眾往往又是西方傳媒，尤其是在鏡頭底下，任何個別香港人的形象都成為了香港整體的形象。2002年的平安夜過後，尖沙嘴經過幾十萬人的一晚狂歡而變成廢墟，警民的互相叫罵更得到了外國傳媒青睞登上國際報道，這氣壞了成龍，公開要港人不要再在外人前丟臉（《東方日報》，2002年12月30日）。2003年一場在大球場上演的利物浦對香港隊的球賽前，當大會宣布當時的特首董建華為座上客時，很多香港觀眾投以噓聲，這也觸怒了成龍，因為據說這場賽事會被外國轉播（《開放雜誌》，2003年9月1日）。他甚至聲討當年七一上街遊行的港人，說這樣有損香港的國際形象。

　　成龍說他沒有收過香港政府的一分錢，他周遊各地宣傳香港是出於他的真心好意，他確實為香港旅遊大使的工作而營營役役，他在沙士後努力為香港宣傳，他也為香港國際機場說盡好

話。相對，外國人也總喜歡把成龍和香港聯繫起來，他是不少外國旅遊節目介紹香港時的主持或嘉賓，但他同時又會抓緊機會為自己的電影宣傳，例如《火拼時速2》的其中一場世界首映就是由香港旅遊協會主辦，[1]在一架由洛杉磯飛往香港的客機上舉行。作為一個演員，他也是香港理工大學酒店及旅遊業管理學院的榮譽教授。成龍與香港旅遊業牢固的關係是毫無疑問的。

香港旅遊論述

當成龍成功打進荷里活時，香港也悄悄經歷後殖民的巨大變更，而香港在回歸後所發生的變化是頗為耐人尋味的。首先，《基本法》清楚訂明了回歸後香港政治改革的規模和時間表，令這個城市沒有也不會經歷一個迅速及徹底的「去殖民」過程。九七後香港沒有一個倡導國家主義的激進政府，因為整個新政府基本上都是回歸前的班底。但周旋在薄弱的民意基礎、嚴峻的經濟環境，以及中國政府的監視中，董建華政府在回歸後幾年內還是悄悄地實行了歷史性的革命，其所涵蓋的範圍包括社會福利、教育、稅收，以至於整個公務員制度（Cheung, 2000: 291–309）。大

---

[1] 香港旅遊協會是在2001年改名為香港旅遊發展局，以提升該會功能。

部分港人都會承認香港這些年所經歷的轉變是驚人的，而鄧小平的「五十年不變」的諾言恐怕是美意多於承擔。

回歸以後，香港一方面要「歸附祖國」，另一方面又要「擁抱國際」。為了把回歸帶來的政治恐慌減至最低，很多本來因為政治原因而所作出的變革都被包裝成經濟手段，從而將香港的體制改變解釋為跟隨國際商業原則的必須動作。由於商人及旅客往往與外匯掛鈎，她們便成為主要的奉承對象。跟六十年代的新加坡及九十年代的台灣相反，主導着香港的後殖民社會政治生態除了愛國＝愛港外，就是所謂的「國際標準」，而不是本土建構及歸屬。如果大部分香港人都相信在「一國兩制」下香港的前途維繫於對「兩制」的堅持，那麼「兩制」被很多人看成為等同於對全球的擁抱。

在這個框架下，香港的旅遊業是一個很有趣的研究範疇。旅遊業是一個很特殊的工業，它能將一個地方的地理、經濟、政治、文化共冶一爐，它反映了當地人及外來人對這個地方的看法，它也可以影響將來這個地方跟外國的關係。一個地方的旅遊形象會直接製造旅客的期望，又會反過來引導本地人去適應這些期望（Hughes, 1998: 17–32）。雖然在二次大戰後，香港就已經是一個世界著名的旅遊中心，但香港的旅遊業從來沒有像「九七」之後這樣，負擔如此沉重的政治任務。香港旅遊業的未來突然成為

香港的未來：香港空氣質素的改善，為的不是市民的健康，而是吸引遊客及國際商人；香港環境的規劃為的也不是這個城市的下一代而是它的國際形象⋯⋯這種「自我客體化」其實也很理所當然，在1982年到1997年的十五年過渡期中，香港人已經學習到香港的將來繫於國際傳媒的恩澤，而國際傳媒對香港的興趣又往往只是出於對中國的好奇或恐懼。因此，香港的意義從來不在香港本身，它只是一個位於中國和西方之間的螢幕。在這個凝視化、表象化的過程中，外來的目光很容易被內在化，成為一種強力的自我監控（Foucault, 1977: 200–209）。

多年來，香港遊客的主要來源是美國、日本、歐洲等第一世界國家（HKTA, 1972: 13）。而香港旅遊協會的宣傳策略，也往往是針對西方世界而構思的。[2] 在當時中國大陸對西方的閉關鎖國政策下，這樣的市場推廣特別符合西方人對「竹幕」下的中國的好奇心。[3] 但到了九十年代，當香港的旅遊業發展到頂峰時，香港的總體遊客面貌已經與之前大為不同。在1992年到1998年間，中國

---

[2]　例如，1972年該會出版了一份宣傳刊物 *Hong Kong: British Crown Colony*（香港：一個英國殖民地），雖然刊物的名稱突出香港是一個英國殖民地，但除了酒店服務外，刊物內的所有宣傳項目都是有關中國文化的。在這份刊物中，香港是一個地道中國城市，一些香港市民西化的生活方式，例如聖誕節和復活節的慶祝活動等，在這份刊物中都一概不提。

[3]　有關當時的香港人對這種旅遊文化的反應，可參看 Tai-lok Lui（2001: 23–45）。

大陸到香港的遊客增長了三倍，已經佔了香港總客源的30%。[4]來自台灣的遊客數目也有長足的增長，她們更是各地旅客中消費最高的族群之一。[5]另一方面，來自歐美的遊客佔來港總遊客量的比例進入九十年代後不斷下降，而當中還有不少是已經移民的前香港居民回港探親。也就是說，九十年代之後，華人及其他亞洲地區遊客已成為香港旅遊業的主要客源。以往香港的旅遊宣傳的「殖民地心態」也終於在九七後有所改變，1998年3月香港旅遊協會所推出的「動感之都」（City of Life）推廣運動，正表現了一種新的全球想像正在成形。

當成龍進入國際市場四處逢迎之際，「動感之都」代替在此之前非常成功的「魅力香港，萬象之都」（Wonders Never Cease），希望把香港的旅遊形象重新包裝，主要是不想把自己局限在西方市

---

[4] 1992年4月一個月期間從中國大陸來香港的旅客人數為80,746人，佔來港遊客的11.4%（HKTA, "Visitor Arrival Statistics, April 1993"）。五年後，這個數字攀升到252,799人，佔總遊客的30.4%（HKTA, "Visitor Arrival Statistics, July 1998"）。

[5] 大陸遊客的人均消費額在2001年超過了台灣，成為僅次於美國的第二大市場，兩年後更成為香港旅遊源的最大市場。香港旅遊總收益從2001年的618億港元激增至2006年的1,194.3億港元，增幅達93%；其中由內地遊客所貢獻的旅遊收益由158億港元增至397億港元，增幅高達150%，內地遊客貢獻增加額佔到香港旅遊總收益增加額的41%。見中國旅遊新聞網，〈7,500萬內地遊客撐起香港旅遊半邊天〉2007年6月29日；http://www.cntour2.com/viewnews/20070629/stat/2007629153528555.htm

場，而希望迎合更大的，包括中國在內的全球大市場。從過去幾年各地抵港旅客量的大幅度上升來看，「動感之都」這個推廣項目是非常成功的。而「動感之都」的策劃也許可以被看成香港特區政府的經濟發展路向的一個標誌，[6]董建華在1998年及2001年的施政報告中都重點提及以旅遊業作為香港經濟發展的龍頭，當年香港政府提出的十八億振興旅遊業計劃，似乎被看成是香港改善經濟的唯一良方，當中包括興建亞洲的第二個迪士尼樂園；把西貢、香港仔、大嶼山、中環及西九龍等地發展或再發展成旅遊中心；而計劃背後的最大支柱，是香港政府跟中央相討全面結束由內地來港的旅客限制；2003年7月「自由行」政策正式實行，代表了從此以後中國來港的旅客可以大幅增加。這政策也成為日後中港矛盾的一個主要根源。

　　除了表面的經濟效益外，「動感之都」似乎也放下香港一直以來要討好西方的包袱，這個宣傳項目跟之前的相比，大大地減少了東方主義的色彩，以一個新形象去面對香港的旅遊市場，尤其是中國大陸的市場。在「動感之都」的推廣下，香港被包裝成一個

---

[6]　2001年，香港旅遊協會重組為香港旅遊發展局 (HKTB)，以提升這一機構對政府決策的顧問作用，而「動感之都」的推廣項目也進化為「動感之都，就是香港」（City of Life, Hong Kong Is It!），目標是要成為一個香港全民參與的旅遊推廣活動。

抽象的慾望投射，而這種抽空的描述，令所有主體都可成為潛在的誘惑對象。例如，「動感之都」把香港再現成同時包括各種不同的、甚至矛盾的生活形態，把各種期望與慾望同時涵蓋在這個抽象的香港當中。當西方遊客希望在香港尋找奇異的中國時，大陸旅客也可以在同一個城市中領略西方的現代性。兩種不一樣的「他者」成功地建構在同一個宣傳形象中。不同的人都能在同一地方不斷地追尋心目中完美的樂園，但這個追尋又注定是失敗的，因為香港如果要在這個宣傳策略下滿足不同的幻想及慾望，它必定是一個空洞的能指，以至所有人都可以在此「空」間追逐自我。香港在這「活力之都」的旅遊形象中，並不是一個實在的、有歷史性的文化社會地域，也正因為如此，在這個旅遊論述中，來香港旅遊的旅客反而永遠也經歷不到香港。

在之前「魅力香港，萬象之都」的宣傳錄影帶中，我們看到很多令香港引以為榮的資料，配上吸引人的影像及音樂，並用醒目的大題目標明，給觀者一個清楚的香港輪廓。它所表現的香港面貌包括：「全世界最大的中樂團」、「全世界最大的戶外青銅坐佛」、「最熱情的馬迷」、「最多的手提電話」、「最多的勞斯萊斯」等等。無論這些形象是多麼虛假及投機取巧，「魅力香港，萬象之都」確實表現了一些香港的具體面貌，觀者看到的是一個充滿活力又市儈庸俗的亞洲商業城市。相比之下，「動感之都」的宣傳

錄影帶中沒有任何有關香港的具體資料，但是它給予觀者更多的想像空間，由旅客們按照自己的期望去為香港填補空白，也因此更有效地吸引她們來香港追尋抽象的快樂。

　　雖然「動感之都」的宣傳影片也採用了由標題突出影像的設計，但我們再看不到直接具體有關香港的描寫，而只能看到一些充滿抽象概念的標題，例如：「黎明」、「飛」、「品味」、「將來」、「驚奇」、「火花」等，正是因為這些字詞非常抽象，包含無數理解的可能性，觀者更容易把她們各自的慾望帶進這香港想像裏。「火花」可以是香港的夜色，也可以是購物的快感，更可以是《火拼時速 2》中所描述的聲色犬馬。宣傳片選擇了一些特別抽象的文字，而伴隨的視覺影像也都聚焦在一些比較抽空的景觀。除了幾個維多利亞港的景色外，其餘大部分被攝下的地方都不一定是香港的。我們在片中看到的商場、時裝表演、流行音樂會、高爾夫球場、草地上小孩的奔跑……這些全不是香港出名的旅遊景點，而是在世界上很多地方都可以見到的消閒地方。宣傳片並沒有清楚帶給觀眾有關這個城市的實際資料及旅遊介紹，但在短短的一兩分鐘內，觀眾更容易被這些抽象的感覺所感動。宣傳片也就可以更有效地吸引不同地域、不同文化背景、帶着不同期待的人。最有趣的是，同其他地方的旅遊宣傳活動不同的是，這宣傳片並沒有透露甚麼有關香港的「本質」和「內涵」的東西。「動感之

都」似乎對這個「都」沒有特別強調，反而只在「動感」的解讀上大做文章。香港可以是世界上任何一個地方，旅客來香港不是因為香港，而是因為她們各自要滿足的個人欲望。

選擇這個新的「膚淺性」形象來宣傳旅遊業可能是逼不得已的。「購物天堂」這美譽已經不再適用於香港，因為在香港無論是租金還是員工薪酬都已經無法承受低水平的零售價格。所以，香港越來越依靠「觀光」來取代「購物」成為其旅遊重點。同時，香港已不再等同中國的神秘奇異，而香港也好像沒有甚麼文化本質值得遊客去深刻體會。據統計顯示，大部分旅客在香港只會停留一至兩天，要在這段短時間得到熱鬧刺激，只得鼓勵旅客走馬觀花。而「動感之都」宣揚的香港就變成一個淺薄的、紛繁的，甚至是空洞的浮光掠影。

旅遊與奇觀社會

在香港旅遊形象不斷轉變的同時，成龍繼續他作為香港旅遊業的代言人。1999年，他的婚外情新聞曾經令他飽受被逼放棄旅遊大使的要求，但他還是一力堅持沒有退下，再加上旅遊協會的支持，他的香港旅遊大使形象不斷根深蒂固。一方面他可能是世上最廣為人識的香港人，另一方面他在電影中的形象多年來還是

一股腦兒的正面健康。在《臥虎藏龍》的國際成功下，香港旅發局更積極希望用電影來推廣香港，在仿照荷里活大道而建立的星光大道上，成龍順理成章地成為第一個立下手印的明星。

商業電影的逃避意識在某程度上與今天的旅遊文化是相脗合的，旅客的主要心態是想逃離她們的日常生活，尋求一些超乎尋常的經驗，所以在旅途中很多遊客會選擇一些她們平常不會參與的事情（Urry, 1990），而現在很多主流電影也努力提供這種虛幻的超現實經歷。香港電影給大部分海外觀眾的感覺正是一個刺激的、異於常規的，甚至是沒有章法的奇觀經歷（Yang, Gan, and Hong, 1997: 74）。無論這種感覺正確與否，如果在國際上提起香港，很多人立刻會想起香港電影。荷里活當然也塑造了一種美國形象，但這形象不但只有外觀，也有價值、意識形態和生活方式。但是，香港電影沒有荷里活的強大跨國工業以及它背後國家機器的支持，它所表現出來的香港形象往往是碎裂的。事實上，香港電影人經常被批評為不懂劇情，只懂打鬧，香港電影在國際觀眾眼中多被看成是一種奇觀電影，不是一種敘事電影（Bordwell, 2000: 178–179）。對西方而言，通過電影所建立的香港形象只有動作和歇斯底里，沒有連貫的感情也沒有凝聚性的價值。

成龍常被論者批評演技差劣，但對很多國際成龍影迷來講，他的演技一點都不重要，重要的是他在電影中的動作場面的奇觀

性，這與香港的旅遊業的特性又不謀而合。有研究指出，超過八成的來港旅客承認，來香港並不是為要了解香港的文化和傳統，而主要是為了觀光和拍照（McKercher, 2002: 29–38; McKercher and Chow, 2001: 21–30）。大家來香港都是為了感受一下喧嚷的繁華表象，得到一些由娛樂主導的經驗，大部分遊客都不覺得香港是一個有氣質有內涵的文化之都。很多香港評論對這種旅遊心態嗤之以鼻，例如，香港迪士尼樂園的興建就凝聚了很大的不滿，施鵬翔就說：「迪士尼的世界只有歡樂和諧，但真實世界卻有太多的痛苦和矛盾。迪士尼販賣的就是一個淨化了的樂土。為了保護這夢幻世界不被破壞，迪士尼需要的是對空間的完全控制權」（施鵬翔b，1999：18–19）。他義憤填膺地指出：「迪士尼化的都市，是公共空間與社會淨化和嚴密監控中像綠洲般消失的噩夢，是都市多元而混雜的文化被懾於一元的退步，更是公民身份被消費者身份全面取代的反動」（施鵬翔a，1999：112–113）。這見解與笛博（Guy Debord）的奇觀社會（society of spectacle）理論近似。笛博認為，在西方本體論中視覺霸權發展的極至就是奇觀社會，當中影像成為社會現實的唯一組件，觀看也成為人與人、人與物之間的所有關係。在奇觀的世界中，所有活動都被吸納成奇觀的一環，所以人類根本沒有自由可言（Debord, 1995）。

這些對旅遊文化與視覺文化的批評，令香港的「全球化」夢想

與這個城市的本土關懷更形對立，笛博的論述也加強了大家對旅遊業的不信任，認為它的發展只會掏空香港的本土文化和生活歷史，只促進了全球資本主義的邏輯，而抹煞了當中所有的物質性。對很多論者來講，影像的閱讀不需費力，甚至不需理解，很容易便造就了一種簡單的「普遍性」，蘇珊・桑塔格 (Susan Sontag) 就說過：「相對於文字來講，照片不用思考，不用參照，沒有詞彙，沒有既定的或大或小的讀者群，照片只有一種注定給所有人的語言」。(Sontag, 2003: 20) 桑塔格對照片批評可以放在電影上，也可以與今天的旅遊業相結合。

或者，我們可以通過成龍的國際形象以及他的電影來重新審視這種本土和全球、物質與視覺的對立關係。

觀看與表演

笛博的奇觀社會論述影響深遠，讓我們了解資本主義如何把社會去物質化，但這論述也包含了評論人對視覺文化的恐懼，有關理論對奇觀文化投以過份的權力，也對觀看與被觀看的人的能力過份低估。就如前述，雖然我們不應對個人的主體性過份浪漫化，但也不應視她們為完全的被動者；作為一個旅遊城市，香港的文化發展可能因應不同的旅客而不斷投其所好，但當中的表演

也必有其積極成分。成龍的電影就可以表現旅遊業中「表演者」的不同面向：一方面旅遊業的經營永遠是充滿着虛假的表演，表演者會充份利用消費主義的邏輯去取悦觀看者；但另一方面，大部分的觀看者也不是如此天真，表現者和觀眾間的複雜計算以及互動關係，並不能用一種簡單的、普遍性的「奇觀社會」所涵蓋。

從剛才討論過的香港旅遊業的發展可以看出，回歸後的香港盡力擺脱簡單的東、西方二元關係，希望爭取最大的全球市場，香港必須脱出過去東方主義的包裝，重新把自己變成所有目標顧客的慾望客體——香港旅遊為要成全一種着重想像的轉喻（metonymical）經驗，必須不斷「表演」，不斷更新。而成龍在過去十年內為不同市場的努力經營乃是同出一轍。除了作為香港的旅遊大使之外，成龍也是美國芝加哥、法國巴黎、南韓首爾以及統營市的榮譽市民，他代言的有關旅遊業還包括北京的奧運，西安的歷史旅遊，甚至是911後的紐約唐人街。他在2005年的南亞海嘯探訪印尼，也承諾為印尼政府推廣當地的旅遊業。基本上，成龍會抓住每一個機會，宣示他對不同地方的人的忠誠，而他就是全球的大使。

我們必須注意到，在旅遊的工業中，任何表演都是十分自覺的。雖然奇觀文化成為香港旅遊業的重要一環，香港人不一定就如此看待自己的城市。香港人並不天真，以為迪士尼會把整個社

會吞滅，成為美國文化帝國主義的犧牲品（Lo, 2005: 213–216）。從這幾年的發展我們知道，對世故的香港人而言，迪士尼只是一個虛假甚至不大吸引的玩樂世界，跟現實生活是沒有太大的重疊，遑論把香港迪士尼化。我相信很多「經驗豐富」的遊客也能把香港人的日常生活與她們所消費的香港分開，因此我們也不需要把旅遊文化跟本土文化過份拉扯和相對。笛博的奇觀社會是單一的，裏面的人是被動的和脆弱的，我不希望用這個角度來看香港人，我們的日常生活不會被旅遊業全部吞沒，但是，我們也必須要為這自我販賣作出遷就以至犧牲。因此，我們不是要把「奇觀社會」這些社會批判理論一股腦兒扔掉，而是希望深化了解社會和文化之間複雜的互動。成龍的荷里活電影可以讓我們窺見這角力的一二，因為在當中成龍所飾演的角色往往就是被觀看的對象。

在《火拼時速》的開頭，成龍為了要逃避美國警察 Carter 的追捕，由他所飾演的 Lee 在繁忙的洛杉磯市中心跳上一支交通燈，開來一輛開篷巴士，上層滿載一群亞洲遊客，觀賞着一位同是來自亞洲的男子表演而嘖嘖稱奇。在《贖金之王》第一集中，成龍所飾演的清廷侍衛 Chon Wang 的奇裝異服，吸引着一眾美國西部小鎮居民，還對他的不流利英語萬般嘲弄。在《火拼時速 2》中，Lee 和 Carter 在香港街頭裸體逃跑，還有《特務踢死兔》的 Jimmy Tong 在台上笨拙粗疏地表演着黑人音樂和舞蹈以娛賓。而整部《八十

日環遊世界》要表現的不但是成龍在看世界，也是世界在看成龍。

作為一位動作片明星，成龍在電影中不斷地被觀看。這相對羅拉‧莫薇 (Laura Mulvey) 的經典電影研究是有相當大的出入。在她的電影觀影研究〈視覺快感與敘事電影〉一文中，莫薇論述觀眾如何通過荷里活主流電影的男角去觀看女性而得到快感 (Mulvey, 1975: 6–18)。同樣是荷里活的主流動作電影，作為男主角的成龍在電影中往往不是觀看者而是被觀者，因此打亂了莫薇的理論系統：觀眾對觀看成龍的視覺快感不是自戀的 (narcissistic，觀眾想像自己就是主角)，不是窺淫的 (voyeuristic，觀眾窺看演員作為慾望客體)，不是虐待的 (sadism，觀眾視角色為罪惡的化身)，也不是戀物的 (fetishistic，觀眾膜拜主角為神)，莫薇的這幾個模型都不能應用在成龍的荷里活電影中。成龍明顯不是酷兒文化的一分子，沒有顛覆主流性別身份的意圖，我們也不能完全用一個種族的概念 (白人看亞洲人) 來理解成龍的被觀望，因為觀看他的人也包括亞洲人本身 (《火拼時速》中的巴士遊客就是一個好例子)。觀眾沒有把他看成可認同的英雄，而把他視作一位表演藝人。成龍的喜劇感主要來自他的身體表演，他在電影中的形體演出的特點不是他的瀟灑，而是動作間中的失落、停頓，甚至癱瘓，以突顯他的努力表演，及他的盡力娛賓，成龍可以說繼承了早期喜劇電影明星如差利‧卓別靈和巴斯特‧基頓的身體程式，

突出的不是動作演員對身體的控制而是該控制的失誤。例如在
《贖金之王》第一集中,幾個主要的喜劇場面就是建立在成龍如何
無法駕馭馬匹,而馬則是美國西部電影的主要符號。在《八十日
環遊世界》中,成龍把自己的身體改裝成機械人,但電影突出的
不是他對新的身體的優雅自如的控制,而是他的笨拙和粗陋。在
這幾部美國電影中,成龍是一個常常處身尷尬情況的小丑,而讓
他贏得主人及客人的信任卻正是他的糊塗笨拙。

　　成龍的笨拙令他在這些電影中的身份曖昧不明,究竟他是僕
人,還是在「表演」僕人的角色?尤其是在《八十日環遊世界》中,
成龍其實是在假裝僕人來掩飾他真正的身份。成龍的「表演」論述
也可以解釋他在荷里活電影及香港媒體中出現的矛盾形象,他可
以是忠僕也可以是大哥,在電影中和電影外,在外國人和香港人
前,他可以背上完全相反的形象,中間可以用「表演」兩字來貫
穿,因為「表演」可以是一面螢幕,以分割「真我」與「假我」。但
似乎問題又更複雜。

　　如果成龍和他的電影體現了某種香港旅遊業的表演性,那麼
旅遊的層面與香港的日常生活層面應該是可以被分離的,旅遊可
以只是一種表演。我們甚至可以用一種「顛覆」的角度來看這種表
演行為:在一些女性主義論述中,女性的「面具」可以突出父權控
制的虛構與顛倒,例如歌星麥當娜會特別誇張其作為性感尤物的

表演，而彰顯父系價值的虛假和可改變性。在觀眾與表演者之間，究竟誰在控制誰，這是此消彼長的；但從另一個角度來看，「假」的旅遊表演是不是真的可以與「真」的日常生活分離？成龍及香港如何保證兩者互不相干？在批評笛博奇觀社會理論的過份籠統的同時，我們也必須面對笛博以及其他馬克思主義理論家對資本主義最根本的批評，就是這個經濟制度對社會及意識形態的全面支配。我不相信把一種表演主體賦予成龍或香港，它們就可以免於受資本主義的宰制，反而，它們可能只是在實踐一種更深化的自我消費品化（self-commodification），而自我控制也只能在一個相當小的限度中虛耗。

在成龍已拍過的幾部荷里活電影中，《火拼時速2》是香港自我客體化中最清楚的一部。據成龍對傳媒的透露，是他建議該電影到香港取景的。

〔成龍〕更言今次 *Rush Hour 2* 是他建議來港取景，一來自己是旅遊大使，可透過影片將香港介紹給世界各地的旅客，亦因如此，故他會選擇具代表性的地方取景，那些色情暴力溫床的油尖旺，盡量避免，要將香港美好一面呈現觀眾眼前；其二是爭取外國片來港拍攝，可提高本地工作人員就業機會。（《大公報》，2000 年 3 月 28 日）

成龍說香港不能與色情掛鉤，但電影清楚出賣了他的承諾，因為電影不斷安排性感美女簇擁着 Carter。尤其清楚的是在電影前部分的其中一幕，Lee 以查案之名帶 Carter 探訪香港一間色情場所，美女整齊排列搔首弄姿引誘這個美國來客，而作為主人家的成龍困窘地不知該把目光放在哪裏。就是在這自我意識非常強烈的一幕，成龍光榮的香港旅遊大使身份被硬生生又尷尬地剝去。在銀幕中我們看見的成龍被放置在 Carter 的身後，半埋在鏡頭的遠處，焦點模糊，這個香港旅遊大使顯得非常侷促不安，不敢直視女子和觀眾，更不能與他所宣傳的香港對質。

　　旅遊業所包含的表演往往是充滿矛盾的，因為這種旅遊慾望是浮動不停的，它要擁抱的不是一個統一的文化身份，而是個別旅客所期待的不同娛樂和趣味。香港和成龍對自己的表演是非常自覺的，投合旅客的消費慾望，她們所表演的自我，是刺激的但沒有脅迫性，是既值得尊重卻又溫順，是可笑的但也是誠懇的，總之面面俱圓。但是，無論這些表演如何虛假與表面，這些表演又同時建構《火拼時速 2》裏販賣的香港旅遊事業。根據巴特勒的說法，性別表演有兩個層次，一方面，因為性別由文化和意識形態所建構，而不是與生俱來的，所以所有性別其實都是一種表演，但另一方面，表演可以被看成為一種有時間性的轉化過程，一種可以生成為導致改變的力量，所以，性別與表演的關係是互

相影響的，性別是一種表演，但表演又可以重組性別（Butler, 1999: 163–180）。同樣地，香港的旅遊形象可能只是一種表演，但這些表演又肯定會回來改變這地方，裏面沒有簡單的誰控制誰。

第四章

銀河影像的男性形象與男性關係網

如果陳果的九七三部曲表現了香港電影與香港身份的去向不明，那麼同時期「銀河映像」的早期作品卻可能代表了香港某種類型電影的一個巔峰，也表現了「傳統」與「開端」在文化上的互補和爭持。黑幫警匪片是這兩章研究的主題，因為在近年香港電影製作中，這類型電影的生命力最強，製作量也最多。雖然黑幫警匪片在香港電影歷史中源遠流長，甚至可以追溯到四十年代流行的一些間諜片，例如1947年的《危城諜侶》和《第一號戰犯》等，但是，近年這種類型電影確實發展了一種比較獨特的美學，成為了後九七香港電影的一種時代風格；同時，這風格的過度互相複製又令相關類型陷入一種沼澤的狀態，逐漸朝向濫調和陳腐；而這現象的發展必須由「銀河映像」說起。

「銀河映像」是由韋家輝和杜琪峰在1996年組成的電影製作公司，以他倆為主要創作骨幹，再加上一班比較固定的幕前幕後

人員，「銀河映像」在成立後短短兩三年間已建立起一個擁有鮮明形象的新香港電影品牌。雖然他們在頭幾年所製作的電影大部分也不十分賣座，但它們走的偏鋒路線很快便成功地吸引了觀眾及影評人的關注，在1997到1999年間「銀河映像」普遍被認同為代表了後九七香港電影的某種新開端。千禧年後他們正式進入大盛期，在本土和海外都取得票房和口碑的成功，受到廣泛的注意。環顧今天香港新一代的男性導演，從郭子健到鄭保瑞，從彭浩翔到黃精甫，沒有那個不是或多或少受過「銀河映像」的影響，「銀河映像」確實是後九七香港電影一個劃時代的元素。

「銀河映像」在某個角度上見證了香港電影正式進入大蕭條的無底深潭中，但他們團隊的相對完整性和持久性也是這十多年香港電影工業所僅有的，這個品牌不但是本土的也是全球的，不但是商業的也是藝術的，而這個電影團隊的出現及嘗試，可能是雷蒙・威廉氏（Raymond Williams）所說的「殘餘」（residual），也可能是「新現」（emergent）（Williams, 1977: 121–127）。我相信「銀河映像」的早期作品是觀察香港電影在千禧年後不斷沉底的一個有趣對照位，因為它們在努力尋求新方向的同時，也展現了香港電影的一些傳統的特點與侷限。它們所表現的男性形象和男性同性社群關係網，尤其繼承了香港電影動作片的性別框架和意識形態，電影在表現了某種對當前香港社會和電影工業複雜的危機感與困頓的同時，也享受

着固有性別系統的保護和由它所帶來的安全感。我特別希望在此探討「銀河映像」的這種「義氣美學」，如何孕育在其早期作品對社會的允諾和承擔中，然後在杜琪峰手上發揚光大。可惜的是，他往後所拍的動作片好像都不能打破這個帶有強烈性別意識的美學框框，這種風格因他的不斷複製而變成陳規。早期「銀河映像」電影所努力勘探及再現的社會、人生，甚至是電影類型的困局，逐漸由內容沉澱成形式，竟反過來演變成一種風格包袱。

「銀河映像」簡述

「銀河映像」在1997年一口氣出品了四部電影，分別是《一個字頭的誕生》、《最後判決》、《兩個只能活一個》和《恐怖雞》，全是深邃的黑色劇情片，雖然票房不十分理想，但在當時的淡市中，其商業成績也不算太差強人意，而這幾部電影所走的偏鋒路線，亦開始吸引影評人的注意，而其中《一個字頭的誕生》更受到許多評論的稱許，例如張建德就讚賞該片為九七年最突出的本土製作，他認為「影片對黑道電影有不落俗套的揶揄，以黑色幽默處理黑道小子的題材，以及對黑社會整體的鞭韃，都見源源不絕的創意」（張建德，1998：9）。作為該公司的第一部製作，《一個字頭的誕生》為「銀河映像」試出一個實驗性很重的路線。

1998年是「銀河映像」的成名期，《暗花》在香港上映了二十三天，票房收入近千萬，是「銀河映像」截至當時商業成績最理想的一部電影，也是最受評論關注的一部。加上同年稍後推出的《非常突然》及《真心英雄》繼續發展《暗花》的奇詭風格，在浪漫化的影像與精心計算的情節進展上建立起一種比較統一的風格，「銀河映像」的黑色品牌在這三部電影推出後已正式被確認及引起廣泛關注，而韋家輝加杜琪峰這組合亦成為香港電影界的新話題。

　　在1997與1998年的「銀河映像」出品中，除了《最後判決》和《恐怖雞》外，據杜琪峰所言，所有電影基本上都是以韋家輝為主要創作靈魂，而杜琪峰則負責製作及行政（方國麟、馮若芷，1999：59）。到了1999年杜琪峰自己則導演了三部風格各異的電影：《再見阿郎》、《暗戰》及《鎗火》，為「銀河映像」在香港影壇中建立起了一個鮮明的形象；三片當中，《暗戰》的商業計算比較明顯，其商業成績亦最理想，成功帶來超過一千四百萬的香港票房紀錄，也為劉德華帶來影帝榮譽。相對來說，《鎗火》的製作成本比較輕，因此商業包袱也不重，可能是杜琪峰至今最個人的電影，為他帶來第一個最佳導演的香港電影金像獎獎座，也定調了杜琪峰往後的「作者」地位。

　　如果1997到1999這三年是韋家輝與杜琪峰的風格建立期，那2000年就應該是「銀河映像」的商業豐收年，《孤男寡女》在香

港票房收入超過三千五百萬，再一次證明杜琪峰不但是一個出色的作者導演，他也是香港電影界中最成功及聰明的商業導演之一，[1]而緊接着的《辣手回春》是該公司在《孤男寡女》後一個月內完成籌備與拍攝的速成之作。同一時間，「銀河映像」亦正式被向氏家族所擁有的「中國星」網羅，[2]成為新成立的「一百年電影公司」的一艘旗艦。「一百年電影公司」是向氏家族決心再次雄霸香港電影工業的一項巨大投資，公司成立之初，他們宣稱在未來的三年內拍攝一百部電影，不計較即時回報，希望藉此重新布置及開拓本土及其他華人市場。其後雖然成功推出了幾部賣座之作，但整體上還是鎩羽而歸。2003年「銀河映像」宣布上市，陸續成立了四間子公司，分別是銀河映像香港分公司、小星星公司、靈感電影發行公司、觀點製片公司。2007年杜琪峰帶走旗下的兩個子公司獨立出來，仍叫銀河映像；在同一段時間中，韋家輝曾在2003到2006年離開「銀河映像」在中國星中獨立發展，06年又回歸「銀河映像」，拍了《神探》(2007)。而打正杜琪峰名字的作品如《大事件》(2004)、《柔道龍虎榜》(2004)、《黑社會》(2005)、《黑社會：

---

[1] 在進入「銀河映像」之前，杜琪峰是香港最成功的商業導演之一，其中《天若有情》(1990)和《審死官》(1992)都是他叫座之作。

[2] 「中國星」是「永盛娛樂」的發行公司，兩者同由向氏兄弟所擁有，是八十、九十年代香港電影業最興旺時期的最大電影商，成績媲美六十年代的邵氏，但在九十年代末期產量已明顯減少。

以和為貴》(2006)、《放‧逐》(2006)、《文雀》(2008)及《復仇》(2009)等相繼入選世界各大電影節的競賽和參展部分，雖然沒有獲取甚麼大獎，但杜琪峰的名字迅速進入國際電影節的系統，他更在08年成為第六十五屆威尼斯電影節評委，令他正式加入國際電影大師行列。

在困局中

從公司的成立到現在的超過十年歷史中，「銀河映像」維持了一個很大的特點，就是其劇本的集體創作性，他們有自己比較固定的編劇和副導團隊，韋家輝曾領導的編劇人員包括游乃海、司徒錦源、歐健兒和葉天成等，而杜琪峰則主要率領游達志和羅永昌進行拍攝。兩者之間「銀河映像」特別注重劇本設計，因此，在03年前，韋家輝的視野主導了該公司的大部分出品，再加上一班編劇人員的整理、潤飾或細琢，基本上所有「銀河映像」的出品也可以被視為集體創作。這種集體創作一向是香港電影製作的一大特色，尤其體驗在八十年代初新藝城的兄弟班創作中，但對「銀河映像」來說，這可能更大程度是傳承自電視製作。在進入電影圈之前，杜琪峰和韋家輝是無綫電視台的當紅編導與監製，可能因為以往的電視製件經驗，他們對電影劇本的統一性與戲劇性特

別敏感，起承轉合通常經過精心計算，特別注意要在類型電影中製造新意。集體創作在這方面有其優點，可以經過反覆的集體討論而增加劇本的驚喜度，所以，「銀河映像」電影的劇本的嚴謹性其實也是源自集體計算上。但「銀河映像」電影與其他集體創作最大的分別，就是創作人員能夠把劇本層層相扣的內在脈絡置放在一個更大的語境下——可能是香港的社會環境，也可能是類型電影的規限——電影因此被賦予了一種哲理性的自省。這在「銀河映像」早期電影中尤其明顯，故事的邏輯和矛盾在某層次上被提升成為一種強調個人在奮力自主與命運播弄間的生存經驗，而角色與其命運的張力拉鋸，也可以被看成是電影和它所屬的類型電影方程式的掙扎。

剛才提過，「銀河映像」在97到99年出品的製作可視為該公司的第一個完整創作期。「銀河映像」在97到99年出產的十一部電影中，除了其中三部非「嫡系」出品的《最後判決》、《恐怖雞》和《甜言蜜語》外，其餘八部都是由杜琪峰和韋家輝主導創作的作品。一直以來，「銀河映像」都特別鍾情警匪片，這在他們97到99年的作品中尤為明顯。這八部電影全是明顯的男性電影，當中大部分沒有重要的女性角色，故事都由男性的觀點與心理帶領發展。雖然這幾部電影是由男性角色主導，但它們都沒有97年前的香港商業電影的陽剛味與自信，相反地，裏面的男性世界充滿焦躁和懷疑，恐

懼與不安,對女性沒有駕馭的能力,同性間建立的關係也是複雜與矛盾的,這幾部電影建立了之前香港商業電影中較少見到的一個充滿自省及危機的男人世界,而當中的張力往往是建築在一個或一群男性如何被鎖在一個困局中,以及他(們)如何尋找出路。

　　有趣的是,這種男性無能感一直覆蓋後九七的香港警匪片,結合不同的風格,成為《紫雨風暴》(1999)、《江湖告急》(2000)、《新警察故事》(2004)、和《野‧良犬》(2007)等方向迥異、但同樣氾濫着男主角的脆弱與無助的後九七香港電影。「銀河映像」的幾部早期電影可能是這「潮流」的其中一個源頭,它們經營的男性世界充斥着一種沉重的困窘以及壓迫感,而這無可奈何或許都是由電影中男性社群的聯繫及危機中產生。

　　在《一個字頭的誕生》的開首中,黃阿狗(劉青雲飾)去看相,相士說他將會在快來的三十二歲關頭中面對一個重要的人生選擇,他的選擇將會影響他以後一生的發展,可能是客死異鄉,也可能是平步青雲。電影分兩部分把這兩個可能性都演出一次,叫觀眾和主角一同參與及經歷兩個不同的人生版本,電影第一部分描述主角決定跟黑幫兄弟偷運汽車到大陸,最後在一場廝殺中死去;第二部分把時間撥回故事的開端,主角這次拒絕去大陸,反而被其中一位同伴Matt(吳鎮宇飾)拉去了台灣,最後闖出一條血路,自創一個字頭,叱咤台灣。

雖然《一個字頭的誕生》在1997年放映，台灣大陸之選好像頗有弦外之音，但只要細看電影又不難發覺這兩個地方在故事中的偶然性，其地方性完全沒有影響劇情的發展，就如電影運用的紅色與藍色來分別代表大陸與台灣一樣，雖然跟國旗顏色可能有關，但可以被解讀為一種完全抽空的美學組織，而沒有特定意思，而且故事基本上不是一個政治寓言，因為故事裏面沒有明顯的道德批判，強調的只是個人與命運的關係，電影一方面強調黃阿狗對自己命運所擁有的自主權，因為他的人生結局是源自自己的選擇。但是，他的決定以及其後的遭遇又好像完全身不由己，因為兩個版本中的黃阿狗壓根兒是兩個人，他不同的性格已經控制了他的選擇。這部電影所表現的個人沒有知悉將來的能力，由不同處境所交織出來的命運好像理所當然，但處身其中似乎又充滿偶然性。跟陳果電影相反，《一個字頭的誕生》表現的主體性是游離的，黃阿狗對個人對環境沒有絕對的控制權，我們甚至不知道前半段的他還是後半段的他才是真正的黃阿狗，可能連他本人也不知道。再加上電影中不斷運用的廣角鏡和三百六十度鏡頭運轉，好似把劇中人和觀眾困在一個壓迫感特別凝重的環境中，動彈不得，自己的命運惟有由身邊的人與物來宣判。就算電影有不少的空闊鏡頭，尤其是台灣很多場面特別強調晴空，但因為運用了廣角鏡，就連寬廣的空間都好像變成囚禁劇中人圓形的幕牆，

一種幽閉恐懼症的感覺令觀眾切身感受主角被困在自己命運中的無助。（圖四·一）電影對命運有多種闡釋，究竟是人控制命運，還是命運控制人，似乎兩者都有可能。

這個人與命運交戰的主題在「銀河映像」之後幾部作品中繼續發展。例如在《兩個只能活一個》中，男主角武就不斷跟自己命運豪賭。本來他是一個生活潦倒的賭徒，願意以殺人去換取賭本，當他用這筆賭本贏得大筆橫財之際，當他以為戰勝了命運可以用錢買回自己的生命之際，他又發覺愛上了請來代替他完成工作的女殺手，他要再一次抗拒自己的命運，挑戰「兩個只能活一個」這好像已經注定的結果。而《暗花》講的是另一個命題類似的故事：澳門兩大首領為爭奪地盤而互相廝殺八個月，背後的大老闆洪先

圖四·一：《一個字頭的誕生》中廣角鏡的運用。 電影劇照

生要把他倆一同剷除，所以策劃了一個局，把其中一位首領的親信偉（梁朝偉飾）騙到當中，再把兩位首領的死嫁禍與他；偉走投無路，只能獨自挑戰洪先生親手所設的這個局，最後失敗而死。

《一個字頭的誕生》、《兩個只能活一個》及《暗花》這三部電影明顯都把男主角放在一個他不能控制的困局中，阿狗的對手是一個已嵌進他手掌中的命運，武要挑戰的是幾個他自己曾作出的決定，而偉要面對的卻是一個別人為他設定的陷阱。雖然他們有的成功，有的失敗，但以上三部電影的主角都有直接面對命運的意識及勇氣，他們都很清楚自己的處境，甚至還有一定的選擇權，就算偉在《暗花》中以死收場，但是，他在故事中對洪先生的拼死周旋，就如存在主義小說中的主角一樣，雖然是悲劇，但他對自己的命運負責，一樣是英雄。

到了《非常突然》，人生的無常已完全跌出個人的意料之外，劇中人不能再如之前三部電影中的主角一樣去挑戰命運，他們是完全被動和無助的，主角們根本不知道自己的處境，更遑論挑戰自己的命運，這電影把之前「銀河映像」製作殘留下來的個人主義完全消滅，成為這時期「銀河映像」探討宿命的巔峰。《非常突然》講的是一個警察的故事：一個出色的重案組小隊，同時為兩個案件奔波，一邊是三個初來香港的大陸偷渡客，行劫金舖失敗落荒而逃，另一邊是一班犯案纍纍凶狠暴戾的本地悍匪，他們強姦婦

女，拿着 AK-47 在街頭殺人如麻，這隊精銳的探員要把這兩幫匪徒逮捕，而一連串的重大刑案也接連發生，大家把所有焦點放在那班本地悍匪身上，認為他們必然跟這些案件有關。在一次細心精密的追捕中，這隊重案組小隊終於把悍匪繩之以法。但在電影即將結束之前，當一班主角準備去慶功，突然發現那幫大陸偷渡客的蹤跡，他們滿懷信心輕鬆追捕，誰知對方突然拿出重型武器，在一場殘酷的互相廝殺中同歸於盡。

　　觀看過這電影的觀眾應該不會忘記結局的震撼性，因為主角們「非常突然」的死亡亦同時毀滅觀眾對故事、對主角所建立的期望。電影把幾位主角塑造成智勇雙全的精英幹探，雖然他們分別為了自己的感情問題而煩惱，但是當面對工作時，他們都是精明嚴謹的，在逮捕本地悍匪的一場戲中，他們的個人神勇及準確的合作性把原本也是智勇兼備且心狠手辣的罪犯頭目瀟灑拿下，他們的英雄形象被打造得閃閃生輝。而另一方面，那些大陸劫匪被塑造成一群土包子，糊里糊塗地說要打劫金鋪回鄉享福，對香港既不熟悉，本身也並不是十分精明，一副典型前九七香港電影常見的「阿燦」形象，電影顯然要觀眾及主角看輕他們。但是，當英雄們突然被這群土包子殘酷地殺死，傷害的不但是主角們的性命，更是觀眾的期望及偏見。觀眾當時的無奈及無助更反映在電影最後的一場槍戰中，在這場戲中我們不但看見英雄們逐一被殘

暴的匪徒殺死，在鏡頭的一方我們還看見一群路人和警察躲避在一旁，眼看主角將死也不敢伸出援手，因為她們在混戰中根本不清楚誰是同袍誰是敵人，如電影院的觀眾一樣，她們惟有眼睜睜的看着主角死去。

　　《非常突然》對人生無常的全然屈服，要在多年後韋家輝的《大隻佬》（2003）甚至《再生號》（2009）才再被體會。而「銀河映像」在《非常突然》之後拍攝的電影，對男主角的處理開始作出調教，雖然很多還是悲劇的調子，但還原了英雄主義的基本精神，重掌傳統英雄片的軌道。「銀河映像」在《非常突然》之後所拍攝的作品，明顯少了悲觀，多了主動，雖然危機感及無助感還是凝重的，但是，電影卻特別着墨男主角的個人勇氣、決心及能力，他們身處的絕境已逐漸由一種超然的全知全能的神秘力量，演變成為用以突顯男主角英雄形象的背景，電影也因此變得更浪漫化，更符合主流價值觀。例如在《真心英雄》及《暗戰》中，雖然男主角們最後都難逃死亡的厄運，但他們在電影中被塑造成戰勝對手、戰勝命運的英雄，死亡因此不再成為一種毀滅性的困局，當中尤以《鎗火》中的主角最自信最主動，他們對環境的控制及掌握也最成功。由98年的《非常突然》到99年的《鎗火》，這段期間可以說是「銀河映像」的創作高峰，但當中又隱藏了某種微妙的類型片轉化，《鎗火》裏成功發展的一些特色和觀念，會成為杜琪峰電

影以後不斷出現的母題，在《大事件》、《柔道龍虎榜》、《鐵三角》、《文雀》等反覆運用，成為杜琪峰電影的作者風格。但是，儘管《鎗火》被譽為香港電影的經典，它也代表了某種守舊，回歸到較傳統的角色設計；而由《鎗火》所開創的杜琪峰美學，雖然影響極大，但盛開後難免很快荼蘼，而我們對這種風格背後所承載的意識形態也有重新審視的餘地。

男性的同性社群關係

《鎗火》故事由江湖老大被暗殺帶出，二把手阿南召喚五位出色的黑道中人——阿鬼（黃秋生飾）、阿來（吳鎮宇飾）、Mike（張耀揚飾）、阿信（呂頌賢飾）和阿肥（林雪飾）——作老大的近身保鑣，經過幾次驚心動魄的暗殺行動及槍戰後，五人終於找出暗殺老大的幕後主腦人，立下大功。但是，這時阿南揭發到阿信與老大的女人有染，阿鬼奉命處死阿信，但阿來又誓死保護兄弟，引發五人的矛盾，最後阿來選擇尊重阿鬼的決定，而阿鬼亦秘密放了阿信一條生路，五人情誼得以維持，甚至昇華。

《鎗火》故事明顯也有「銀河映像」品牌的懸疑推理成分，電影的結尾就明顯是經過細心的布局及計算，原來老大又肥又笨的叔父才是暗殺老大的幕後主腦人；原來之前的一場陣雨及車子故障

造就了阿信及老大女人的相好；原來一枚子彈成為五人的生機。

如《暗花》及《非常突然》一樣，《鎗火》引導觀眾投入當中的推理後，又刻意製造意料之外。但可能是因為沒有韋家輝的參與，《鎗火》跟之前幾部「銀河映像」作品最大的分別是這部電影的故事比較簡單，沒有《暗花》、《非常突然》或《暗戰》劇本明顯斧鑿的痕跡，整部電影基本就是描寫他們五人在保護老大的過程中，如何由互不認識、互相懷疑，到並肩作戰，最後成為港片式的肝膽相照好兄弟。電影注重的是人物的塑造及他們的關係，劇情發展的奇詭反而成為其次，所以這部電影也是到當時為止「銀河映像」電影中導演中心最重，最沒有集體創作味道的一部戲。其實之前的幾部「銀河映像」已有風格化的傾向，無論是《一個字頭的誕生》的昏眩，《暗花》的深沉，還是《非常突然》的跳脫和色彩，但作法不一，風格主要還是服膺於故事的鋪排上，但到了《鎗火》，杜琪峰明顯要突出自己的導演手法，成為他的「簽名電影」，而這部電影的成功，也直接導致有關風格的深化和和最終呆滯。

　　《鎗火》中最扣人心弦的不是劇情的複雜性和懸疑性，反而是場面的構圖及處理。荃灣廣場那場暗殺戲已經成為港片的經典場面，杜琪峰用上了日本武士片的動靜相對來製造張力，再加上港式購物商場的空間設計，幾條粗大礙眼的混凝土圓柱，一條長而直並不停運作的電扶梯，變成一個充滿可能性的戰場。圓柱既成

屏障保護，又阻礙自己及對方的視線，誰看到誰，誰又看不到誰，既繫於各人的位置，又繫於那條川流不息不斷流動的電扶梯，當五位保鑣和他們的對手找到互相牽制的位置後，環境變成完全靜止，最後一個由暗殺者喬裝而成的清潔工人徐徐走過來打破當中權力的平衡對稱，這場戲的張力很清晰、很有條理的從影像構圖、從鏡頭運動中表現出來，產生令人驚喜的效果。這種充滿獨特鏡頭布局的電影語言，最能突顯導演的控制與匠心，因此也特別脫離「銀河映像」到當時為止的劇本主導。例如紀陶就形容《鎗火》為「完全淨化了的電影世界，留下來的只是杜琪峰獨特的處理風格。此片不求深入，只求一種充滿性格的導演處理手法，雖然是淨化了，但對每個角色、每個選角、每個鏡頭處理，背後都有一種凝聚力，若不深刻了解港產片，是不能拍出這種形式的處理」（紀陶，2000）。登徒則評論這部電影為「以靜制動的『動作片』，處處充滿了山雨欲來的危機感。一切盡在不言中，又其實明明白白……也因為去掉『要言之有物』的包袱，反而變得意在言外，開闊的趣味才出來……杜琪峰在形式和內容的糾纏中，終於也開出新路」（登徒，2000）。類似的讚譽文字不勝枚舉，表現了電影在傳承和開創中舉足輕重的地位。

《鎗火》可能是杜琪峰到今天為止最廣受稱譽的一部作品，而這部電影也同時標誌了「銀河映像」創作的一種突破或後退：相對

前作的反英雄主義以及劇本中心，《鎗火》肯定標明了某種回歸港片傳統的變奏，而在處理兩性關係上來講，《鎗火》也更突顯女性的破壞力，和男性世界的秩序和規矩。其實「銀河映像」之前幾部電影已有運用這種兩性處理，但《鎗火》的表達最為明顯，而它的男性電影風格也最顯著。雖然「銀河映像」在它的草創期進行了一系列的新探索，但在處理兩性關係的結構上還是沒有任何突破，從另一個角度來說，港產警匪類型片中最穩定和最本質的元素可能就是這種性別關係的架構：男性的「同性社群關係」（male's homosocial bonding）。

伊芙‧史特域（Eve Sedgwick）清楚界定男性之間的「同性社群關係」（homosocial relationship）與男性之間的「同性性關係」（homosexual relationship）的分別與衝突，雖然兩者都表示一種同性之間的親密聯繫，但後者是前者的危機及敵人，因為我們的父系社會是由男性的「同性社群關係」與「異性性關係」兩大支柱來支撐的，兩者是互惠與互補的，前者是不能容忍後者任何的變種，所以，當某些男性進行同性性關係時，男性的同性社群網絡便會立即啟動防衛機制，把男同性戀視之為對男性權力最根本的挑戰，亦因此，男性對男同性戀的容忍度往往比對女同性戀低很多，而男同性戀者所受的歧視及仇恨也往往是由男性而來的。另一方面，女性亦必須繼續實踐她作為男性社群附屬品的職責，沒

有她對男人的依賴，男性社群一樣不能被塑造，也無法成為完整（Sedgwick, 1985）。

　　從《一個字頭的誕生》、《非常突然》到《鎗火》，「銀河映像」的前期作品都見證了一個頗為統一的母題和意識形態——「男性個人」與「男性群體」之間的關係。三部電影都將男性個人權力的成敗放置在男性社群關係的危機中闡述，雖然它們沒有觸及同性戀的問題，但都有表現男性之間關係的微妙及傾軋，當中的危機可能是男性之間的互相牽制，也可能是女性的突然出現所帶來的裂口，電影表現的所謂個人與命運的鬥爭，原來往往只是男性之間權力的互動與平衡。

　　在《一個字頭的誕生》中，跟黃阿狗對賽的不但是那抽象的命運，還有實實在在和他「出生入死」的Matt，電影的複雜性除了在於阿狗於上下兩段中明顯的改變外，也在於Matt在兩段故事中的判若兩人。在前段故事中黃阿狗因為Matt的氣餒而變得糊塗膽小，在後段故事中阿狗在台灣的勇謀似乎也是由Matt的軟弱所逼出來的，阿狗與Matt之間的關係是互動的。黃阿狗命運的發展，除了是他的個人選擇外，似乎更繫於他與Matt的權力關係，誰壓得住另外一個，誰就可以控制自己及別人的命運，誰也就有資格做最後的決定。在故事的第一段中，黃阿狗根本沒有為自己作出選擇，因為主宰自己生命的權力已被Matt奪了去，但是他與Matt

的關係在第二段則剛好相反。在一些看似哲學味道很重的人生意義命題下，電影可能在告訴我們真正重要的只是動物性的弱肉強食。

在兩個黃阿狗之間，除了Matt的明顯差異之外，更有趣是兩段中出現的不同女性。當阿狗與兄弟們在大陸落難時，出現了一位紅衣女郎「大嫂」，她威逼利誘他們為她作案，還看上了阿狗逼他做愛，但她只視他為性工具，而阿狗亦沒有在做愛中獲得任何快感。相反地，在電影的第二段中，阿狗身邊出現了一位紅顏知己「二號」，她送他天長地久的定情信物，他也不負她的真愛，最後以自己的生命保護她的生命。明顯的，前後兩段中，阿狗與他身邊女人的從屬關係對調，跟Matt一樣，阿狗不同的氣燄可能為他帶來不同的女人，但另一方面，阿狗性格的改變也可能源自他身邊女人跟他不一樣的關係，而最後直接影響到他的命運。可以肯定的是，這兩個女人參與阿狗的命運肯定比Matt多，前半段「大嫂」的出現直接影響到這群男性的權力關係，她選擇了阿狗為性伴侶，他的兄弟們只可以在隔壁偷聽女子呻吟的聲音，無論是阿狗還是他的兄弟，他們都活在這女子的控制及鄙視之下，他們最後的失敗很大程度也是這女子的責任，因為她是搶劫事件背後的策劃人，他們只是她的附庸。相反地，在第二段阿狗身邊出現的是一位拜倒於他英雄氣慨的「二號」，她的膜拜加強了阿狗的自

信，更間接鞏固了兄弟間的情誼及信賴，阿狗在第一段故事中的失手，似乎跟兄弟們的窩囊和不合作有莫大關係，但他在後半段的成功，卻是源自他對兄弟們的義氣，以及大家對他的仰慕。阿狗與他自己的所謂命運的交戰，原來絕不是他個人的事，而是關於他在異性及同性關係網絡中的位置及其完整性。

如果說，一個有權力的女子的突然出現為男性社群帶來的衝擊及危機，顯然《鎗火》表達得最驚心動魄，因為這位女子把五位男性之間之前千錘百鍊所建立出來的信賴及平衡完全打破。在《鎗火》中，導演把五個保鑣的互信及了解表現在他們完美的合作性中，如前文所述，電影的影像風格非常統一，五位男主角在許多場景中的位置及彼此的距離都是經過精心的構圖安排，明顯電影要表達他們之間互相信任，互相依賴又互相了解的關係，已經昇華成一種美，好像漫不經心，其實又是精雕細琢，這種美學是充滿着性別意識形態的，因為這種美是屬於男性社群的。但是，這苦心經營的美最後竟因一個女子的挑逗而毀於一旦。

當阿鬼奉命要處決阿信時，阿來堅稱阿信罪不至死，因為這位漂亮的大嫂也曾挑逗他，電影甚至暗示她可能已經挑逗過全部五位兄弟，只是因為阿信是五人中年紀最輕的一個，他受不住引誘也是理所當然的，顯然，罪惡的來源是這位禍水紅顏（femme fatale)。[3] 五位男主角之間情誼和默契的破壞，完全是因為這位女子的介入，她美麗而神秘，是老大的女人，是權力的代表，但她也可能生活在老大的淫威甚至無能下。因此，她也可能是權力的受害人，在電影中我們從未看過她的近鏡，更未細聽過她的聲音，只知道她經常外出，似乎這間漂亮的大屋是她的監獄多於她的家，她的神秘令她有極大的破壞能力。

有趣的是，最後她的死亦成解開困局的契機，阿肥本來以為向老大求情可以為阿信開脫死罪。但是，當他親眼目睹大嫂被處決時，他便立即明白真正的權力還是掌握在老大手中，一目了然，毫不含糊。當阿肥回到酒家，將消息通知在等待的其餘四人時，大家便立即清楚一切秩序已重整和回復。因此，他們唯一可以依賴的，不再是老大的仁慈或是這個制度的空隙，而是建立這個制度本身的規律，也就是男性之間的情義。本來他們在酒家期待阿肥會帶來老大願意寬恕的消息，誰知聽到的結果是老大對自己權力的肯定，大嫂的下場也等於是阿來的下場。但是，一場沒有瞄準目標的槍戰清楚簡潔地重現了他們五人的互信和完美的友

---

[3] 雖然「銀河映像」電影中的女性角色與荷里活黑色電影 (film noir) 中的「禍水紅顏」有相似地方，但之間的分別也很多，例如黑色電影的墮落女子除了反映戰後美國父權社會對女性的再馴服外，也很大方地表現了當時美國女性對自己慾望與獨立身份的追求，此方面這幾部「銀河映像」電影就完全做不到。

誼，也回歸了剛才提及的男性美學：內容上，阿信沒有殺死阿鬼，阿來的生命被保了下來；風格上，各人的動作再一次配合的天衣無縫。（圖四‧二）除了阿鬼、阿肥、阿來與酒家老闆之外，沒有人知道真正的結局，但觀眾卻心領神會，可以心滿意足的離開戲院。大嫂的處死好像把之前被破壞的男性權力關係網重新建立，老大佔據至高的權力，而手下的一班男性亦再一次找到據點，之前因為大嫂所破壞的男性世界秩序與平衡才得以恢復。

在「銀河映像」的電影中，我們發覺當女性用不同的面貌出現在男性社群中，她帶來的影響可以是截然不同的，在這些以男性為中心的電影中，女性其實不是簡單的花瓶，而在男性社群中佔據了非常重要的位置，男性的同性社群得以緊扣，依賴的是她的附屬及斡旋，也因此，她的任何反叛都可以成為男性社群的嚴重危機。在杜琪峰往後的黑幫或警察電影裏，我們不斷看到女性如

圖四‧二：《鎗火》中兄弟們的心領神會，以及阿鬼對正觀眾的鎗。　電影劇照

何有意無意地打破或維繫男性們苦心經營的秩序，例如《大事件》裏女指揮官Rebecca因為自私和武斷而破壞兵賊之間原有的默契；《文雀》講的是一個關於四個遊手好閒、但心照不宣的職業扒手，如何被一名神秘而性感的女子色誘利用的故事；而《放‧逐》裏男主角們本奪得大筆黃金，可以遠走高飛，但為了拯救故友的妻子而送命，結尾又是一場極具風格化、同歸於盡的槍戰；到了入選康城的《復仇》，杜琪峰繼續翻箱倒篋把以往「銀河映像」電影的故事和風格的方程式重組一次，由傳統的報仇主題作為故事的起點，再由大嫂的紅杏出牆把報仇者和殺手的命運聯繫在一起，最後以男主角照顧為他而死的殺手的妻兒為結，故事其實充滿着各種傳統父系社會的性別層級關係，風格、內容和意識一樣陳腐。《PTU》裏由邵美琪所飾演的機動部隊警長可能是杜琪峰電影的一大例外，因為她被納入為男性社群的其中一員，但必須強調的是電影對制服所表現出來的崇拜，而在電影中制服就是男性社群/義氣的體現，她在脫下制服後可能是一名普通的家庭主婦，但制服把她的性別去掉，反觀在這男性社群以外的便裝重案組女督察，沒有制服的她在電影中的任務就是要阻攔和離間PTU兄弟之間的互助互信；所以電影的性別意識還是非常顯著，緊扣着電影的強烈風格。

　　《鎗火》的經典性，某程度是體現在這種性別意識的風格化

上。杜琪峰表現了自己的創新，但他在這部電影裏也繼承了自張徹以降香港動作電影發展出來的陽剛風格，當中的兩個主要元素是男性社群和暴力（可以是中國武打也可以是其他類型電影中的動作安排），觀看的快感不只是來自單打獨鬥，而是群體的舞／武，當中的集體性，有相同陣營裏的前仆後繼，也有對手間的心照不宣，往往暗含模糊的「義氣」成分，這是荷里活電影沒有的，也是一種隱藏着意識形態的美學，一直是構成香港武打電影非常重要的元素；《鎗火》最有趣的地方，正是它不但突顯了男性社群的價值（大嫂的死），也把當中的風格表露無遺（各場風格化的打鬥），這是「銀河映像」之前由韋家輝主導的電影所沒有的，卻在《鎗火》之後成為這個品牌的主要元素。男人間的義氣，是文化產物，不是必然，更不一定要吸引我們的追捧，但杜琪峰把這種人造的意識形態美學化，鼓勵我們膜拜，也把傳統中國的父系武俠精神現代化，成為理所當然，這確實體現了文化的巨大力量。雖然杜琪峰也製作過一系列女性電影，但他的個人標記和感情，還是大量投入在陽剛世界裏，而他對男性世界秩序的維護，始終是杜琪峰電影一個最主要的母題，杜琪峰對近十年香港電影發展的最大影響，莫過於把這個秩序風格化，用練達的視覺表達出來。

在亞洲金融風暴及香港電影過份膨脹的九七年前後，香港電影工業方寸被打亂，沒有電影製作人知道市場在哪裏、觀眾要甚

麼，之前成功的商業製作方程式，尤其是對男性口味的掌握，到了這個階段都不再是票房的保證，而「銀河映像」在這個時期的出品明顯也是受這個市場環境的影響。也可以說，「銀河映像」是出生在香港電影的「陽痿」期，他們一方面不希望也沒有能力離棄他們熟悉的男人世界，但另一方面對這個再也掌握不到的市場投射了很大的不安感。又或者如杜琪峰所言，「銀河映像」早期的創作是要反映當時香港觀眾的心態，他們認為九七金融風暴為香港人帶來很大的困擾，很多香港人體會到自己的無奈與無助，所以「銀河映像」對困局這個概念特別鍾情。[4]因此，「銀河映像」其中多部早期電影都有明顯的「去勢」象徵，在《一個字頭的誕生》和《兩個只能活一個》中，男人的手指頭不斷被砍下，一直砍到《鎗火》，還有《PTU》裏的失槍，都代表了男性的權力被剝奪。在《暗花》中，「去勢」的意象最明顯，這部電影中主角們頭顱都被砍下，男性的死亡與男性的去勢連成等同的關係。

有趣的是，這閹割的恐懼，最後還是發展成陽剛的重新肯定，也反映了九七年後香港電影出現的性別矛盾現象，一方面市場還是由黑幫警匪片主導，但當中的男主角又往往身不由己，進退兩難；很多香港影評人都在投訴九七後香港電影的陽痿症候

4　作者訪問杜琪峰，2000年9月24日。

群，但是，我覺得更值得問的問題，還是女性在主流商業電影的缺席。雖然這十多年來我們曾看過由鄭秀文和楊千嬅所代表的女性電影的流行，但只是曇花一現，影響輕微，在二千年前後杜琪峰也從辦公室愛情回歸男性同性社群，由《黑社會》到《PTU》以及《文雀》，到今天為止杜琪峰對這種風格不離不棄，而杜琪峰電影的所謂「好看」，其實有其厚重的性別意識；反過來說，一種主流的性別價值觀正通過這種美學繼續流通和灌輸。有點悲哀的是，他對這種風格的沉溺，不但會令觀眾生厭，也代表了他對這種性別意識的全盤接受；而杜琪峰對女性角色以及兩性關係的體會也將永遠淺薄。

對我來講，「銀河映像」對於香港電影發展的最重要意義，可能就是它們反映了後九七香港電影工業的「困局」，一方面逃不開已經被視之為理所當然的男性市場及陽剛美學，他們繼續糾纏在「英雄」和「鎗火」之間，不斷製作印有香港電影商標的警匪片，希望在類型電影的框架中謀求突破，製造「非常突然」。但另一方面，他們太努力太執着的突破企圖可能只反映到當中巨大的壓制及危機，雖然「銀河映像」的努力及成績是被肯定的，但是他們都似乎超越不了那持之已久的香港電影商業邏輯，因此，他們在電影中耗盡心機所設的困局，可能只反映出香港電影逃不了的某種觀點及世界，無論男主角在電影中最終的出路為何，我們都可以

把「銀河映像」的作品看成是香港電影發展的垂死掙扎。但最令我困頓的是，這種垂死掙扎竟不斷在各大小國際電影節中持續被消費，也證明了主流意識形態的跨文化、跨階級性。

第五章

香港黑幫的邊緣：
黃精甫及其視覺過剩

　　如果「銀河映像」的創立見證着香港電影開始進入的低潮，這個工業的蕭條在過去十年不斷尋底，製作量和票房收入反覆向下發展；投資者和製作人因此望才若渴，希望急切找尋新鮮意念和新進人才，去適應正在冒起中複雜的中國市場，並同時取悅同樣難解的本地年輕觀眾。自七十年代以來，電視台一直是香港電影的訓練場，但到今天香港電視業高峰已過，早就風光不再。而同時間，香港湧現了不少獨立電影作品，這是拜廉價 DV 技術、三所本地大學所開辦的電影／錄像製作學位課程（香港浸會大學電影電視系、香港演藝學院電影電視學院以及香港城市大學創意媒體學院），以及香港青少年普遍熱衷於電影／錄像製作這股風氣所賜。香港獨立短片錄像比賽（IFVA）作為香港最主要的獨立製作發表平台，在 1995 年初次舉辦之時，共收到 57 項作品，但事隔

十年，參賽作品數目已達698項之多。[1]商業電影製作人亦開始注視獨立電影界，希望能從中找尋新血。例如，曾志偉過去二十年來都對新進導演十分支持，但這些導演大都來自娛樂圈，直至近年他對日漸老化的業界大感失望，才開始在獨立電影製作領域中找尋新血。黃精甫、黃修平、郭子健和麥曦茵都是得到曾志偉的提攜才能成功開拍她們的首部商業電影。

　　獨立電影和商業電影的生態，亦因彼此的影響而生改變。上一代的獨立電影導演，如張虹、張偉雄、麥海珊和陳耀成等，仍然堅持走其獨立電影的光榮之路，卻一直舉步為艱；但我們同時又看見了一股從獨立走向商業電影製作的潮流，一批新進導演如黃修平、麥婉欣、崔允信、黃真真和郭偉倫等，紛紛以不同方式和不同程度嘗試拍攝類型片，以繼續發展她們的電影事業。黃修平曾說過：今天香港已再沒有年過三十的人還將獨立電影當作興趣了；她們不是轉了行，就是努力「升格」去拍商業片。[2]至於獨立電影拍攝差不多都是年輕人的天下，相對而言，很多較具經驗的獨立電影人，大都希望效法一些成功商業電影導演的光影軌跡，如王家衛和杜琪峰等，去發展所謂的大師仕途。相對於很多

---

[1]　資料來自 Michey Choi，IFVA，電郵聯絡。2008 年 8 月 4 日。

[2]　作者及裴開瑞（Chris Berry）訪問黃修平，2008 年 6 月 18 日。

如馬來西亞和泰國等地的新銳導演拒絕進入商業主流，香港電影工業的同化力還是非常強大。

　　導演若要轉型，都必須先學好拍攝類型片的種種規則，以及因應業內環境而作出讓步，這自然無可避免有意無意地放棄部分創作上的追求，以迎合主流大眾的口味。對於類型電影的興替，不少電影學者皆持一種「進化論」的觀點，認為每一種類型電影都有其內在的生命周期，能自我再生，適應不到的自會枯萎凋謝，而且，「類型電影」(genre film) 和「電影作者」(auteur filmmaker) 相輔相成，前者能吸收後者之個人印記，而導演的獨特意念也會成為類型電影的有機特質 (Altman, 1999: 49–68)。在讚揚類型電影公式的靈活性時，很多論者卻忽略了商業電影守舊的傾向，也無視因循的主流文化對當中參與者的巨大馴服能力，我們不應該把獨立電影浪漫化為自由的理想創作園地，因為當中也有它的意識形態和遊戲規則，但獨立電影在香港的存在價值如果只在為商業電影提供創意和生力軍，那它僅存的「獨立」意義必會被「工具化」；我們有責任去理解當中的文化角力，以及探討閱讀的可能性。香港獨立電影的發展以及其向商業電影的靠攏，可以讓我們從另一個角度了解類型電影和電影作者之間的張力。

　　本篇選擇以黃精甫作為分析焦點，原因是他的導演生涯恰好

是這種全新香港電影文化的獨特寫照。黃精甫曾經是香港電影工業的一顆耀眼新星，可是，他從獨立到商業的「升格」失敗，卻又正正說明了兩者之間存在着一條不可逾越的鴻溝。《江湖》和《阿嫂》在票房和評論上的失利，可能是導演的問題，但我相信這「失敗」也開展了我們對其相應的論述作更深的了解，這包括了上篇所述的香港警匪片類型，香港電影市場的困局，以及全球視覺文化的取向，我還希望通過從對這兩部電影的閱讀，把討論伸展到視覺認知 (visual identification) 跟電影演述 (cinematic address) 之間的關係。簡單來說，我希望研究電影在怎樣的前提下被定義為「失敗」？而其中又讓我們看到導演如何在工業、觀眾和自身的不同期望中進退失據。

黃精甫的錄像創作生涯始於 1990 年代中期，並曾獲得過一些獎項：《我愛水龍頭》(1997) 曾獲第三屆 IFVA 劇情組金獎，戲中講述一位自小就遭父親虐待的女孩，沉迷於對水龍頭的戀物癖中，後來還把這癖好傳染給一個愛上她的男人。黃精甫的另一部電影《青梅竹馬》(1999) 是一個亂倫故事，一個女孩漸漸發現，她的父母原來是一對親生兄妹。《唐狗與北京狗》(2000) 講述一對貧富懸殊的青年，富青年如何視貧青年為寵物。這幾部都是胼手胝足的業餘製作，但故事和風格都不大尋常，內容偏執瘋狂，表達手法則來回於詩意和誇張之間，既內斂又外露。2003 年，黃精甫

獲香港藝術發展局資助，與一班朋友拍攝了他的首部劇情長片《福伯》，這部香港黑色電影主要由三線構成，包括在停屍間工作的福伯、一個黑幫殺手，以及一個為死囚烹調最後晚餐的葡裔神父。在電影的製作班底中，我們可以找到三位新進電影製作者，黃精甫和李公樂合作執導，編劇則是黎德堅。儘管這只是四十七萬港元的小本製作，但在一個傳統的港產黑幫電影的架構裏拍出沉着的處境和微妙的人情，驗屍間外的綠樹和靜海，父親對兒子無法昇華的永遠虧欠，為一個太錯綜複雜的故事提供了類型電影以外的弦外之音，也是一份對生死的另類尊敬。在釜山、溫哥華、香港和慕尼克多個電影節中，這部電影都贏得讚美，更被譽為香港最重要的另類電影之一。

《福伯》之後，曾志偉為黃精甫提供了機會，拍攝他的首部商業片──《江湖》。曾志偉希望能用上較高的成本和較具號召力的演員陣容，結合新銳的電影拍攝意念，並提拔新進的電影人才(編劇杜緻朗和導演黃精甫)。電影製作投入了比較大的資金，以「2004年最重要的香港電影」作為其市場定位，某程度上是希望承接《無間道》三部曲(2002–03)的勢頭，只可惜電影最終過不了內地的審查，不能在中國上映，打亂了曾志偉的營商計算。《江湖》的行銷策略同時放在一眾明星和新進導演中，在耀目的影帝陣容之外，傳媒的注意也投進這位新進導演的個人特色中。據說，黃精甫能

以反傳統風格去打破過去一切電影的常規，並能雕琢出顛倒眾生的全新電影風格。由於未有過去的紀錄支持，黃精甫的電影作者身份明顯是由電影公司打造的，跟由評論者通過細讀而發展出來的文本性電影作者身份，顯然大有不同。[3]他在《江湖》一片展示了他對電影視覺奇異的敏銳度，電影也使他成為一位獨樹一幟的導演，而影片也為他贏得2005年香港電影金像獎最佳新進導演獎。

就票房和口碑來説，《江湖》顯然沒有預期的成績，而對導演的評價也是負面居多，但黃精甫依然旋即獲得拍攝第二部商業片的機會。在《阿嫂》(2005)中，眾星拱照的不只是由新星劉心悠所飾演的菲比，也是導演黃精甫，這在《阿嫂》的電影「製作特輯」明顯看出。《阿嫂》希望確立黃精甫作為一位真正電影作者的位置，可是影片上映後卻劣評如潮，更有人將之評為年度四大最差香港電影之一。評論似乎仍能容忍《江湖》的風格實驗，姑且將之視為一位「藝術家」的奇異想像，到了對《阿嫂》的劣評，便純然是要以怒吼揭穿這個謊言。人們指摘影片膚淺、做作而公式化，黃精甫只是在自我沉溺，很多論者都説他只是平庸之輩。《阿嫂》之後，黃精甫拍了多輯廣告、MV；同時，他也參與了幾個舞台劇的製作，也拍攝了一齣十分鐘的短片《清芳》，收錄在電影《十分鍾情》(2008)之內，他之後還執導了《復仇者之死》(2010)、《保衛戰隊

---

[3]　有關荷里活電影中的相關個案研究，可參考 Tzioumakis (2006: 60–75)。

之出動喇！朋友！》(2011) 和《惡戰》(2014)，《復仇者之死》在第33屆莫斯科國際電影節得到最佳導演。但三片的票房都差強人意。

正當黃精甫的名字漸漸從香港電影的水銀燈下撤出之際，一波又一波的新進導演仍湧進商業電影圈，以期為停滯不前的商業電影帶來動力，黃精甫電影的失敗可能只算是一次商業上的誤算，亦可能證明了香港電影圈的創意枯竭。但我相信，《江湖》和《阿嫂》值得我們作出更為仔細的考量。《江湖》和《阿嫂》兩片其實都張力處處，既展現出一位新進導演如何挑戰既定黑幫電影類型，又揭櫫了視覺的過度演練如何破壞敘事的統一性，兩部電影都呈現出在表面象徵意義和深層心理描寫之間搖擺不定的狀態。香港影評人和觀眾基本上已把這兩部電影定性為失敗之作，主要是因為影片並未好好處理文本中的大量矛盾，不能融合成一部完整的商業片；可是，這些懸而未決的張力卻正正向我們揭示了，一部所謂成功商業片的完整性，到底是如何被建構和被理解的。

《江湖》和《阿嫂》皆可被歸類為香港黑幫警匪電影，我在上篇也曾提及，黑幫警匪電影幾乎是唯一支撐着近年香港電影風貌的電影類型。隨着喜劇在過去二十年的逐漸低落，黑幫警匪電影差不多壟斷了整個香港電影圈，我們可以上溯到吳宇森的《英雄本色》(1986)，其中的精髓轉化為方程式不斷在九七後的電影中重新出現，像《古惑仔》系列 (1996–98)、《無間道》三部曲 (2002–03)、爾冬陞近年的《門徒》(2007) 和《鎗王之王》(2010)、還有前章

所論及的「銀河映像」製作，另外還有大量的戲謔之作，例如王晶的《賭神》(1989)和林超賢的《江湖告急》(2000)等。

由黑幫警匪電影所壟斷的香港電影工業，見證了它對新進導演的包容及控制，一方面，類型電影的運作非常依賴對既定公式的服從和更新，類型電影因此呈現大類的互文指涉，這在黑幫警匪片中特別明顯，因為相對其他類型，警匪片的再現系統主要建基在道德世界的平衡和衝突中，風格化往往更為突出。由此，香港電影對黑幫警匪片特有的鍾情，讓電影作者有機會表現自己，而導演在電影中的個人標記亦成為觀眾的期望。其實不少新進導演都是以拍攝警匪或黑幫電影起家：例如王家衛的首部電影《旺角卡門》(1989)，以及前述的陳果的《香港製造》和銀河影像的早期作品。在電影業衰退的時期裏，對新進導演來說，拍黑幫警匪片的風險往往較小，她們能名正言順地以自己的方式重新處理一些已見疲態的拍攝公式，更新電影的類型。而香港黑幫警匪電影的不斷推陳出新，實有賴於一批導演，一直有意識地進行大量電影實驗。

可是，這香港電影類型也同時十分保守，其情節設計、風格演繹、道德價值、甚至是明星造型都可以相當陳腐。雖然黑幫警匪電影能進行自我再生，並且是香港電影中的長青樹，但實際上，這種周期性的重複及更生之所以能夠保存，還是要依靠一班保守的觀眾，跟同樣保守的電影圈。其中的前因後果實在不易釐

清，可看到的是香港電影投資者繼續樂此不疲地開拍黑幫警匪片，她們相信這類型是票房的保證，結果令警匪片一直雄霸香港電影市場，其他電影類型和意念也被迫讓路了。可幸的是，在這種因循以外，我們總能看到意外驚喜，電影類型疲憊不堪，不過新鮮刺激和自省元素總是陸續有來。類型電影確實同時有陳套和創新兩個面向，這在香港的警匪片中最為明顯。

《江湖》的時間

從黃精甫早期的獨立錄像到後期的高成本商業片，迄今為止，其作品皆有着極具個人風格的視覺效果和複雜敘事，他往往會利用豐富的場景調度和剪接手法，修飾其高度戲劇化的故事情節。作品鮮明地呈現出一種要融合同樣激進的內容和手法的意圖，足令黃精甫有成為商業電影新寵兒的潛質——不論是處理爭議性話題還是製造視覺上的吸引力，他看來都有所保證。只是，其作品在票房和口碑上的失利，卻又恰恰説明瞭商業電影中視覺和敘事之間的微妙關係：視覺性主要是製造景觀上的震撼，而敘事性則必須服膺於主流價值取向，不論視覺如何糾纏不清，也絕不能干擾故事的完整性及其價值觀的統一。

黃精甫在《江湖》中的風格化演繹，被大多數論者和觀眾口誅

筆伐，其放浪形骸的風格更被視為炫耀和賣弄。不過，在這種濃得化不開的視覺演繹背後，實是有其電影敘事的動因。《江湖》所敘述的是兩個平行發生的故事：這邊廂，黑幫少年翼仔（余文樂飾）在好友 Turbo（陳冠希飾）幫助下，當上了幫會的死士以執行暗殺任務，他希望能藉此在江湖上揚名立萬。那邊廂，黑幫大佬洪仁就（劉德華飾）接獲消息，有人正密謀暗殺他，同時他也要弄清楚其得力助手左手（張學友飾）是否仍然忠心於他。戲中似乎一直暗示，翼仔就是左手派來要暗殺洪仁就的人，但到了故事結尾，觀眾卻發現翼仔和洪仁就原來是同一個人（而左手則是中年的 Turbo），兩段故事相隔二十年。而在洪仁就和左手之間的忠義之情最終獲得確認，卻是發生在暴雨之中，兩人死在一群（而不是一名）殺手的追捕之下。影片沒有說明到底誰是買兇者，只是藉着兩人的同生共死來確認左手／Turbo 對洪仁就／翼仔的忠心，他們之間的義氣亦得以長存。

電影的敘事張力正是隱藏及體現在兩對兄弟的身份中。可是，這種敘事安排必須抹去了大部分的歷史細節，令觀眾無從得知兩個好像不同的故事所指的人物其實是相隔多年的同一對兄弟，直至最後導演解開謎底時才恍然大悟。為了掩飾時空上的落差，導演借用了大量風格化的視覺細節來隱藏時代背景，所有場景和服裝都設計得誇張失實，觀眾因而亦無從比較其中的歷史背景，片中的視覺風格和敘事設計得以相互呼應。

我們還可看看餐廳一場在視覺上的飽和效果。餐廳應該是戲中最重要的空間，在執行任務之前，翼仔跟 Turbo 在餐廳裏吃最後晚餐，並約定他日有錢便將餐廳買下。這裏最終亦成為他們兩兄弟發跡之後的親密空間，從最初的簡單佈置到後來由兩人精挑細選的華麗裝潢，在某程度上是兩位主角一直變化成長的體現。餐廳佈置仔細而華麗，牆上掛上大量油畫，而餐桌上放滿了器皿和小擺設，都一直吸引着觀眾的注意力。從電影的發展歷史我們知道，導演的技法，很大程度上表現於其引導觀眾在不同時候聚焦於畫面中特定部位的能力（Bordwell, 1997: 163–174），但黃精甫的場景調度，卻處處充滿着意義不明的視覺暗示。

雖然，餐廳內的細緻部分見證了兩位主角的情義長存，視覺上的細節也有推動劇情發展的作用，但是，這些細節亦同時造成混亂，因為它們不只象徵了二十年兄弟情誼的點滴，同時亦指向兩位主角的內在感知。我不知道黃精甫是如何計算，但我認為這些視覺細節的意義是內向（指向主角內心）多於外向（指向劇情進展）的。片中在敍事上的轉折實質上由兩種基本剪接技巧所控制：平行剪接（parallel editing）和倒敍／預敍（flashback/flashforward）。大部分觀眾都以為電影是把同一時段不同空間發生的事情用平行剪接接上，但實際上黃精甫所用的卻是倒敍／預敍。對於這兩個時空之間的斷裂，戲中其實不乏暗示：例如，電影的第一個鏡頭就出現了一個透明大鐘，另外，當翼仔和 Turbo 所用的是傳呼機

和舊式電話，洪仁就和左手身邊的黑幫成員則以手提電話聯絡。只是，絕大部分觀眾初看時都不以這些細節為然（因為這兩組鏡頭所陳列的細節也實在夠多），反而會被這兩場戲的共時性這信念所支配，而不會察覺它們相隔二十年的可能，一來是因為劇情上的暗示（翼仔要當死士，而洪仁就則被買兇），二來是前述的時代性的視覺提示的缺乏，但更重要的可能是源於某些類型片的慣性。黑幫片必然會有大量動作和追殺場景，平行剪接不僅是常見的技巧，甚至往往是必要的手段。不少經典黑幫片——從法蘭西斯·福特·哥普拉（Francis Ford Coppola）的《教父》（*The Godfather*）到馬田·史高西斯（Martin Scorcese）的《盜亦有道》（*Goodfellas*）和烈尼·史葛（Ridley Scott）的《犯罪帝國》（*American Gangster*）——都有以平行剪接來建構故事張力、敘述並行事件、加強片尾結局的震撼力，又或者只是僅作簡單比較。

對共時事件進行平行剪接，在荷里活黑幫片中可謂屢見不鮮，平行剪接既可同時呈現社會中所發生千奇百怪的不同事情，亦可藉此展示故事的當下性和跟社會的關係。很多電影研究都提出，黑幫故事植根於現今社會的道德秩序，同時也象徵了其中的價值取向，因此黑幫電影正好是現代社會價值的體現（Langford, 2005: 137）。大部分學者討論黑幫電影時，都會直接從電影意義跟其與當下社會狀況的關係入手，因此，荷里活黑幫電影研究其

實也可以是一種美國史研究（Munby, 1999)。昆頓·塔倫天奴（Quentin Tarantino）可能是扭轉荷里活黑幫電影既有公式的最重要人物，但論者還是把它的作品解讀為一種寓言。例如，《危險人物》（*Pulp Fiction*, 1994）中自我指涉的虛構電影世界，本來跟現實沒有多大對應，但也被評論人看作是對疏離的美國社會所作的批判：有論者認為，「《危險人物》反映了晚期資本主義時代中，『後意識形態』罪犯並不會為任何事情服務，她們只會『幹自己的事』。」（Donahue, 2001）很多評論都強調黑幫電影反映社會的能力，基於這種寓言性的使命，黑幫電影因而往往透過共時事件的平行剪接，對社會語境作出更廣泛的描述。

不過，《江湖》所指涉的並非跟電影相對的社會現實，而電影中的視覺細節，往往直接指回主角的內在心理。跟其早期的獨立錄像作品一樣，黃精甫在《江湖》裏以一個視覺上誇張的物質世界，呈現出兩位主角的心理連續性。在片尾餐廳一場中，洪仁就為了應付野心勃勃的左手，他既展示出如何箝制左手一切陰謀的厲害手腕，同時又充份表達了對左手的無限信任。在這一段高潮戲中，兩位主角並沒有同時在一個鏡頭前出現，導演用不同角度分別拍攝兩人的正面（圖五·一及五·二）。鏡頭和餐桌以及角色被擱在一個可以前後晃動的架上，固定在餐桌上的物件跟看似搖晃不定的牆上油畫在畫面中並置出現，製造出一種空間蒙太奇的

效果。[4]黃精甫僅是利用一些簡單的裝置及人力操作，讓一組物件在裝飾華麗的空間中移動，製造出將一個空間分割成兩個移動空間的眩目效果。另外，指向兩位主角的鏡頭/反鏡頭，其景深和拍攝角度的持續變化都十分細緻巧妙，於是兩位主角雖然一直只是穩坐在椅上，整場戲卻呈現出豐富的動感，而製造出來的意義又是如此不穩定。雖然角色已退隱到自己的內心世界內，但這種效果亦容許空間意義的表現持續地擴散開去。

因此，跟黑幫電影的常規相比，這部電影看來比較奇特，跟影片的連貫性掛鈎的是華麗的視覺，而不是線性的敘事，對角色內在主體性的描寫也沒有包含任何社會或道德教化作用。黃精甫試圖以沉默而不斷滋長的視覺細節，來建構其私密的、拒絕被解讀的電影世界，由此，在片尾那無法言喻的終極暗殺場面裏，過度的視覺好像全然是一種形式上的表達，雖然太着跡的慢鏡和太風格化的前仆後繼可能也呼應了洪仁就與左手之間的義氣長存，可是，當中的死亡似乎不是英雄式的——他們為死而死，而那份無法言喻的感覺則繼續保持緘默。在時間/敘事上，這部電影

---

[4] 勒弗‧馬諾維奇（Lev Manovich）認為，百年電影史的發展重點是敘事的連續性，而同時對空間敘事進行抑制。由於傳統電影和錄像技術的設計，都是把一個影像完整地放進一個畫面裏，馬諾維奇相信，現今的數碼技術能有助電影製作者開拓更多空間蒙太奇的可能性（Lev Manovich, 2001: 322–326）。

圖五・一：在餐廳裏左手面向洪仁就。　映藝控股有限公司圖片

的結構工整，自圓其說，計算明顯，但一對兄弟的少年和成人版本之間一直沒有甚麼實質的聯繫，大量黑白分明的色調產生太刺眼的矛盾，無法製造讓一般觀眾投入的灰色狀態。電影的神采卻主要體現在其空間／視覺的鋪陳上，也暗地諷刺着統一的劇情，我們可以把這種幾近自我再生的視覺客體看成是「刺點」（punctum），用羅蘭·巴特（Roland Barthes）的說法，這是一種沒有被編碼的純粹視覺圖像，其意義正是要挑戰和穿越它相對的敍事性和合理性（Barthes, 1981: 40–60）。如果整部作品的構成，乃是藉着對觀眾重新建構時空進行誤導的話，代表着兩位主角心理狀態的視覺細節就更加顯得凌亂不堪了。對我來說，《江湖》是一部十分私密的電影，這種私密性在黃精甫的第二部商業片《阿嫂》之中，表達得更為鮮明，也更令觀眾一頭霧水。

《阿嫂》的空間

在結構和情感深度上，《阿嫂》的野心更大，同時亦展示出黃精甫的自溺傾向，而相較於《江湖》，《阿嫂》其實更想顛覆主流價值，但其商業元素又特別明顯，變得兩面不討好。故事開始於十八年前，江湖大佬百德（曾志偉飾）對其垂死的手下阿九（廖啟智飾）作出承諾，會照顧他那還在襁褓中的女兒菲比（劉心悠飾）。

阿九剛殺死了另一黑幫成員，這人的妻子洛華(林嘉欣飾)發誓要殺死阿九全家。為了阻止洛華報仇，百德宣布要在菲比十八歲時娶她為妻，因而產生了全片的核心主題：誰敢動「阿嫂」？故事主線發生在菲比漸漸長大成人的時候，百德跟《江湖》中的洪仁就一樣，發覺自己是被買兇暗殺的目標，他同時也揭力要找出主事人到底是誰。洪仁就到了片尾才被殺死，而百德則在影片中段的時候就被殺害，菲比隨即被百德的手下辰哥(任達華飾)捧上百德生前之位，以對抗沒有安全感又相信先下手為強的大風(黃秋生飾)。

《江湖》中的情結糾纏於一對兄弟的信任與不信任之間，而《阿嫂》的核心主題則是一個繼父與養女之間的亂倫關係；雖然她們沒有血緣關係，但十多年的養育與恩情，全建築在承諾的性關係上，當中涉及的顛覆和壓抑可圈可點。跟《江湖》描述的忠義之情不同，亂倫始終是主流電影的禁忌，在《阿嫂》中，亂倫的主題被大大抑壓：父親一直展示其慈愛，而女兒則跟一名帶着紅帽的薄餅速遞員發展出一段柏拉圖式初戀。雖然整個故事乃是由百德要娶菲比這一誓言開始，但隨着劇情發展，兩父女的性預言便被徹底抹掉了。[5]

---

[5]　《阿嫂》的編劇是寫過無數港產警匪片的司徒錦源，參與過很多銀河映像的早期作品，與《江湖》相比，這部電影的故事，更大程度是屬於編劇的。在這篇文章裏，我不希望簡單地接納作者論的盲點，把導演等同作者，而忘記電影生產的群體性，我只是想在如此明顯的商業製作中，抽出可能的導演個人印記。

亂倫在黃精甫電影中並不是首見：他早期的獨立製作《我愛水龍頭》就是由父親對女兒的(性)虐打而開展劇情的，而《青梅竹馬》更是一部有關兄妹愛情的電影：兄妹倆終日躲在幽閉的家庭式工廠中，避開世人譴責的目光。故事圍繞着她們那個從連體嬰中分割出來而倖存的獨臂女兒，長大後發現了父母的秘密，並將自己的孤獨和殘障歸咎於父母「自私」的愛情，盛怒的女孩與父母對質，要脅自殘剩下的唯一一隻手，要父母在她面前做愛。[6]影片正是以女兒冷眼親睹父母的性交作結，同時冒犯着社會的兩大忌諱：兄妹亂倫和孩子參與父母的性關係，電影是對現代家庭觀的極大顛覆和侮辱。黃精甫用其差不多是麻木不仁的手段來懲罰這孤獨的亂倫之愛，導演的冷酷和兄妹的愛情一樣極端，而她們的女兒作為亂倫的產物，她的刻毒也象徵着極大的破壞能力。在電影中，雖然家庭被顛覆，但當中三個人的關係卻同時更緊的被扣在一起，互相愛慾。如果亂倫本來只是屬於兄妹倆之間的事，電影最終把女兒也納入亂倫的系統中。福柯在其經典著作《性經驗史》中指出，家庭沒有壓抑性愛，它反而是現代社會中性最活躍的地方，通過家庭，性的觀念被傳遞，但當中的愉悅同時也在各種人際結盟關係中被馴服，因此，福柯覺得，在現代社會中，

---

[6]　《青梅竹馬》和《福伯》的編劇也是黎德堅。

性從來就是亂倫的。[7]從這個角度來講，《青梅竹馬》中女孩對父母的性關係的要求和好奇，其實並不病態，反而是深深鑴刻在現代家庭的功能中。黃精甫以殘酷的姿態，一邊譴責，同時紀念着家庭內在的亂倫關係。

可是，當亂倫主題被移植到商業電影裏，一切激烈殘酷的情感都會被徹底壓抑。菲比依然是天真忠實的女兒，大大緩和了最初建立起來的焦慮感。菲比既是一個純真象徵也是一個性對象，其張力在戲中很難被消解，一方面，戲中描寫百德跟菲比合寫她的日記、一起吃不小心掉在地上的食物、還有菲比替百德搥腿按摩，她們之間的關係實在曖昧。雖然這種關係被説成是父女之情，而不是男女之愛，但她們的親密實在遠超於一般父女。戲中首個讓觀眾投入主角視覺的縫合處（suturing moment），是在音樂廳的那場戲裏，當時身處觀眾席的百德，一直在盼望和幻想着女兒菲比在台上表演大提琴獨奏，直至比賽被暗殺事件所打擾。顯然，電影一直引導我們以百德那熱情如火的眼睛凝望菲比，同樣地，菲比也一直吸引着戲中所有男女角色的注視：保鑣向東對她傾慕不已，而其他角色，包括洛華在內，對菲比皆有着不同形式的慾望。百德對菲比的性慾望被壓抑，卻在其他角色中得以宣

7　有興趣的讀者，可以參考 Foucault（1988: 108–114）。

洩。可是，在這樣一部香港商業電影中，菲比不可能是羅莉塔（Lolita），對於其中的慾念，她既不懂接收，也不會回應。

如此強烈的情感張力，被埋葬在黑幫電影的類型之中，但同時又能對黑幫電影進行解構。為了抑壓亂倫的慾望，菲比只可被說成對性一無所知，但這種無知之態，卻又為香港黑幫電影既定的父系秩序帶來危機，這種純情得誇張的女性特質，顯然已擺脫了父系秩序的定義，也令觀眾一頭霧水。這部電影得到的最多批評，主要也是來自於菲比的過份天真幼稚；只是絕大部分觀眾和影評也沒有看過《青梅竹馬》中的獨臂女兒，她的邪惡和菲比的純情，可以是同一個銀幣的兩面。

意式西部片、荷里活黑幫電影甚至日本武士片對香港的黑幫電影的影響毋庸置疑，但這本土類型也自有其植根於斯的武俠傳統。跟我之前所述的荷里活黑幫電影世界大有不同，香港黑幫電影鮮會將其表揚的價值置放在現代的個人主義中，反而多是突顯出傳統中國武俠小說和劇作裏的俠義價值。個人總是存在於人際關係的緊張網絡中，人際關係的轉變往往意味着價值將繼續維持，或遭受破壞。如前章所述，香港黑幫電影中的兄弟之情，不論是真實的還是象徵性的，永遠都是肝膽相照、激烈澎湃，而女性亦只被當成附屬於男性的陪襯品，或用作交換的花瓶，峰迴路轉的劇情最後還是要服膺於男性共同體的延續下。至於這種父系

道德世界，則是誕生於相對簡化的忠誠與背叛中，在單一清晰的同性社群和異性戀關係的敍事脈絡上，這個父系道德的世界亦得以確立。

可是，這種常見的兄弟情義和犧牲精神，在《阿嫂》中卻被一種比生命更重的超現實式女性純真所取找。作為一部商業片的主角，菲比根本無法得到觀眾的認同：她實在太過天真、太過膚淺、也太過不真實了，既無法獲得女性觀眾的自戀性認同，也不能滿足男性觀眾的窺淫癖慾望。劇情雖然圍繞着她發生，可她卻是一個「影子」角色，代表了在充滿恐懼和自私的世界中難以想像的一道清泉。菲比同時是道德化身和性慾對象，用莫薇的説法，電影對她的處理同時包含了虐待性窺淫癖（sadistic voyeurism）和戀物式窺慾（fetishistic scopophilia）兩種性質（Mulvey, 1975: 6–18），可是，菲比最終還是無法完成這兩項工作。其中強烈的性壓抑，在那座佛廟之中最能體現。

在其他作品裏，黃精甫常藉着一個幽閉的空間來加強情感上的種種張力，例如《我愛水龍頭》和《青梅竹馬》中那充滿病態和壓抑的「家」。《江湖》中最重要的場景是餐廳，對應在《阿嫂》中的則是那座巨大的佛廟，那裏既是十八年前阿九向百德托孤的地方，也是後來大部分殺人講數，以及大風最終出家為僧的地方（圖五·三及五·四）。除了百德家之外，這座佛廟差不多是戲中

最為寫實的空間，至於其他空間，像菲比初遇薄餅速遞員的海灘，又或者當菲比剛當上黑幫話事人時，跟其他黑幫成員會面的會議室等，都極為抽象和超現實。跟《江湖》裏的餐廳一樣，這座佛廟在二十年間幾經變化，同時見證着菲比的成長，亦深化了各人之間的愛與恨。而作為公共空間，佛廟也跟《江湖》裏的餐廳一樣，成為角色展現個人情感的場域。《阿嫂》揭示了黃精甫有着一種處理空間的獨特敏感度，他有能力藉調控景深和鏡頭角度，把一些視覺細節並置呈現，於是佛廟建築和裝潢中的肌理，也能成為一個展現視覺無限可能性的場域。雖然戲中佛廟的場次甚多，但幾乎沒有兩個鏡頭是相似的，黃精甫不斷發掘其中的細節格局，並加插起伏跌宕的剪接和縈繞迴盪的佛廟鐘聲，對很多觀眾來講可能是操作過度，賣弄花俏，但導演確實苦心經營，以期賦予空間說話的能力。

　　不過，一個能發聲的空間，也不一定會說故事。視覺細節不

圖五·三及五·四：佛廟是《阿嫂》主要場景，導演不斷發掘其中細節格局，卻被評為操作過度。

一定要被看成是一些特定情感和劇情的直接再現，相反，這些多餘的細節可能只暴露了事件的不重要和被壓抑的情緒。姑勿論戲中是否存在報應和純潔等宗教性主題，這精雕細琢的佛廟空間再現，其實是可以獨立於劇情發展，自主為一內在有機系統。又或者，故事情節的重要性只是次於其宗教空間。片尾高潮的追車撞車一幕，敍事意圖毫不明確，卻呈現出空間性的強大破壞能量，甚至可以被詮釋成對佛廟空間秩序的終極大毀滅。汽車給撞得亂成一團，弄至血花四濺；那輛載着菲比和大風的黑色汽車，猛然撞向一堆水果箱，然後由一個鳥瞰鏡頭映出汽車停在一些色彩繽紛的西瓜、草莓和橘子小點中，帶來只是一種抽象的美。跟《鎗火》的男性社群風格不一樣，《阿嫂》執着的美與電影劇情進展關係不大，也沒有考慮觀眾的接收，因此也沒有把美學變成一種傳遞意識形態的工具。我們大可以把撞車一幕解讀為純粹的視覺和空間效果，把戲中極度抑壓的情感釋放出來。

對我來說，香港黑幫電影的特點正正在於其駕馭空間之熟練技巧。在這擠迫的城市裏，空間是如此缺乏，導演必須對這擠迫空間十分敏銳，方能好好處理其中的狀況。我們只要細心比較一下劉偉強和麥兆輝的《無間道》，跟史高西斯的《無間道風雲》（*The Departed*），不難發覺兩者處理空間方式其實是截然不同的。史高西斯總是依靠對白來製造懸疑效果和推進劇情，而劉麥二人則主要借助空間的再現來製造戲劇張力：以摩斯電碼連結兩個分隔兩座大廈的房間；兩位主角在戲院內外捉迷藏，兩人都找不着對方；透過升降機和一個下墮的身體，把一座高樓大廈的地下和天台連在一起⋯⋯這種對空間的敏感度，促使香港黑幫電影能與特定的社群生活更加親近。正如我之前所述，大部分香港黑幫電影都緊緊聯繫着父系秩序的道德世界，而少於觀照當下社會事件，可是電影對城市空間的強烈敏感度，卻又繼續容許故事情節跟香港社會現實互相掛鈎。

但是，黃精甫的故事通常不是發生在觀眾熟悉的香港城市空間裏。香港觀眾或許仍能在《江湖》中認出某些香港街景，但《阿嫂》主要在台灣拍攝，而故事也顯然超越了特定的香港情境。黃精甫的空間多是抽象而具轉喻性的，亦呈現出角色的身心限制。如果說，《江湖》仍然遵循着既定的黑幫電影公式來說故事，歌頌兄弟之間的信任和忠誠，那麼《阿嫂》中充斥着那些令人摸不着頭

腦的性慾狀態，只能把戲中的父系世界摧毀在其內部崩爆之中。大部分香港黑幫電影中的單一秩序和美學，往往是藉着對女性角色的操控和客體化來維繫的。可是《阿嫂》中的性對象卻既被抑壓又被解放，當力量釋放時，被摧毀的只有這個父系空間（因此才有片尾撞車的詩化場面）。在那個拙劣的結尾中，一幀巨大而莊嚴的菲比肖像被高高掛起，象徵了她的死亡將令世界變得美好，而辰哥和洛華更宣布解散他們的社團──整個父系秩序不但沒有被重建，反而給徹底摧毀了。電影也在觀眾的咒罵聲中不明所以地收場。

電影與私密性

我並非要把黃精甫的這兩部商業片看成是甚麼經典之作，相反，不難發覺，這兩部電影其實匠氣很重，對角色心理變化和人物關係的掌握深度不夠，故事亦流於濫調。從《江湖》和《阿嫂》裏的豐富配樂和明快剪接看來，兩部電影顯然都是沖着主流觀眾而拍的商業片，但它們似乎都沒法符合電影類型的基本要求。在討論電影作者如何挑戰黑幫電影的問題上，論者大都強調導演駕馭黑幫電影常規和敍事性的自覺性，例如北野武在顛覆日本黑幫電影的時候，正是透過他對約定俗成的電影元素作出種種改造

（Davis, 2001: 69–71）。可是在《江湖》和《阿嫂》中，黃精甫心目中似乎並沒有一套既定的類型片標準供他挑戰。他沒有把黑幫電影的既有公式吸收到自己的作品中而成為其有機部分，只是沒頭沒腦地把公式跟他個人聲音並置在一起，結果令兩部作品都陷入一種既非商業電影亦非另類電影的尷尬狀況中。

若從特定的業界規則和文化限制來看，《江湖》跟《阿嫂》都有其出格的地方，也可被視為兩部相當私密的作品，雖然這「私密」所指的意思並不明確。《江湖》的敍事結構本來是要呈現兩位主角的心理變化（或不變的心理狀態），但導演真正落力之處是電影的視覺細節，人物成為了視覺的附庸；而在《阿嫂》中，導演好像從來沒有實際進入菲比的內心世界，[8] 結果，觀眾都無法接近兩部作品中角色的主體，卻開啟了一個抽象的電影世界，跟任何角色都毫無關係。黃精甫希望通過外在影像的鋪陳來描寫人物的內心世界，但她們的內心在類型電影的框架下又顯得如此貧乏，問題在菲比上尤其嚴重，因為要成為片中眾人的性投射對象，她只可以是一面沒有深度的光滑鏡子，她是整部電影結構上的死結，再富麗堂皇的裝潢細節對呈現她的內在感情都無法有任何幫助，

8　電影中插入了一些動畫場景，以表達菲比的內心世界。但這些動畫片段實在太不真實了，不僅不能讓觀眾加深對菲比的了解，反而只能強化其中的陌生感。

她只可以繼續她沒有對象的傻笑。《江湖》和《阿嫂》並非甚麼寓言，沒有甚麼議題，也沒有清晰的意義，而只是兩部自我指涉之作，而當中的「主體」並不是指某一個或幾個角色，而是電影世界的內在秩序，其視覺和敍事細節都只能互相對話，卻沒有留一個空位給普通觀眾進入電影的世界。

與其他文化載體相比，電影的最大特性，也是它強大文化力量的來源，就是電影所建構的一個個人但可讓眾多觀者共同分享的世界，當中的私密性與公開性是辯證地共同存在的，觀眾對電影世界的認同，是一種非常個人的心理經歷，而這幻想卻同時為眾多觀眾所共同擁有，在黑暗無聲的影院裏，觀眾可以忘記自己進入故事，偷窺的快感和羞恥可以得到調解。由經典荷里活電影模式所主導的商業電影，就是通過這種結構，讓觀眾透過具體人物的觀點進入電影世界，從而經驗和享受幻象。一部商業片若非如此，差不多就注定失敗收場。反過來說，這方面的失敗，卻又是對商業電影機制的一種反叛。《阿嫂》看來既能激起觀眾對受害／純潔女性原型的虛假同情心，也能挑起觀眾折磨女性的猥褻性快感。不過，電影傳遞這種快感的整體失敗，卻可能說明了電影其實對這視覺快感還是相當自覺和自省的。[9] 我不知道導演是否

---

9 齊澤克 (Slavoj Žižek) 指出，拉斯·馮提爾 (Lars von Trier) 的電影也能達到類似的效果。見 Zizek（2008: 12–13）。

處心要挑戰主流；我更感興趣的，反而是為這種失敗下定義的，到底是一個怎樣的外在環境。

　　首先，黃精甫這兩部個人風格鮮明的作品，其實是市場考慮的結果。在這一場電影工業大衰退中，電影人忙於回應難解的市場環境，在創意和公式中兜兜轉轉，在電影整體消亡的同時，工業也不斷尋找新的創作力。雖然《江湖》和《阿嫂》是一位創作者兩次都帶點狼狽的嘗試，但一個青澀的導演希望透過他的電影敏感度，向商業電影的觀眾招手，這無疑也是製作人和電影公司一次審慎計算。曾志偉有心栽培新導演，為了保持香港電影的活力，也為繼續開拓自己的事業。這幾年新導演不斷出場，在低沉的2008年裏，香港電影發展局推出了「香港電影New Action」計劃，擠擠擁擁挑選了三十三位香港電影新導演作主力宣傳，奇怪的是，香港2008年才出產五十三部電影，這樣一個皺縮的工業怎能養活三十三位新導演？而名單就特別讓人欷歔，因為當中大部分導演在過去十年內只拍了一、兩部電影就消聲匿跡，究竟應該稱他/她們為新力量，還是失敗者？可以肯定的是，這些電影人的電影夢似乎還未碎，不然就不會參與這個計劃；香港電影給予新導演的機會很多，但殘忍的市場淘汰也特別嚴重，她們顯然都試圖計算市場，但市場卻不受她們控制。回顧08年喧鬧的中國夏天也是近年香港電影最嚴峻的寒冬，因為之前內地政府為保障奧

運的舉辦成功而對各娛樂行業進行嚴厲監管，電影審批的尺度突然變得異常嚴苛，對越來越依賴內地市場的香港電影而言，2008年上半年差不多沒有電影可以開拍，在這樣的一個環境下出現這「香港電影 New Action」計劃，可能是香港電影發展局對工業細心的栽培，也可以說是一個諷刺。

黃精甫也是這計劃要推銷的其中一員，而我們也可以把他放在一個「代」之中去理解他的處境；「代」這個的概念是中國當代文化史的一個重要研究視野，很多研究中國電影發展的學者都特別強調，同一代電影人在同一樣的社會文化政治氣氛下如何互相影響，也表現出類似的文化反思和社會批判。但這個概念在今天「後資本主義」「後福特生產」的香港電影工業中最難成立，當中主導的是「靈活累積」(flexible accumulation) 的商業原則，[10]每一個生產者都是獨立的個體，而她們所面對的困難和合作環境都非常不同，尤其是因為資金來源的不盡相同，一些在國際電影節已稍有名氣的新香港電影導演如彭浩翔，可以通過集資不同的跨國資金以開拍自己的電影；一些如麥欣欣等獨立性較強的導演，會在香港或海外尋求規模比較小的另類項目；也有一些，如黃精甫，會留在香港越來越小的工業內等候機會。就算同在香港，因為競爭

---

[10] 關於「靈活累積」的討論，請參看 Harvey (1990: 141–199)。

巨大，作為獨立的競爭對手，大家互相交流的機會也比較少，這又跟八十年代的中國第五代和台灣新電影運動的文化有很大分別。黃精甫的某種獨立性，也是在這樣一個環境中孕育出來。

其次，兩部電影的失敗，亦為我們帶來一種對電影和觀眾之間關係的重新理解，我們可以用「演述」(address) 這個概念來了解當中的問題；簡單來說，演述就是指電影和觀眾間的溝通，導演是如何想像、招待和滿足他假想的觀眾，但這不是一個市場問題，而是電影語言的問題。如電影學家梅爾 (Judith Mayne) 解釋，電影演述 (cinematic address) 所指的是一個「理想」的觀眾 ("ideal" viewer)，而電影接收 (cinematic reception) 才是針對所謂的「實在」觀眾 ("real" viewer)；前者提出的問題是電影文本怎樣想像和預設了觀眾的基本反應，而後者所關心的個人解讀則可以因個別觀眾而異 (Mayne, 1993: 79)。電影文本分析對我最大的吸引，就是可以讓我探討文本如何把資訊和意識形態傳遞給觀眾，導演在當中的經營可以是有意識，也可以是無意識的，而對於那些強烈依賴「視覺」來建構觀眾反應的文本，當中問題尤為複雜。

其實，一種不信任敘事性的共識已悄悄入侵當代電影和錄像藝術世界裏，錄像藝術家甚至經常擺出拒絕敘事性的姿態，以跟商業電影導演劃清界線。敘事性常跟意識形態掛鈎，而「故事」則被視作表達情感和建立價值的工具，因此，錄像藝術家希望通過

對視覺的重新思考來避開主流意識形態的控制。藝術史學家亦曾點出了一個類似的互動狀態：現代主義繪畫藝術的發展，正是以由「敘事」過渡到「圖像」作為標記，一種反敘事的傾向和對歷史的懷疑，在當代藝術中不斷滋長（Elkins, 1991: 348–364）。錄像藝術家亦多以主攻視覺（有時是聲音）作為一種支離破碎的在場，用以反對敘事性，同時亦會把傳統荷里活的統一性敘事，看成是全球文化霸權的工具。

但另一方面，在全球視覺的時代裏，常聽到論者對視覺文化的批評，評論者——如在第三章所提過的桑塔格——把視覺文化視為一種不用思考的文化翻譯，且往往是不負責任的。很多人都覺得因為視覺的認知太容易了，令新一代青少年選擇視覺媒介而不是文學去接觸想像世界。被論者論為「膚淺」的視覺媒介，妨礙觀眾去揣摸一些人類生存和情感狀態的不可譯性，也忽略了深度的文化省思。對於視覺文化的日益擴張，人們亦自然會歸咎於文化全球化把深度和地域去掉。

如果我們把這兩種截然相反但同樣常見的看法放在一起，就會發覺當代文化對視覺過度演練，也過度質疑，而黃精甫的作品，則正好展示出這兩種邏輯到底是如何同時運作的。黃精甫的作品顯然繼承了香港黑幫作為一種電影景觀的傳統，在陳套的劇情堆砌下努力發展電影中的視覺刺激。只是，其視覺過度卻又無

圖五‧五：從低於地面的角度拍攝 Turbo 被打的鏡頭。　映藝控股有限公司圖片

法引導觀眾的認知，黃精甫本來是要召喚出觀眾的另一種視覺敏感度，但其視覺過度卻最終脫離了觀眾。一個能夠清楚顯示這種矛盾的例子，出現在《江湖》一片的中段。Turbo不肯出賣翼仔，說出他就是死士，結果遭到其他黑幫成員毒打，並強迫他跟一隻母狗性交。這件事成了整個故事的轉捩點，因為Turbo的右手被人打至殘廢，因此他後來才被喚作左手，也表現出Turbo對兄弟的義氣，並確立兩人的永恆情誼。黃精甫為了表現Turbo受屈被打的位置，他從地面之下的角度拍攝Turbo躺臥在地的身體和扭曲的面貌，鏡頭被放置在一塊透明大玻璃／膠板之下，而打鬥就是發生在這塊玻璃之上（圖五‧五）。顯見，這是一個任何觀眾都絕對無法認知的位置。更糟的是，黃精甫擺放了一個可以看到整件事情的鳥瞰鏡頭，並跟地面下的鏡頭進行交切剪接，上下兩個鏡頭互相對照，展現了一個封閉卻自成體系的電影世界，可是，因為在鳥瞰鏡頭中，我們可以看到地面上覆蓋着紋理清晰的塑膠布料（圖五‧六），觀眾於是便能更清楚地察覺到這個不可能的鏡頭位置，這個自閉的電影世界有意無意地把一些商業電影認知的規條全給破壞了。

這個鏡頭所帶來的疏離效果，跟很多其他鏡頭一樣，都是黃精甫銳意探索的觀看方法。Alan Liu發現，在全球視覺文化中存在着一種「酷政治」（"politics of cool"），大家都為了追求「酷」而把

視覺演繹不斷更新變化。可是，這種「酷」美學往往是一種無意義的宣揚，因此這種風格化同時也窒礙了溝通的過程，使其失去效率，「酷」變成意義的殘餘而不斷滋長（Liu, 2004: 179）。正如我希望指出的，黃精甫大部分的密集視覺操控，很多都純粹是美學性的，沒有甚麼敘事動機，電影中所顯示的強烈的作者在場，跟任何類型片標準或觀眾認知的慾望都不會妥協。由此，借用賈克·洪席耶（Jacques Rancière）的觀點，黃精甫的作品似乎一直受着某種美學意圖所驅動，而這種美學意圖則能幫助我們重建已經變鈍的知覺，並迫使我們再一次觀看世界（Rancière, 2006: 12–19）。我們的全球娛樂文化正將我們投進一個視覺飽和的時代裏，純粹只有觀看沒有閱讀的經驗正不斷增加；可是，這種對新視覺的慾望並不一定支持原有的系統，視覺過度亦可能會反過來纏繞着那些只想逃避的觀眾，因此，電影演述上的失敗，可能有助產生變化，因為藝術的力量，正正在於對可見性和不可見性進行再裝配（Rancière, 2006: 44–45）。黃精甫沉溺於電影技藝，但似乎從未曾意識到，他同時可能正步俄國形式主義者或法國超現實主義者可懼又可敬的後塵，以其作品向我們呈現出一個陌生的視覺世界。

可惜，在商業電影的包裝下，他的視覺世界又不是那麼辛辣自在，反而顯得老套作狀；但更重要的問題是，這種感官的重新配置，除了彰顯「自由」外，有否同時製造「多元」，讓我們看到一

個新世界的可能？（Rancière, 2009: 19–44）黃精甫的作品，似乎就是缺乏了這方面由美學轉換為政治的有意識空間，令電影的層次無法提升。它們拒絕被閱讀，也實在沒有甚麼可閱讀。在黃精甫的這兩部作品中，最有趣的可能並不是導演作為一個電影作者所要表達的東西，而是潛伏在今天視覺文化中的沉默濁流。在全球創意經濟試圖將一切藝術都商品化的時候，我最感動的，始終是文化產物如何保存其美學力量，以及這些作品如何逃出市場的定義。亦正因如此，我才會對某些「失敗」的作品獨有鍾情。

第六章
本土與跨本土

　　受到九七回歸影響，過去二十年來的香港文化研究，常糾纏於對香港身份認同的追求。迄今，不論是對英國殖民主義的批判，還是對中國民族主義的挑戰，人們所關注的香港後殖民狀況，始終集中於對本土性的表述。但是，在國族化和全球化的景況下，任何本土身份都變得難以說明，更複雜的是，當本土的界線越來越模糊，我們對自身文化身份的追求反而會更殷切，更覺得當中的情感確鑿無誤。因此，有關香港身份認同的問題，往往是以否定的方式來處理，越是要討論香港身份，這身份越是說不清楚，這卻又反過來增加我們對它的投入。因此，我們往往只可以通過否定已有的論述來證實本土的實際經驗：「香港不是×」成為最容易掌握的論述邏輯。

　　本章會從一個比較宏觀的工業角度去看香港電影的發展和與之有關香港身份的問題，很明顯，香港電影正面臨一個嚴峻的工

業低潮，受制於中國商業電影市場的興起，香港電影工業越發依賴跨境合作，隨之而來的焦慮，正是香港電影中香港本土性的消失。而近年香港電影工業發展所面對的困難，除了香港在龐大中國市場中逐漸消失外，也要面對全球化的新格局。無疑，全球化一般是以抹掉國家來展開的，但跨國的活動也能製造出本土性，因此，「本土」所指的不但是我們具體的感情，也是全球化的必然產品。也就是說，今天我們研究香港電影的本土性時，必須同時兼顧兩個不盡相同的影響——中港電影的統合，以及跨國電影的潮流，雖然這兩種力量對香港電影的存廢發展出不同的拉力，但它們對香港電影也有着「既消解亦鞏固」的辨證性影響。有鑑於此，我將集中於探討兩種本土性的概念：經濟上的跨本土性（trans-local），以及文化上的本質本土性（essentialist local），兩者是互相的因果和互為的條件。

面對着港產片市場的急遽萎縮，振興香港電影工業的方案主要有二：開發新市場，尤以內地市場為主；以及作為融資中心，協調和控制亞洲地區的資金、人才和技術。在這種全新的投資和市場環境之下，香港電影的文化身份卻面臨着一個重大考驗。在內地，「香港」這名字已不再如九七前那麼吃香，而香港的電影製作人也開始把自己的作品包裝成一般的中國電影，各種行銷和投資手法的試驗日趨熾熱，這可算是香港後殖民經濟／文化轉型的

其中一個部分，但作為一個全球城市，香港要面對的既是中國也有世界。後資本主義沒有主旋律，只有適應和靈活，在這種氛圍下，競爭會越益激烈，而當中的參與者會更疲於奔命，努力逢迎於當中。過去十年，香港電影正陷入這種國族性與全球性相互競爭的爆發點中，1949年中國的政治改變令香港電影跟內地市場斷絕來往，如今當香港要迎接資本主義全球化的勢頭，卻務必要「重新」發現和發展中國國家市場。

　　香港素來以擁有地區基礎的文化工業聞名於世，但面對着國族化與全球化之間的拉扯，香港的本土身份很快便被抽空，而全新的社會環境將引導香港發展出另一種電影面貌。我們必須明白，過去殖民地電影工業所曾享有的文化優勢，在後九七的狀況裏早就被消耗殆盡，但其他可能的國族性與全球性優勢卻乘勢而起。香港正試圖定位為一個全球城市，並在跨國資金流動的配合下，希望有力協調整個國家／地區的巨大勞動力和市場。大概香港已不再是一個主要的電影製作基地，反而在籌集資金和促成全新中國和亞洲電影拍攝方面，開始擔當着更重要的角色，與此同時，中型的本地電影製作仍繼續擔任着展示本土文化身份的任務。在以下我會通過對三種不同的製作的探討，以了解香港電影在這樣一個新的環境下的重新定位。

大型賣座電影

　　1992年，港產片在本地的票房收入高達12.3億港元（陳清偉，2000）。但到了2006年，香港本地票房收入卻下跌至僅得2.8億港元，2008年2.5億港元，2011年更跌至1.3億港元，近兩年有一點回升，但2016年也只有1.9億元。[1] 這近90%的跌幅還未把過去二十多年來的通貨膨脹計算在內。面對着本地電影市場的急遽萎縮，香港製片商為開發新市場扭盡六壬，不難發覺，香港電影也努力迎合不同地區觀眾的口味。《特警新人類》（導演：陳木勝，1999）是其中一個較早的嘗試，電影跟日本合作拍攝，片中很多角色皆能操流利日語和英語，電影亦曾安排在北美市場上映，但似乎沒有吸引後來者的仿效。之後很多香港電影紛紛起用日韓影星，試探更大的市場，但似乎投資大於收益。近年來，不少香港電影都暗藏着其他亞洲市場的元素，如《墨攻》（導演：張之亮，2006）是改編自一個以中國故事為藍本的日本漫畫，片中雲集了香港、內地和韓國三地的演員。香港跟泰國電影的幕前幕後合作也是越益頻繁，在一些泰國人脈甚廣的電影人身上，如彭

---

[1]　有關香港電影票房數據來自香港貿發局的香港影視娛樂網：http://www.hkfilmart.com/，以及創意香港編的《香港電影業資料彙編2011》和《香港電影業資料彙編2016》。全文可從以下網址瀏覽：http://www.fdc.gov.hk/tc/press/publication.htm。

氏兄弟和陳可辛等，就更加可見一斑了。[2]跨國電影的特性尤其表現在資金籌集方面，例如，陳可辛在泰國、南韓和日本都建立起良好的集資網絡，以支持其電影公司的大小製作；關錦鵬在他的多個電視電影拍攝計劃中，都能充份利用來自日本和內地投資者的資金；而張之亮近年的作品都常有日本、韓國和內地的財政支持。至於一些國際知名導演，如吳宇森、王家衛和劉偉強等，自然亦有其集資之道。以往香港電影的投資者主要是本土的電影公司，或台灣和東南亞的發行商，投資的環境比較簡單；但現在很多電影也要求集資，總資金往往由多個來自不同地方的投資者組成，更可能涉及不同政府的電影資助、銀行貸款，甚至不同類型的投資基金，而當中的融資保險中介也應運而生；在這種新的商業環境下，由基本的人際溝通到市場計算都非常複雜，也特別需求有這方面能力的監製周旋其中，江志強、陳可辛、施南生就是其中的表表者。

在這一連串開拓新市場的舉動中，人們都把注意力集中在內地市場，尤其是在諸如《英雄》（導演：張藝謀，2002）、《十面埋伏》（導演：張藝謀，2004）和《無極》（導演：陳凱歌，2005）等一批中港合作拍攝的「大片」取得票房大捷之後。過去十年，全球電

影事業的第一等大事，應該就是中國電影事業的迅速膨脹，並發展成全球矚目的電影消費市場，毫無疑問，這亦牽繫着香港電影未來發展的命脈。

2006年，中國電影票房總收入為26.2億元人民幣，[3] 而十部最賣座電影的票房收入，共計有10.7億元人民幣，佔全國全年票房總收入的41%。相對於大部分國家的十大賣座電影票房，這實在是一個極高的比例：歐盟為21.9%、美國為22.2%、墨西哥為27.4%、南韓為35.3%。[4] 當時，對於內地城市的中產階層來說，一張電影戲票依然是相當昂貴的，[5] 因此她們每年只會看幾齣電影。到了2016年，中國電影票房總收入高達457.12億元人民幣，是十年前的十七倍，而十部最賣座電影的票房收入總共為141.28億元人民幣，佔全年票房總收入下降至30%。[6] 整個市場趨向成

---

[3]　有關2006年的中國電影票房，可參http://www.hkfilmart.com/newsread.asp?newsid_1981（瀏覽日期：2007年2月9日）。

[4]　這是2000年以來的數據，轉載自Moreau and Peltier (2004, 137)。

[5]　2005年，北京共有51間戲院，2009年已上升到72間，發展迅速，但大致上仍然可分為兩類，亦分別有兩種票價：舊式戲院的票價約為人民幣40元，而全新多院式戲院則多開設在外資商場之內，票價約為人民幣50至60元。論者多數認為，在中國，一張電影戲票的票價，對大部分城市人來說都是太高了。

[6]　參見中華人民共和國中央人民政府：〈新聞出版廣電總局：2016年中國電影票房457.12億元〉，2017年1月3日，http://www.gov.cn/xinwen/2017-01/03/content_5156125.htm。

熟，也吸引更多投資者。曾經，香港公司是中港合拍片的主要投資者，但現在已經是內地資金的天下，這兩年我們更發覺中國公司開始直接投資荷里活製作，很多美國電影都充滿中國明星和植入廣告，中國為全球商業電影帶來巨大的資金和市場。但有趣的是，在今天的中國，中港合拍片依然是主流。在2006年中國電影市場的票房十大裏，中港合作拍攝的電影共佔五部，分別是《滿城盡帶黃金甲》、《夜宴》、《霍元甲》、《寶貝計劃》和《墨攻》，其餘五部則為傳統的荷里活賣座電影。到了今天，中港合作拍攝的電影依然佔據中國電影市場（見第十章）。其實，打從2002年《英雄》「張藝謀＋江志強」神話式的成功開始，很多賣座電影都有非常明顯的香港成分。在至今中國最賣座的20部華語電影中，近半是中港合拍或有香港主創參與。（見第十章表一）

多年來，香港的電影製作量已大大超出了一個幾百萬城市人口所能負擔的市場，港產片早已面向海外的廣大觀眾。香港電影從來不是純粹本土的，其驚人的發展速度是受益於各路的資金和市場（Leung and Chan, 1997: 136–151; Lii, 1998: 122–141）。儘管如此，港產片在本地市場的成績始終是電影成敗的最基本指標。在1960年代，當邵氏和國泰這些大製片商大量推出國語片以迎合台灣和海外華人觀眾的口味時，電影中依然滲透着濃烈的香港風

情，意味着電影也是為香港觀眾而拍的。[7]不過，在過去二十年來，香港的電影公司對本地市場的重視程度日漸減弱，相反中國市場則變得越來越受重視了。以2006年的《墨攻》作為一個例子，導演張之亮跟主角劉德華皆來自香港，香港的票房收入是內地的四分之一。到了十年後周星馳的《美人魚》，電影在香港的票房為5千5百萬港幣，在中國卻收了34億人民幣，是香港票房的60倍！

九十年代末，香港電影開始萎縮，很多專家和論者當時已多番指出，日後香港電影的發展必須依靠中國市場，尤為需要的是中央政府承認香港電影為國家產品 (Curtin, 1999: 42; Stokes and Hoover, 1999: 301–302)。在CEPA（《內地與香港關於建立更緊密經貿關係的安排》，*Mainland and Hong Kong Closer Economic Partnership Arrangement*）的眷顧下，論者的期望很快便得到實現了，中港合作的製作可以算作本國作品，製作人亦毋須再為入口電影的限額而大費周章。[8]自2003年起，每年都有穩定數量的中港合作拍攝電影：2003年26部、2004年31部，到了2015和2016

---

[7]　有關邵氏電影中，泛華人文化與香港文化之間的張力，可參 Sek (2003: 37–47)。

[8]　中國的配額制度是在1995年發展出來的，它容許每年有十部進口電影，根據利潤分享的模式在中國上映。2003年配額增加至二十部，以遵守WTO的規定。但經過多年的談判和發展，外國電影已經可以通過很多其他渠道進中國，在2016年就總共有92部進口電影在中國上映。

年，依然有32部和39部合拍片（謝曉、陳戈戈，2005；佚名，2006）。[9]CEPA的中港合拍片條例經過多輪修改，基本定型，在這些電影中，來自中港兩地的工作人員人數比例並沒有嚴格限制，只需要有三分之一演員來自內地即可。此外，劇本亦必須跟中國有關，不過這項規定已鮮有嚴格執行了（May and Ma, 2014）。

但無論故事發生在香港還是內地，合作拍攝電影多是面向內地大陸市場的大製作，資金都由內地和國際發行商所支持。而在整個製作中的跨國演員陣容和製作團隊裏，香港人雖然未必是主要成員，但必定有她們的參與。根據2002年中國的〈電影管理修例〉第十八條所規定，只有得到有關當局特許的製作機構，才能跟海外製作人合作拍片，而海外製作人則禁止單獨在內地進行拍攝。由於得到政府的眷顧，少數內地電影公司因而能夠壟斷近年的商業電影市場。成立於1999年的中國電影集團公司（簡稱中影），由八間國企電影製作公司合併而成，其中包括北京電影製片廠、中影電影集團和中國電影合作製片公司等，因為這些製片單位的歷史，中影順理成章成為新的合拍電影的主要內地夥伴。自2000年開始，中影開始投入跨境製作，初年非常依賴香港資

---

[9]　也可參見創意香港編《香港電影業資料彙編2015》和《香港電影業資料彙編2016》。全文可從以下網址瀏覽：http://www.fdc.gov.hk/tc/press/publication.htm。

金，例如2000年的《臥虎藏龍》，但到了近幾年，主要投資方已經是中影本身，而投資額也大增。

中國電影集團公司是一個強大的國家機構，並有充裕資金去支持大製作和全國發行，不過，私人電影製作和發行公司在中國也逐漸發展，進入這個尚未完全開發的合拍片市場。華誼兄弟和北京保利博納可謂其中的表表者。[10]像中影、華誼以及保利博納這些發行電影公司都身兼發行商和主要投資者，過去數年來，它們幾乎出品了所有大中華賣座電影。例如陳可辛和內地導演黃建新組成的「我們製作」電影工作室，就與保利博納合作，並和中影簽署了策略性聯盟，在2009年初在北京正式宣布共同成立「人人電影」公司。陳可辛在當中的計算非常明顯；但據聞，他的賣座大片《投名狀》（2007）還是虧了大本。近兩年我們還發覺中國資金大規模進入美國，萬達集團就收購了製作公司Legendary Entertainment，直接用中國資金拍荷里活電影，加入明顯的中國原素，再回銷國內。

九七前，香港的幾間主要電影公司，如邵氏、嘉禾、金公主和永盛等，都擁有獨立的上映、發行和製作部門，擁各主要的電影工業部分，縱向整合上相當完整，因此在製作和放映上都有

---

[10]　有關保利博納的歷史，見于冬（2004）。

其策略彈性。但隨着這些大電影公司的淡出，傳統單院式戲院亦跟其他地方一樣，被如UA和AMC這類多院式戲院所取代，傳統的製作─院線制度因而瓦解。由於上映時間無法保證，很多小型片商自然需要跟獨立戲院逐次協商。在這種截然不同的「後福特」製作環境下，如寰亞和安樂這些主要電影發行商便慢慢成為電影工業的領導者。邵氏和嘉禾這類傳統電影公司，必須兼顧多層次的經營，但安樂主要的業務是發行，並擁有自己的香港電影院線：百老匯院線。安樂是因為九十年代末香港電影的減產，沒有足夠有份量的作品上映才開始投入製作的。[11] 它們跟傳統電影公司的做法不同，製作只是次要的附加部分，不會作出大量在這方面的基本投資，因此往往需要依靠跟別人合作拍片，尤其是跟內地公司合作。另一投入合作拍攝電影市場的有趣例子是驕陽電影有限公司，香港有線衛星電視有限公司旗下的一間子公司。徐小明身兼驕陽的總裁以及有線電視的執行董事，他認為有了電視發行的保證，驕陽的製作在商業上的風險是相當小的。[12] 香港不少這些新興的較大型電影公司，都擁有這類半完整的製作、發行和上映網絡，不過它們的強項依然是發行，同時也是其最主要的牟利項

11　作者訪問江志強，2008年2月20日。
12　作者訪問徐小明，2007年3月16日。

目。它們的成功往往是中港的跨境資金和人才流動的結果，而這種新興的跨境商業電影製作，在可見的將來也會是華語大片的主要製作模式。另一個近年積極發展合拍電影的香港電影公司是英皇娛樂，作為一間經理人公司，它成功把自己旗下的幕前幕後明星引進為合拍電影的主要元素，特別受益於近年跨媒體的發展。

很多人會把張藝謀近年的幾部高成本製作，包括《英雄》（2002）、《十面埋伏》（2004）和《滿城盡帶黃金甲》（2006），視為內地電影，而事實上，這些電影雖然有內地資金支持，但都是由香港的安樂影片和北京新畫面影業公司合作投資製作。安樂是《臥虎藏龍》的主要投資者，而電影能夠蜚聲國際，也鼓勵一些以香港為基地的電影發行商轉型以製作電影為主，在中國掀起了合作拍攝大片的熱潮。安樂的國際投資非常活躍，曾投資拍攝韓國電影《野蠻師姐》（導演：郭在容，2004）和美日韓大製作《血戰新世紀》（導演：基斯拿漢，2009）等。雖然在文本解讀的層次上，這些電影中沒有明顯的香港元素，但這些電影的製作都由香港資金和技術人員所支持。安樂的負責人江志強新近成立的萬有引力電影公司，更主力投資香港的本土製作，如《寒戰》（2012）和《大追捕》（2012）等，同時亦繼續積極參與中國製作，如《北京遇上西雅圖》（2013），都是口碑和票房均有成績的例子，也顯出江志強沒有依循守舊，有不斷嘗試的魄力。

雖然在中國新商業電影市場的塑造上，香港仍佔着不可或缺的位置，但我們不能忽略在合作拍片過程中，內地正為華語電影製作提供資金、人才、意念和市場。十多年前有論者曾悲觀的聲稱，「如果北京和上海的大型製片廠要繼續生存下去，必須要轉型為服務港資或台資製作的單位。」(Rosen, 2001) 這個說法可能在十年前是正確的，但當中國公司的資金實力日漸雄厚，情況已發生了根本變化。根據香港導演張婉婷的說法，在九六、九七年間她與當時的北京電影製片廠(後被合併為中影一部分)合作拍攝電影《宋家皇朝》(1997) 時，北京方面只能提供拍攝人員和製作支援，卻無法付出任何製作資金。相比之下，在2006年她有份參與製作的大型電視連續劇《清宮風雲》中，卻是由中國電影集團全資製作，香港導演只跟隨內地的安排。[13]

　　一般而言，近年華語跨境大片的製作都有把中港界線模糊化的明顯傾向，兩區域的同化應該是雙向的。例如，《滿城盡帶黃金甲》和《夜宴》都是中港合資拍攝，也同時發行到中港兩地市場，當提名奧斯卡最佳外語片時，《滿城盡帶黃金甲》被歸入內地電影之列，而《夜宴》則被算作香港電影的代表，我們似乎很難簡

---

[13]　作者訪問張婉婷，2007年2月28日。

單地說誰吞併了誰。[14]從另一個角度看,「香港」在中國市場上依然佔有很多意義,我會在第十章再討論。

小型另類製作

「合拍大片」正主導着近年香港電影的發展,可是,現今的後資本主義經濟環境特別提倡適應性和靈活性,全球電影發展因此越來越趨多元化,非常寬廣的電影世界為非主流電影提供另一種生存空間,也影響着中港兩地的發展。就以香港電影為例,以往幾乎沒有主流以外的製作,但近年不但多了另類製作,政府還投入大量資源,誓要把香港建成一個亞洲電影的平台。我相信香港不會在全球電影中消失,不只因為香港電影文化的堅韌性,亦因為香港有一個比較流動的全球定位,有助香港身份突破國族性的框架,可是,它的易變和左右逢迎可能又會危害到這個城市在社區和本土的屬性。

在全球電影時代裏,為了面對荷里活電影的挑戰,規模較小的電影工業除了製作主流賣座電影之外,另一種生存策略就是製

---

[14] 有趣的是,主導着荷里活商業片是「高概念」(high-concept) 邏輯,指在宣傳上不會聚焦於複雜的概念,而是注重簡單的、可被多種觀眾所理解的普通意念。但中港合作大片到現在為止基本上不走這個方向,而反而特意保留含糊的主導意識,相信跟中國的審查制度有關。

作成本較低、以地區為本的「小型電影」(minor cinema)。不少近年興起的小型歐洲電影，正是其中的表表者(Hjort, 2005: ix–xi; Piech, 1997: 37–60)，甚至在美國，獨立製作在商業電影市場上的佔有率也持續上升(Holmlund, 2005: 8–9)。近年來，香港亦有着同樣的發展軌跡，在某程度上，這跟數碼電影的興起不無關係。這些低成本製作為求生存在一個後福特的工業環境中，各式各樣的集資和銷售方式便應運而生了。

近年香港政府跟電影業界聯手帶頭，把香港打造成亞洲電影的投資中心，大大推動了小型電影製作的發展。跟內地和韓國的經驗不同，香港政府以往一直持守着「積極不干預」的傳統，向來都不打算以任何方式介入香港電影工業的運作。但進入二千年後，政府開始比較積極協助電影拍攝，成立電影基金，作為投資電影製作之用。另一方面，香港貿易發展局繼續代表政府，肩負推廣香港電影的責任，並集中提供行政上的種種支援，以促進相關的投資活動。在電影推廣方面，貿發局的主要工作有二：籌辦香港國際影視展(FILMART)，以及香港亞洲電影投資會(Hong Kong–Asia Film Financing Forum, HAF)。FILMART的目標是推動香港成為一個亞太地區內的地區性中心，負責發行和製作各種電影、電視劇集和娛樂產品。如果説FILMART是一個跨媒體、跨商業夥伴的平台，那麼HAF則是一個專為合作拍攝電影而設的市

場。每年HAF都會挑選出一些電影計劃,並推薦給來自世界各地的投資者。首屆HAF於2000年舉行,2005年重新舉辦,並成為一年一度的活動。自2007年起,HAF更與香港國際電影節協會合辦,並得到政府的電影發展基金資助。電影製作者可向HAF提交一份已完成的劇本,以及完整的製作和預算計劃書,而HAF則會向電影製作者提供跟投資者和發行商會晤的平台。當然,不是所有電影計劃都能成事,但仍有不少成功個案,例如《伊莎貝拉》(導演:彭浩翔)和《暗湧》(*Invisible Waves*,導演:彭力‧雲坦拿域安〔Pen-Ek Ratanaruang〕)都是在2005年的HAF中找到了投資者,並打進2006年柏林國際電影節的競賽單元。2009年的康城電影節參選影片也包括三部來自2008年度HAF的入選作品:南韓導演朴贊郁的作品《蝙蝠》入選「競賽環節」;同是來自南韓的奉俊昊執導的《非常母親》獲選參加康城影展「一種關注」(Un Certain Regard)環節,而馬來西亞導演張千輝的作品《你卡拉,我OK》則被安排在「導演雙周」(Directors' Fortnight)環節中放映。由尹鐘彬執導的HAF作品《群盜:民亂的時代》成為2014年南韓年度票房第五位電影,2015年香港國際電影節閉幕電影《踏血尋梅》(導演:翁子光)也是HAF的入選作品。

　　HAF脫胎自鹿特丹國際電影節(International Film Festival Rotterdam)的電影投資會(CineMart),現已成為亞洲獨立電影其

一主要集資平台，與韓國釜山電影節的 Pusan Promotion Plan（PPP）分庭伉禮。很多知名電影製作人都紛紛向 HAF 提交計劃書，像內地的姜文、王小帥和寧浩；香港的關錦鵬、許鞍華、陳可辛和羅卓瑤；日本的是枝裕和、岩井俊二和行定勳；韓國的朴光洙、許秦豪和林常樹；台灣的蔡明亮，以及泰國的翁乙·湯閣亭（Yongyoot Thongkongtoon）和朗斯·尼美畢達（Nonzee Nimibutr）。在歷屆的 HAF 裏，所有計劃都必須是亞洲出品（包括澳洲），投資者卻來自世界各地，歐美的投資公司對 HAF 的興趣也越來越大。張婉婷曾於過去數年擔任 HAF 的評審，同時也在 2007 年提交了自己的計劃書，她指出很多歐美投資公司出席 HAF，主要是為了考察內地市場的發展潛力。她們未必會選擇投資現有計劃，反而會藉此機會接觸不同的電影製作人和發行商，以開發在內地市場的可能商機。[15] 不過，在現有的計劃裏，香港和中國兩地的製作沒有任何的優待，兩者的身份也未見突出，因此 HAF 的價值僅僅在於向全世界宣揚香港作為一個發行和製作小型電影的地區性中心，同時亦向全世界展示香港的全球性身份。

由著名影星劉德華所投資推動的「亞洲新星導」，可視為香港統籌亞洲獨立電影製作的另一成功例子。整個計劃由劉德華所持

---

[15] 作者訪問張婉婷，2007 年 2 月 28 日。

圖六·一及六·二：
李公樂把幾位主婦的
主體經驗和感覺投進
公屋的空間裏。

映藝控股有限公司圖片

有的映藝娛樂有限公司投資，主要目標是為大中華華語電影工業
發掘年輕人才。「亞洲新星導」資助了一系列高清電影作品，皆由
新進導演所拍攝。她們分別來自香港、台灣、馬來西亞和新加坡
（在參加「亞洲新星導」之前，她們都已完成了其首部作品）。計劃
中的首批六部電影在 2006 年完成，並能在各大國際電影節中亮
相。據計劃負責人余偉國所言，雖然這些作品大都未能成為賣座
電影，但實際上映藝娛樂仍略有盈利。[16]

在這些低成本製作的亞洲電影中，皆呈現出一份鮮明的本土
身份意識。在「亞洲新星導」的多部作品裏，我們既可看到《瘋狂
的石頭》中獨特的重慶山城風貌、《太陽雨》中馬來西亞的城鄉對

---

[16] 作者訪問余偉國，2007 年 2 月 7 日。

照、亦可看到在《得閒飲茶》和《師奶唔易做》中，對香港迥異但
真切的兩種描寫，尤其是在《師奶唔易做》中，導演李公樂對彩虹
邨有非常細緻的空間觀察，把幾位主婦的主體經驗和感覺投進香
港公共屋邨的空間裏，轉化色彩、音樂甚至異國情調（圖六‧一
及六‧二）。「亞洲新星導」中各部電影中的文化身份各具風韻，
拼湊出來，便構成了「亞洲新星導」中鮮明的亞洲身份了。同樣
地，HAF也具有這種明確的亞洲特徵，其中大部分作品皆有意避
開以一種包攬大中華／泛亞的市場作為定位，並把電影中的故事
情節明確設定在某種特殊文化語境之下。

　　可是，電影中抽象的文化身份，並不足以建構出新亞洲電影
的特殊性。相反，正如我在本書第八章中所提到，新亞洲電影乃

是處於一種全球流通的狀態中，沒有新的全球電影的語境及實際運作不會有當前這個新亞洲電影的概念，因此，很多被泛稱新亞洲電影的作品，一方面有其文化特殊性，另一方面又連繫一個所謂「亞洲」的空泛品牌。電影的集體身份認同並非以一般的主題和風格來定義，而是以一種更抽象的論述把其空洞性凝固。在「亞洲新星導」的例子裏，對於計劃的品牌打造，劉德華顯然有很大的影響力，說明了明星的商業價值在這個另類的跨亞洲電影計劃的市場策略依然是重疊的。我們必須明白，在晚期資本主義社會裏，打造品牌是一個轉喻過程（metonymical process），因為作為終極所指的「消費者慾望」是反覆無常的，而每種獨立商品中的內置機制，總會誘使消費者轉向其他商品（可能是同一品牌的更新型號，也可能是更抽象的維持着消費者對潮流的基本慾望），令整個消費社會可以生生不息。[17] 由此，對於新亞洲電影品牌的統一性，我們亦能將之視作是全球性的。新亞洲電影必須透過跨國合作策劃才能成事，尤其是需要依靠一些專營亞洲電影發行的國際發行商，如 Fortissimo 和 Magnolia 等，她們都積極參與 HAF，直接推銷她們的產品，也間接做就亞洲電影的品牌。香港絕不是新亞洲電影品牌的唯一締造者，當中的文化基建系統要修建在一個更

---

[17] 有關在知識型經濟中的品牌理論，參見 Pang（2008: 115–138）。

為巨大的全球經濟框架，與香港有關的公司僅是其中的一部分。之不過，這些香港公司卻一直發揮着相當積極的作用，正好說明了香港電影這品牌能量並未消失，只是將部分積極性轉移到電影投資和市場拓展的平台之上。

一方面，中港合作拍攝的賣座電影，市場定位在最大的跨文化觀眾群上；另一方面，地區性的獨立電影的文化特殊性卻相當鮮明，而所謂亞洲身份的建構，亦只能當獨立電影被放置在轉喻鏈中才能發生。在某些個別的電影作品中，我們可以找到這種文化轉移的痕跡，例如《暗湧》。在前述很多合作拍攝的賣座電影中，演員來自亞洲不同地區，而故事情節亦多發生在神話式的古代，同時電影也總是配上上映地區的語言，令所有中國、日本和韓國觀眾都能產生認同感。但曾參加2005年HAF並獲得資助的《暗湧》，卻以另一種方式呈現其跨亞洲性。故事講述由日本演員淺野忠信飾演的日本廚師，穿梭於布吉、香港和澳門一些充滿異國情調的地方。演員和拍攝人員都是從亞洲各地細心挑選出來的，她們使用不同語言（這也在片尾字幕中被突顯出來），而觀眾亦很容易會注意到角色之間迥然不同的文化背景、性格和經歷。戲中三位在他鄉生活的角色，都在導演彭力‧雲坦拿域安的清楚設定下，脫離了原來的文化環境。電影中所出現的不同地方，並非要取悅不同地方觀眾的認同，反而是要為當地觀眾營造出一份

迷人的陌生感。澳門觀眾對於電影中的澳門，恐怕不會感到特別熟悉，而整部電影中的陌生感，結合各種充滿亞洲情調的場景，便產生出一種「亞洲性」的誘惑靈光。跟「亞洲新星導」鮮明的文化身份不同，《暗湧》嚴格上並非一部泰國電影，其國族身份和亞洲身份之間的不穩定關係，正正讓這部電影成為我之前所述的新亞洲電影的一個有趣例子。電影的國際發行商是 Fortissimo，該公司以阿姆斯特丹和香港為基地，有着將新亞洲電影引向世界各地的良好紀錄，她們對電影的市場策略亦進行了精心的策劃。

不過一定要清楚指出，《暗湧》不能作為所有低成本的亞洲電影的範例，在後福特的環境中，另類亞洲電影的特性就是它們的個體化和流動性，其市場策略也大有不同。例如，日本是很多香港小型製作的主要市場，余偉國指出，「亞洲新星導」計劃能達至收支平衡，主要是因為她們把六部電影的亞洲有線電視轉播權出售給衛星電視台頻道（STAR Chinese Movies channel），以及賣斷了日本的全國發行權，之後的所有票房收入和地區性銷售都是純利了。[18] 事實上，韓國電影近年的成功，日本市場居功至偉（Kim,

---

[18]　作者訪問余偉國，2007年2月7日。

2006）。[19] 近年我們看到日本電影明顯復甦，也代表了本土市場始終是電影工業的一個重要支撐。反顧香港，已失去了昔日每年能輸出二百部電影的光輝，而本土市場之小，我們很難期待香港的商業電影製作能回到昔日的景象，但香港卻仍可能擔當亞洲電影主要推動者的角色。總的來說，在低成本的電影群中我們看到比跨境大片複雜得多的彈性，而香港電影也在中間戮力地找尋自己的新定位。

中型本土製作

無疑，香港電影正進行多番嘗試，而這些努力都是在特定的語境下進行，當中既包括了回歸中國後的政治經濟需要，也有電影全球化的新格局。過去十年，我們見證了香港電影力圖從傳統的地區性工業模式，轉型為在新型經濟中靈活變通的協調者，但與此同時，香港電影過去多姿多采的風格卻日漸失落，作品內容跟本土生活亦日漸脫節。如前所述，沒有跡象顯示香港電影的製

---

[19] 日韓兩地在電影製作上的關係錯綜複雜，2006年，日本電影復興發生的同時，進口韓國電影的數目卻大幅減少，票房從2005年的6,030萬美元跌至2006年的1,040萬美元。可參 Paquet（2007）。

作會停止，可是我們卻難以再把電影中的影像和情節視作「本土」。只要認真思考一下電影製作如何攙雜了流動資本，就不難發覺要把香港電影鑲嵌在現今的後殖民模型裏，實在是非常困難，尤其是當人們總是假設，港產片必須堅持香港人的文化身份，以抗衡某些霸權性他者時，問題就更加明顯了。[20]我們也不能假設香港回歸中國最終會令香港電影消失，實際上「香港電影」這個概念依然興旺。

後殖民主義跟國族主義的關係其實非常複雜，一方面，絕大部分殖民抗爭的目標，都是要建立一個新國家，因此很多反殖運動都總是滲透着某種國族情緒。而要建立一個後殖民國家，亦必須以國族文化來建構其集體身份認同。可是，國族主義依然可以是一種霸權，召喚一些尋根、神話式的民族驕傲、或空洞的身份認同。國族主義容易受民族情緒所操控，最終有可能走向法西斯主義的悲劇，這種情況在歷史上的例子實在多不勝數。而對中國這個人口眾多的大國而言，國族主義現今是少數甚至是唯一的支配性意識形態，對於團結國家和人民到目前為止始終恆之有效。[21]

---

[20] 這種後殖民模型依然是學者研究香港電影的主要理論框架。較新的研究包括 Law（2006: 383–402）。

[21] 有關今天中國民族主義的發展，可參考 Hays Gries（2004）；Hughes（2006）；Guo（2004）。

近年來，香港電影中的國族化方式相當奇特，經濟上依賴、文化上對抗。一般論者最為警惕的國族中心情懷，在電影中沒有多大彰顯（除一些主要為籠絡內地市場的商業計算如《葉問》外），反而各種香港自身的文化焦慮越發明顯，今天的香港電影比九七年前的更不安心。回顧近年的發展，我們仍未看到香港電影有着在文化上認同中國的明顯趨勢。電影《似水流年》（導演：嚴浩，1984）對國家的強烈感情和歸屬，一直都未被繼續發展，結果《似水流年》成為香港電影的一個特例。經過二十年來的認真探索，很多香港電影製作人對國內種種地域上和文化上的多樣性，以及其模糊不清的審查制度和人際關係，仍然感到無所適從，內地對香港電影工業來說依然是一個瞬息萬變、難以逆料的營商環境。

在某程度上，近年象徵了後殖民香港本土身份的香港電影，已然形成了一種功利主義式的國族認同，在電影上我們看到的直接的大中華意識形態，沒有想像的多，但市場的計算和有關審查上的考慮卻異常明顯，回歸後的香港主流電影，可說是既為後殖民，亦非後殖民，電影的政治性和本土性都模棱兩可。香港的後殖民狀況使香港重新迎向內地龐大的市場，並容許香港電影跟之前未曾涉足的「全國」市場合併；但隨之而來的，卻是非常錯綜複雜的文化經濟政治，而所謂的「後殖民狀況」漸漸在這個大環境變得面目模糊，換來的只有香港如何在全球電影中力爭上游的經營

對策。尤根·哈貝馬斯 (Jürgen Habermas) 曾經指出，僅靠市場力量是無法維持後國族時代的歐洲秩序，歐盟的將來必須依靠一個由健全法律制度所支撐的強大歐洲公民社會、一個具有共同語言的跨國大眾媒體，以及人民更誠心誠意的付出 (Habermas, 2001: 101–103)。如果將香港的後殖民狀況跟歐盟的處境比較，就會發覺在這個已回歸祖國的香港城市裏，我們根本無法找到哈貝馬斯所提及的各種因素。在文化和制度上，香港顯然沒有跟祖國接軌，這也不是大部分香港人的意願。

要解釋這種後九七時期香港的功利主義式國族化，我們必須首先理解，在香港電影中，「本土性」到底意味着甚麼。如前所述，為了回應全新的全球環境，近年香港電影的兩腳走路——賣座電影和低成本製作——已漸趨兩極化。正如陳嘉上所慨嘆，香港電影現已走向極端，高成本大卡士的製作和低成本的製作都越來越多，但中型製作卻日益減少了 (Wu, 2007)。陳嘉上曾經歷過香港電影的黃金時代，他相信中型製作是維持電影工業健康發展的主要部分，在某程度上，這是因為傳統上中型製作只以本地觀眾為目標，「跨國」發行和海外接收只是機制中的常設部分，只要電影在香港受歡迎，海外票房也自然有保證。

我雖然同意陳嘉上所言，在現存的市場環境下，這些專為本地放映而拍攝的中型製作並沒有增加，但實際上，它們亦從未消

失過。中國市場雖然好像無限大，但因應着全國發行而來的宣傳費和發行費也非常可觀，據當年香港電影發展局的秘書長馮永所言，她們有份投資的《麥兜響噹噹》，雖然在內地票房收入超過七千萬，但只足夠收回製作成本（一千兩百萬）（謝凱瑩，2009），相差的近六千萬，相信是淹沒在浩瀚和不透明的內地運作中。在全國發行電影，要依賴無數不同地方的戲院商和發行商，當中的利潤回報也相對減低，反而主要針對本土市場的電影，投資回報可能更有把握；但這些所謂的中型製作，往往是最地區性，也可能是最眼光狹窄、投機取巧的。我們知道，在九七年後，香港人不僅從未失去其本土身份，反而握得更緊，並藉此想像出香港的整存性，為她們的經濟逢迎立下根據。實際上，在香港電影中，香港的身份認同仍繼續以各種方式表現出來，而一些以獨特的香港故事和身份為主題的電影，亦不斷推陳出新，例如鄭中基的成功，以及杜琪峰的電影作品等，其鮮明的本土身份，跟大中華電影形成了強烈的對比。

鄭中基在2003年的冒起，很大程度上是跟當年的「七一」效應有關。七一大遊行吸引了五十萬人參加，抗議董建華的後殖民政府施政失當，連續七年的經濟倒退，SARS爆發及「廿三條」的立法，同時我們目睹了鄭中基的《龍咁威2003》突如其來的票房大捷。有論者將《龍咁威2003》視作後九七香港本土身份認同的電

影再現（清心，2003），而鄭中基的歌曲《高手》剛好在2003年夏天發布，歌曲對董建華政府極盡揶揄，彷彿成了七一大遊行的「主題曲」，其作為後九七香港身份認同的典型形象亦得以確立。鄭中基在之後幾年產量甚豐，在《至尊無賴》（2006）和《心想事成》（2007）之後，他一度成為了香港本土身份的象徵符號。《老港正傳》（2007）也適逢在香港回歸十周年上映。片中他飾演一個香港左派分子的兒子，當中呈現了父子兩代之間的角力，鄭中基象徵了一種後殖民的香港身份，而他的父親（黃秋生飾）所代表的左派身份，則很大程度上是象徵殖民時期的。當周星馳的戲路漸從喜劇轉型為動作，為的是迎合非廣東話觀眾的口味，鄭中基電影中黑色的喜劇元素，則仍需要大量依賴港式笑話和題材來築構，而鄭的明星形象也人工地被塑造成新的香港代表。他在2012年彭浩翔導演的《低俗喜劇》的形象最有趣，作為電影中一個最低俗的人物，暴龍哥這個來自廣西的暴發戶在某程度上也最能吸引香港觀眾的投入，因為他根本就是一個香港人。但由流行文化所帶動或反映的本土性可以非常短暫和瞬變，這也是陳嘉上口中所謂「中型製作」的特色；因此，我們也不需要過份解讀由流行文化所建立的香港身份，尤其是在今天，香港的文化工業對社會的影響甚低，香港普及文化的政治衝擊力和反叛性微乎其微。

杜琪峰又是另一個象徵符號。杜琪峰的電影既能迎合本地主

流市場，也在國際上廣大的小眾市場中甚受歡迎，可相對其他早已背靠中國的同業來說，他始終以一種毫不含糊的香港身份來攝其電影作品。杜琪峰曾經斷言，香港電影工作者只有兩條出路：要麼面向內地市場，要麼堅持拍攝香港電影；他聲稱自己選擇的是第二條出路（杜琪峰，2006）——雖然他也很有意識的開拓內地市場。對於杜琪峰的本土承諾，我們無從判斷他是否出自真心，但這種高姿態的文化本質主義定位，卻得到了香港論者的擊節讚賞，說明了這種心態早已深得民心。[22] 事實上，杜琪峰近年的多部作品，如《黑社會》（2005）和《黑社會2：以和為貴》（2006），皆是模擬了香港缺乏民主的現實狀況，這份高度自覺令電影無法在內地上映。2006年，寰亞分別製作了一部高成本的內地商業電影《夜宴》，以及一部由杜琪峰執導、對香港電影傳統極為重視的作品《放逐》。跟過去杜琪峰的作品一樣，《放逐》以黑社會為主題，亦有大量暴力鏡頭，因此從一開始就已經沒有在內地市場上映的計劃，最後有幸能透過國內的影碟發行，才能進入內地市場（馮澤，2006）。在國際市場中，《放逐》作為一部香港電影的定位也十分清晰，正如電影在北美市場的發行商 Magnolia 的總裁埃蒙·鮑爾斯（Eamonn Bowles）曾對傳媒所說的話：「很多人以為，

---

[22] 例如可參見盧覓雪（2006）。大量相關的讚譽，可另見潘國靈（2006）。

香港黑幫電影在九十年代已到了窮途末路，但他們對《放逐》的新穎破格，將會十分驚訝。」(Todd, 2006) 這幾年我們看到杜琪峯開始進入內地市場，例如他在 2011 年執導的《單身男女》和 2013 年的《毒戰》和《盲探》，票房都可以，但他依然依戀香港市場，2011年拍《單身男女》的同時也拍了本土味道很強的《奪命金》，2016年他監製的《樹大招風》可能是近幾年最出色的港產電影。

香港本土身份

無疑，近年諸如梁朝偉、劉德華和周潤發這些香港巨星所參演的大部分都是大型的中港合作拍攝電影，但我們也不能忽略，這其實也意味着香港依然保持着一種隱藏的優勢。正如爾冬陞所言，面對龐大的內地市場，作為跨境製作的《門徒》的演員班底裏，香港明星必不可少 (張燕，2007)。香港演員，尤其是男性演員，依舊是合作拍攝電影中最為吃重的一環。相對而言，他們的對手，即那些來自內地的女性演員，在賣座電影中往往只佔着一個較次要位置 (也當然有例外，例如《畫皮》和《北京遇上西雅圖》)，[23] 亦多數只是為了滿足 CEPA 特定的條款，以湊足內地演員

---

[23] 《北京遇上西雅圖》的主要製作和投資商是香港的安樂，電影本用合拍片模式拍攝，後來發生問題，改裝為國產片。

配額。況且，基於內地審查制度嚴格，一部電影的內地版跟香港版往往差異很大，內地版通常會刪掉一些暴力、性愛以及跟政治有關的敏感鏡頭。[24]這些差異亦有助區別出一種未被內地機構「腐蝕」的香港核心身份。[25]

有趣的是，雖然香港電影衰退到一個歷史低位，但香港政府對電影工業的關注總是有增無減，同時亦積極為本土電影製作提供基建設施，如支持香港電影節及香港電影金像獎，以及曾經在過去幾年康城影展中大張旗鼓宣傳本地影星、導演和製作。本土電影之所以能吸引政府的多方面支持，並非因為電影工業正在冒升，而是因為「創意工業」論述的教唆和誘惑，另一方面也是政府終於明白到，電影的奇觀始終是推廣香港本土身份的最有效工具。在新中華、亞洲以至全球意識所籠罩之下，香港電影忙於矯揉造作左右逢源，但另一方面又努力製造一種看似純淨的香港文化身份。

在約翰‧赫斯(John Hess)和柏翠西亞‧齊瑪曼(Patricia R. Zimmerman)有關全球電影的討論中，她們對跨國主義

---

[24] 但這是CEPA所不允許的，所以這種兩個版本的安排，不是暗地進行，就是不循CEPA進口。

[25] 例如，很多大陸評者都批評，在每年的香港電影金像獎中，雖然很多跟中國大陸合作拍攝的電影都獲得提名，評判明顯都是對本地電影有所偏袒的。見周銘(2007)。

（transnationalism）提出了兩種理解。第一是公司式的跨國主義（corporatist transnationalism），所指的是將集體身份認同進行去物質化和去政治化，使之成為一種全新的分眾市場，以切合資本主義持續增長的需求；第二是她們所稱之為的「對抗性跨國主義」（adversarial transnationalism），是對前者的反抗，其中各種身體上的差異，如種族、性別、人種、性和國族等，都必須被重新提出和再政治化。以後者來說，公共空間是其中的主要戰場，因此我們都必須對諸如公共電視、互聯網、公共圖書館和學校等場域作出爭奪，因為這些場域早就被私營化和商業化力量攻破了（Hess and Zimmerman, 2006: 97–108）。在另一個截然不同的討論中，梅特·約特（Mette Hjort）亦對這兩點見解提出意見，他認為Dogma 95亦可視作一種「草根」全球化，藉此回應荷里活的全球霸權（Hjort, 2005: 34–65）。

這種兩極化的解讀，即使能對像Dogma 95這類特例作出妥善解釋，卻無法為現在香港電影的「跨國化」提供合理答案。香港電影積極參與大型商業製作和另類低成本製作，同時卻又堅持着一份微不足道的本土核心身份，為香港觀眾建構出一種既真又假的「家」的感覺。對很多評論者來說，本土性跟跨國性是對立的，但就我所見，在一些香港電影中，本土性卻是跨國性的核心所在，反之亦然。又或者，很多香港論者依然努力識別和推介一部

一部的香港電影，為的就是相信依然有一種本土文化，無法被國家或全球消除；但實際上，這種本土性是跨本土性的國族／全球流徙產物，兩者的關係亦遠比簡單的意識形態對立複雜得多。在之後的兩章中，我會繼續偏離香港電影的本體，聚焦在今天電影的跨文化向度，以期用一個不同的角度來重新審視本土的意義。

第七章

複製《標殺令》

　　無論從市場或相互影響來看，電影從來都是跨國跨文化的活動，近年全球化對電影的最大影響，只是資本、人員和技術的更廣泛和更便捷的流動，其中依靠的不但是通訊或運輸科技的發展，更重要的是一些新的全球話語的運作，它們模糊了國界，也促進和保護了跨國商業的巨大利益，當中至為關鍵，但又鮮有被普遍評論的，就是全球法律的新發展，法律本來是體現國家主權獨立的其一最重要的基石，但隨着幾個全球組織的權力膨脹，各國的法律制定越來越受制於這些組織的演練。在文化工業的營商環境中，最重要的全球法律話語就是版權（copyright），雖然版權的雛形早在1709年的英國已出現，但版權在今天的國際法律上所獲的巨大權力及影響力，還是得力於只有二十多年歷史的世界貿易組織（World Trade Organization）的全球運作，而今天頻繁的跨國電影活動，也必須多方面的依靠其中的運作機能才能有效實

行。要研究文化產品的跨國運作，版權是一個有趣的介入點，因為它同時反映了商業和文化邏輯。就此，《標殺令》（*Kill Bill*, 2003）成為一個很有意義的研究個案，它不是一部香港電影，但卻大量運用了香港電影的元素，其中牽涉到版權保護和文化複製，可以為我們帶出今天跨國電影問題的複雜性。

美國商務部長唐・埃文斯（Don Evans）在2003年的一個北京美國商會的講話中，手持一張在北京街頭發現的《標殺令》第一集（導演：昆頓・塔倫天奴〔Quentin Tarantino〕，2003）盜版光碟，並向中國政府提出嚴正警告：「我們已忍無可忍了。」（Evans, 2003）一直以來，美國商務部長的主要任務是迫使全球各國政府開放更多對美市場，這亦是小布殊當時尋求連任總統的首要經濟項目。埃文斯將荷里活電影的盜版活動視作中國當局漠視公平貿易和掠奪美國利益的重要象徵，他希望藉此引起國際媒體和美國人民的注意。根據埃文斯的說法，當時《標殺令》在美國本土上映僅兩星期，電影錄影帶和DVD更從未開始發售，但盜版光碟已經在北京街頭隨處可見了。他告訴駐北京的美國商會成員：「不費吹灰之力，在短短的二十四小時中，我經已在北京的街上買到這樣一張光碟了。」（Evans, 2003）在前一天下午，埃文斯才剛到達北京，他這樣說顯然是要告訴人們，新近荷里活片的盜版光碟早已充斥着中國首都的街頭；但這講話也暗示了，找尋一張類似

的盜版光碟似乎是他高調來華的主要目的。只要一張盜版光碟在手，埃文斯就可以肆意頌揚美國創作，並同時批評保護主義、為全球化和自由市場護航，甚至咒罵專制政權。可見，單單借用一張《標殺令》的盜版光碟，就能夠輕描淡寫地讓一籃子的資本主義意識形態，濃縮成一個崇高客體（sublime object）。

　　崇高客體的背後，是當前由美國利益和權力所主宰的版權話語。正如岑艾玲（Ngai-Ling Sum）指出：「通過活用『版權故事』這類新式論述和『盜版統計』這類新式數據，（美國人）就可以重新定義自我和他者。在美國積極去分辨『版權夥伴』和『版權敵人』（即盜版者）的同時，各國必須在加入美國『最優惠國』行列和被美國列入『監視名單』之間作出抉擇。」（Sum, 2003: 378）當我們不斷批評香港電影只有抄襲、沒有新意時，其實荷里活本身早就是全球潮流的主要剽竊者，但荷里活總是指摘他國侵犯其作品，同時卻透過建構敵人來製造自己的正確性。

　　一般而言，「國族電影」（national cinema）只是一種方便的假設，而很少被視為一種實際的電影製作和觀影方式。[1] 很多電影學者早已反覆強調，在資金、製作和接收這幾方面，今天的電影工

---

[1]　席格森（Andrew Higson）認為，國族電影這概念只能在審查、國家撥款和本土經濟中，才真正被實踐。見 Higson (2000: 63–74)。

業已是一種跨國活動，若硬要把國族電影的概念加諸到電影工業的實際運作上，不但困難重重，也着實無知，[2] 我們常常使用「國族電影」這概念（在電影節中尤為明顯），但對這一詞的確實理解又往往欠缺批判性，因為我們總是忽略了「國家」這一概念本身的虛幻性（Willemen, 1994: 206–219）。不過在學術上，一些學者還是提醒我們，「國族電影」這概念仍存在一種相對較有意義的使用方式，就是假設它跟荷里活電影的對立性（Crofts, 1993: 49–55; López, 2000: 419–437; Berry, 1998: 129–150）。由於荷里活的跨國性質，以及它對其他國族電影的打壓，荷里活跟各國族電影的壁壘分明，在論述香港電影的成敗時，荷里活電影往往被視為香港本土電影的敵人，或是全球的模範。只是，我們甚少會將荷里活電影也視作為一種國族或地方電影。針對《標殺令》的個案，我希望從梳理荷里活電影中的本國與跨國向度中，提供一個對照角度，讓我們更能理解香港電影的跨文化意義。

上一章我們提到香港電影如何在新的全球電影環境中尋找位置，但是跟荷里活相比，香港電影工業永遠無法達到這種全球地位，除了是因為資金和歷史外，最重要的是缺少了美國這樣一個國家機器的強大運作。無論是《標殺令》的跨國文本挪用，還是荷

---

[2]　更多的相關數據，可參 Balnaves, Donald, and Donald (2001: 33–43)。

里活電影的全球發行狀況，兩者皆受美國版權話語保護，相對來說，被抄襲的香港同樣擁有其跨國向度，但因為沒有版權的保護，它永遠不能成為「全球」電影。但另一反面，我們也不能過份誇大版權的力量，雖然在荷里活電影增加其全球利益的過程中，版權話語往往是一種靈巧有力的工具，但話語本身卻始終無法全面操控全球的電影世界，因為電影並非僅是工業產品，也是一套複雜的再現系統。

為荷里活奪取版權

　　學者早就提醒我們，荷里活之所以能夠在全球稱霸，乃是依靠着各種工業上的調控，來控制其跨國市場、資本和勞動力。荷里活的主要收入是來自跨國市場，而跨國市場則反過來餵飼了荷里活這部國家意識形態機器，並藉此塑造出一種以美國幻想作為標準的全球品味。自1985年開始，所有荷里活的主要電影公司都開始併購其他傳媒集團，並走向跨國化（Gomery, 2000: 25），很多電影製作離開洛杉磯到其他成本較低又以英語為母語的國家進行（Hozic, 2001: 116）。可是，荷里活的「跨國性」只表達了其投資和製作方針，在名義上這些製作都是美國出品。換言之，荷里活的「跨國性」雖貫穿了其製作與市場，但這都只是為了讓美國的操控

繼續下去的手段。正如托比‧米勒（Toby Miller）等學者在《全球荷里活》（*Global Hollywood*）一書中所作出的總結，他國為荷里活帶來的勞動力並不能為自己建立工業：「那些（為荷里活提供製作和後勤的）國家有其精良的製作團隊，並具備先進的技術以提高拍攝效率。可是，她們仍須繼續引進（荷里活的電影）——這是她們無法控制的。」（Miller, 2001: 63）

版權話語是其中一項有效的工具以維持這種跨國操控秩序。國際版權應用的根本邏輯，就是對產品和有關方面的國族身份不加分辨，一視同仁。但荷里活作為一種文化產品，跟版權作為一種全球政治話語一樣，在其中都是充斥着國家利益。當美國當局對任何侵權者進行各種法律行動時，差不多沒有外地製片商會跟美國片商就有關事宜進行訴訟。我曾就着《標殺令》中出現的「邵氏綜藝體弧形闊銀幕」商標片頭，查訪過邵氏兄弟電影公司的製作總監黃家禧，[3]他透露，塔倫天奴的 Super Cool ManChu 製作公司有就商標片頭的事情聯絡過邵氏。如果是換了別人的要求，邵氏必定會先看過有關片段，再決定是否批准借用，但對於《標殺令》這一個案，邵氏卻深感榮幸，因而在沒有看過電影的情況下，就提供了版權。正如黃家禧所指出，邵氏本來希望塔倫天奴的製作

---

[3] 作者電話訪問黃家禧，2003 年 12 月 17 日。這個獨特的片頭，跟那段著名的片頭音樂一樣，都是七十年代邵氏電影的商標。

公司能在片中直接以文字鳴謝，以代替這「弧形闊銀幕」片頭，但 Super Cool ManChu 卻以一些聲稱是藝術考慮的理由，拒絕了邵氏的要求，而邵氏也樂於接受。

埃文斯部長跟黃家禧一倨一恭，揭示了由版權話語所主宰的電影工業中的一種有趣面貌：雖然版權是全球話語，但它的國族標籤卻非常鮮明：人們始終相信，美國就是版權話語的領袖，因而亦是他國進行版權事業的參考標準。香港電影雖然在全球市場中也有其重要位置，但它永遠不會成為電影版權的主導。黃家禧透露，邵氏從沒有認真調查過其作品被侵權的狀況，尤其是在荷里活的製作裏，因為他相信荷里活片商在這方面的誠實可靠。

然而，這並不是説邵氏缺乏版權意識。事實上，黃家禧亦抱怨，香港法律制度對版權的保障是相當薄弱的，因此邵氏作品的版權多是在美國註冊，而不是在香港。他認為美國的版權法律比較成熟可靠。以他的記憶，唯一跟邵氏有關的版權案是在1971年發生，當時他們的主要競爭對手嘉禾，起用了香港演員王羽和日本明星勝新太郎合演了電影《獨臂刀大戰盲俠》（導演：安田公義，1971）。邵氏控告嘉禾，這部電影侵犯了邵氏另一部同是由王羽主演的賣座電影《獨臂刀》（導演：張徹，1967）。黃家禧説，多年來邵氏只纏上了這件跟版權有關的官司。而諷刺的是，《標殺令》中其實也曾出現過大量戲謔獨臂刀的形象，這在蘇菲（Sofie）

一角中尤為明顯。蘇菲的手臂給殘暴地斬斷，這暴力場面象徵了新娘（The Bride）（貝綽絲或黑眼鏡蛇）處心積慮要將比爾（Bill）閹割的欲望。[4] 顯然，塔倫天奴在電影中巧奪了獨臂刀的形象，以及其象徵意義。雖然《標殺令》不是《獨臂刀》的直接競爭對手，但從文本來講，塔倫天奴的創作也跟三十年前的嘉禾同樣犯有「抄襲」罪。但當然，邵氏只會把《標殺令》理解為是對自己的敬意，嘉禾的產品才是侵犯。

在電影片頭出現的「邵氏綜藝體弧形闊銀幕」商標明顯是剽竊，或說得準確一點，是違反了商標法。但是這片頭不僅是一個商標，同時也是一種懷舊，究竟這是盜版行為還是致敬行為？似乎大家都覺得為後者。像塔倫天奴這樣的邵氏影迷，能夠輕易就辨認出這個商標片頭，但大部分西方年輕觀眾卻對此毫無認識。對塔倫天奴、黃家禧和其他邵氏影迷來說，這片頭記錄了一套社群網絡的密碼。我相信塔倫天奴對邵氏電影是真心的恭維，而黃家禧對該公司的信任也是合情合理的，但我也想藉此提出版權是如何糾纏於文化的複雜性中，而不是一種清楚客觀的國際標準。

---

[4]　在《標殺令》第一集的美國版中，蘇菲只被斬了一隻手臂，但在亞洲版中，她雙臂都被斬斷了。

不論在創意上還是在法律意識上，都有一個潛在假設，就是荷里活製作總是優於本地——可以說，只有香港剽竊荷里活，而沒有荷里活抄襲香港。就算真的有《無間道風雲》的出現，荷里活是真金白銀的公平交易，《無間道》是名利雙收。美國既領導着世界電影，也擁有全球的版權，這不只是指產品的版權，還有版權話語本身。當版權話語變成了美國的外交工具，美國的國家力量會跟由跨國企業所組成的荷里活文化工業力量合併，形成足以壟斷版權詮釋權的合法勢力。現在流通於商業電影中的版權話語，對國族性問題其實是相當敏感的，不過這僅涉及美國企業對他國侵權行為的單向指控上。諷刺的是，在這種通行全球的美國中心版權話語下，美國總是以受害者的姿態出現，以期讓報復行為得以合法化，這跟《標殺令》中新娘的做法是何其相似。

　　可是，雖然今天這些大型文化企業能夠有效操縱版權，藉以牟取利益，但法律話語卻遠未如埃文斯所期望，能徹底操縱世界電影工業的秩序。電影並不只是商品，也是複雜的文化再現系統。當現今的文化交換日益頻繁，版權話語已無法清楚區分「侵權行為」跟「文化挪用」的差異，這在《標殺令》中是清晰可見的。

意念複製 vs 產品複製

　　版權話語為荷里活服務，關係錯綜複雜。為了要明白箇中玄機，我們首先需要檢查一下版權話語中的幾個重要概念。在今天的知識產權領域裏，分別包括了專利（patents）、商標（trademark）、商業秘密（trade secrets），以及版權等主要概念。前三者乃是為保護商業利益而設的，我們也較容易在法律話語中釐清這些概念的意義，相對而言，版權在概念上則比較含混，因為它主要運用於文化作品的創作和發行方面，因而跟複雜的文化領域有着更大的關係。「意念／表達形式」的二分法是版權概念的基本原則，它讓我們有權自由地使用和再用任何意念（idea），亦同時有權防止任何人在未經許何下使用這些創作的表達形式（expression）。在這種邏輯的背後，我們假設只有有限的意念存在，因此任何人都只能在這些有限意念中，以新的表達形式進行創作。意念是一切創作的根源，若意念只掌握在少數人手中，對人類文明的發展實在有害無益。表達形式卻是跟創作本身環環緊扣，反而應該加以保護。可是，意念和表達形式之間其實很難區別，很多法庭內外的版權爭論亦因此而起。正如版權法專家威廉·士唐（William S. Strong）所認為，意念跟表達形式之間的分野總是空泛含混：「一直以來，不斷有法律專家希望在法理上制訂出一套嚴密的理論

（來理解意念跟表達形式之間的分野），但總是遭到後來的人所拋棄。」（Strong, 1993: 14）

　　不管其中的法理依據是如何複雜，在商業電影的製作層面上，當遇到跟版權有關的問題時，「意念／表達」二分法很容易被簡化為「意念複製」跟「產品複製」的對立。在《標殺令》的例子中，像暴力畫面和動作設計這類的意念挪用，原來都不受法律所保護，荷里活可隨意使用這些來自其他電影傳統的意念，卻毋須擔心會受到控告。嚴格來講，剽竊（plagiarism）不是一個法律議題，而是一個道德問題，因為通常剽竊侵犯的不是表達形式，而是意念（Vaidhyanathan, 2001: 8）。另外，盜版所指的卻是直接複製產品，在這二分法中並無曖昧之處。盜版者寄生於現存的創作產品和程序中，幾乎從不會為產品帶來任何新的表達形式（除了字幕和配音外——這我會在文中最後一節分析）。雖然荷里活製作也經常混入外國意念，卻改頭換面用了另一種表達形式，就能夠讓這些再生產品的發行權受到版權法的全面保護。結果就是，荷里活製片商一方面從其他電影中不斷挪來新意念，並作牟利用途，另一方面卻藉着各種法例和商業權，遏止一切從盜版光碟到互聯網的剽竊行為。

　　版權話語的「意念／表達」兩極化，可進一步聯繫到荷里活電影工業中製作和發行的結構上：版權話語容許製片商在製作層面

上借來其他電影傳統中的意念，卻嚴格限制未經授權的發行商（即盜版者）進行製作和銷售。在今天文化工業的經濟觀中，這種想法非常合理，因為今天商業電影的製作成本可以非常高昂，而複製成本又非常低廉：受版權所保護的作品一般被經濟學家稱為「公共品」（public goods），要創作這些作品，便得投入大量的金錢、時間和人力（有時會被稱作「表達成本」（cost of expression）；可是，當創作完成之後，再生產的成本卻是非常低，甚至是不用付出任何成本（Landes, 2003: 132）。所以，電影商要大力保護的利益，正是發行，反而，因為製作成本高昂，容許某程度的互相抄襲可以增加效率，也可以製造潮流。

正因為這種經濟上的不平衡，荷里活的牟利必須適應這個製作與發行系統。大製片商為了減低製作成本，越來越依賴小製片商的製作，但它們卻仍然對電影的發行權進行直接操控。在電影工業中的三大部分——製作、發行和上映之中，荷里活的主要收入都是來自發行，尤其是全球發行。雖然獨立製片人所製作的電影比大製片商還要多，但大製片商卻掌握了全球的電影發行網絡，小型製片商也因而被迫跟大製片商合作了（McCalman, 2004: 111）；如我在前章所述，香港電影工業的發展也在朝這個方向進行。因為發行始終是電影工業的利潤來源，版權法也自然以此而度身訂造。不過，在發行的巨大收入中，盜版者卻同時分佔了荷

里活的利益。只有通過不斷擴大更新版權的法律保護來對抗盜版者，荷里活大製片商的利益才會得到保護。大製片商亦會配合政府苦心經營的外交工作，投注大量資源去建立如勢力龐大的美國電影協會（Motion Picture Association of America, MPAA）這類版權機構，以追查和制裁各種盜版和侵權行為，同時強迫其他國家遵守各種版權原則和政策。

「意念／表達」的原則本來不涉國族界線，卻最終鞏固了現今全球文化財富不均的現象。因為只有表達形式的複製才是一種罪行，荷里活便可以繼續合法地挪用所有他國的新意念。雖然《標殺令》受香港電影明顯影響，埃文斯卻能將該電影等同於美國利益。換一個角度來看，如果埃文斯手中的光碟是美國出產的電腦程式而非荷里活電影，情況將會一樣，因為在埃文斯和他的政治意識中，一齣盜版電影跟一個盜版程式都代表了美國的利益遭受侵犯。只是，《標殺令》是一齣電影，在文化意義上遠比電腦程式複雜得多，它不僅是跨國流通的商品，也是由大量跨國「資訊流動」共同構成的一個再現系統。

在知識和資訊的跨國流動上，包括香港在內的全球城市（global cities）起着關鍵作用，因它們構成了全球經濟的網絡及基石（Sassen,1991）。今天的全球經濟必須依賴各種不同的操控中心，來協調及不斷創新全球的複雜商業活動，以達至控制全球經

濟組織結構的目的，據曼威·柯司持（Manuel Castells）稱，這都可以理解為知識和資訊的生產與流動（Castells, 1996: 409）。早在1990年，紐約聯邦快遞（Federal Express）的總出口量中，香港已佔9.8%，這揭示了在二十年前，這兩個全球城市在生產和交流高等資訊的關係上已經是多麼的密切（Mitchelson and Wheeler, 1994: 99）。我們也可以嘗試把《標殺令》的跨國性放在聯邦快遞這個例子上思考：電影本身可以是聯邦快遞出口的其中一個包裹（作為產品），但是電影也是由很多不同包裹（作為意念）所構成的創意組合。《標殺令》文本之豐富性在於：一方面，曾經影響過它的來源實在多不勝數，甚至無從稽考，所以便呈現出一種超多元電影（hyper-pluralistic film）結構，另一方面，《標殺令》也可以被看成為一個元電影文本（meta-cinematic text），反映了荷里活的「挪用」機制。為了說明這種荷里活電影的跨國流通系統，僅把電影閱讀成一種簡單商品是不足夠的，我們亦同時需要檢查電影文本本身，因為文本也反映各種文化交流和操縱。

荷里活的永恆問題

美國在文化工業上的強勢，部分是由於美國早在十九世紀已是一個盜版國家。勞倫斯·雷席格（Lawrence Lessig）提醒他的美國

讀者：「不論我們如何為了中國的『盜版行為』而義憤填膺，我們也必須記得，在1891年之前，美國從來沒有保護過任何外國的版權。我們本就是一個盜版國家。」(Lessig, 2001: 106) 二十世紀初，荷里活剛剛開始發展，盜版行為相當猖獗。正如希瓦·維迪亞那桑 (Siva Vaidhyanathan) 指出，在整個二十世紀裏，荷里活從缺乏版權 (copyright-poor) 變成了擁有大量版權 (copyright-rich)，過去荷里活總是隨意改編別人的作品，及後當荷里活逐漸演變成全球產業，便開始積極保護自己的作品了 (Vaidhyanathan, 2003: 82)。美國的密集式版權保護是全球性的，但這並不意味着美國的文化工業毋須「求教」他國，相反，荷里活經常主動挪用其他電影傳統中的意念，甚至表達形式。眾所周知，美國電影工業總是緊貼各地的電影創新意念，也選擇性地進口外地的文化工作者，以便直接盜用這些意念 (Wasser, 1995: 423–437)。這快捷有效的「跨國」挪用，也可以被看成是荷里活的「國族性」的一個主要特徵。

荷里活是一個多產的文化工業，每年生產數以百計的劇情片，因此，荷里活根本無法尊重「原創」的原則。這是荷里活的一個永恆問題：「面對每年如此高產量的電影作品，我們怎樣才可以找到不同的故事呢？」(Williams, 2002: 151) 不論是否有意為之，《標殺令》幾乎巨細無遺地展示了其中所借用的電影來源，因而突顯了其中的問題所在。事實上，很少人會忽略《標殺令》中的

「後現代」風格，片中對不同電影和風格都隨意取用並加以戲謔，其中包括杜魯福（François Truffaut）的電影《黑衣新娘》（*The Bride Wore Black*）、美國黑人電影（blaxploitation films）、意式西部片（spaghetti westerns）和日本武士片，當然還有香港動作片。《標殺令》對這種「交互性」網絡相當坦白，這正顯示在電影的開場片頭中對邵氏兄弟和深作欣二的「致敬」，以及在片中大量出現的日本及華語電影配樂的運用。

很多觀眾都會發覺，李小龍彷彿是《標殺令》中的靈魂，奧瑪・花曼（Uma Thurman）的黃色連身衣正是一例。另外，「青葉屋」（House of Blue Leaves）一場明顯是以《精武門》（導演：羅維，1972）的最後一場作為藍本；「狂人88」（Crazy 88）的面具跟李小龍在《青蜂俠》中所佩戴的也極為相似。還有，比爾一角是由大衛・卡列甸（David Carradine）所飾演，這位演員曾在美國電視連續劇《功夫》（*Kung Fu*，1972–1975）中飾演金貴祥（Kwai Chang Caine）一角，據說，這套電視劇是以李小龍的理念作為藍本的。在一個關於《標殺令》的訪問中，塔倫天奴坦承曾深受香港電影所影響。他說：

> 就好像劇本中的其他部分一樣，我根本沒有寫清楚「青葉屋」一場的既定動作設計，我一邊拍一邊想，也不斷在我曾看過

最棒的功夫片中找靈感。洪金寶在某齣電影中的美妙創作，或王羽在某齣電影中的動作，我都會把它們放在其中。在一整年裏，我不斷改寫，直至我將從別的電影中取來東西完全扔掉，剩下來的都已是原創的了。（Turner, 2003）

如果塔倫天奴代表着美國電影的創造力，這段表白某程度上已告訴了我們，荷里活創作實質上是如何運作的。雖然塔倫天奴多翻強調他的「重寫」工作，以顯示其作者身份（authorship），但電影只是進行了一些隨意的挪用和轉換，彷彿為「觀眾無法從中找到源頭」這一論點下了註腳。相當有趣地，雖然塔倫天奴強調會扔掉借來的東西，但《標殺令》為我們展示的卻是隨處可見的源頭，這可能正顯示了塔倫天奴的獨特性。電影的武術指導是「大師」袁和平，在《廿二世紀殺人網絡》和《臥虎藏龍》兩部作品中，袁和平已徹底地為荷里活電影中如何拍攝動作場面作出了全新定義。袁和平曾深受日本武士片和荷里活西部片所影響，可見於他在多部香港動作片的武術指導中，而這些電影又受到《標殺令》的致敬和抄襲。雖然在《標殺令》中，很多動作場面都看似是日本武術而非港式功夫，這在第一集中尤為鮮明，可是，這些動作場面差不多都是袁和平早期作品的翻版。袁和平翻拍自己的作品，《標殺令》自然就是一齣荷里活翻拍香港電影的作品了，而那些香

港電影，卻又恰恰是翻拍自日本和荷里活的舊作的。這到底算是致敬、戲謔還是冒牌貨，實在是難於區分。

文化挪用對荷里活在全球的認受性有着正面作用。正如很多學者已經指出，荷里活的文化帝國主義乃是建基於有效的跨文化意念挪用或複製之上（Semati and Sotirin, 1999: 176–189; Wasser, 2003; Olson, 1999）。荷里活電影之所以能繪製出美國的多種族神話，其實是透過一種簡單的說故事技巧和所謂的普世價值來製造迎合不同觀眾的單元文本，並讓不同觀眾感覺親切。電影本身是容許觀眾把不同的價值觀、原型和比喻投射進去，但當中的多元卻被倒在同一個模型中出來，成為一件統一的消費品。這種意義的多元化不僅沒有引出一種僵硬的國族身份，反而能把「美國」、「全球」和「現代」這些不一定相關的概念幻想性地緊扣在一起。相對來說，香港電影從沒有這方面的能力和虛假，八、九十年代香港電影行銷國際，販賣的不是佯裝的全球性，而是獨一無二的地方性，這是兩種完全不同的跨文化接收機制。

荷里活繼續從本身和外地的電影中不斷複製意念和表達形式，從而保持其全年出產量和全球支配地位。可是，當荷里活積極挪用外國電影創作和製作環境以賺取利益的同時，美國民眾卻越來越少看外國電影了。大衛·德斯勒（David Desser）闡明了一種出現於1980年代的全新的影迷文化。當時影帶店在世界各地湧

現，同時亦出現了一些像塔倫天奴這樣的新派電影狂迷，她們大量觀看外國電影，最終更成為了新一代的電影製作人（Desser, 2005: 205–221）。塔倫天奴承認，他曾深受茅瑛和李翰祥的香港功夫片影響，因此，很多香港電影的主題和風格，如女性復仇和鳥瞰觀點等，都可在《標殺令》中找到（Turner, 2003）。德斯勒正確地指出，諸如錄像和其後的DVD，以及最新的網絡文化，都有助塑造新一代的電影迷，系統地觀看外國電影。可是，相對於這種電影狂文化，美國民眾一般卻少看了外國電影，直接反映在入場人次上。在1970年代中期，外國電影佔美國本土總票房的10%，但在二十年後，卻跌至僅剩0.5%（McChesney, 1999: 38）。正如彼德・伍倫（Peter Wollen）總結荷里活的全球優勢時指出，「美國的主導地位……是有害無益的，這不只是對全球市場中的其他人，對美國本身更尤為嚴重。」（Wollen, 1998: 134）

塔倫天奴的確是一位亞洲電影的死硬派影迷，他大費周章地去觀摩和學習很多亞洲電影，並拍出了《標殺令》這類作品。[5] 可是，像塔倫天奴這樣一個新一代電影狂，卻仍然只是非常的小眾。大部分觀看塔倫天奴電影的美國觀眾，對亞洲電影所知甚

5　早已有大量新網站和網上對話，查出了《標殺令》的互文性，這顯示了德斯勒所描述電影狂如何對電影有獨特的訴求。

少。或者，她們對亞洲電影類型的印象，僅限於是結合了速度、暴力和異國情調的浮光掠影。為此，荷里活需負上很大責任。

如果荷里活通過隨意挪用外國電影元素而大造本國品牌，其中最大的惡果，是這些被挪用的電影文化之間出現被迫的文化合併。雖然在《標殺令》的第二集中，那個滑稽的白眉道人還是令觀眾記起了過去某些香港電影中的反日情緒，但《標殺令》無疑是洋溢着一種把日本和香港電影傳統融合成一體的亞洲性。電影顯然是過於自反的，令我們不知道塔倫天奴是否根本就混淆了這兩種電影文化。《標殺令》洋溢着後現代情調，電影中的一切似乎都是嘲弄，不論是對荷里活本身，還是本應是接受致敬的日本和香港電影。結果，無論是日本電影還是香港電影，在《標殺令》的致敬中變得支離破碎。在第一集裏，日式餐廳「青葉屋」的場面即在北京拍攝的。塔倫天奴認為在中國拍攝有三大好處：「可起用袁和平師傅的北京班底，即是狂人88；我一直嚮往拍一齣鮮艷奪目的華語電影，以及能運用華語電影的方式拍攝——即是沒有進度表。」（Turner, 2003）從熟手技師（袁家班）到日常的拍攝習慣（沒有進度表），塔倫天奴顯然也被這些港式拍法所吸引，不過，香港味的獨特之處不只在於鏡頭後的製作邏輯，也在於整部電影的調子。除了一些裝飾外，青葉屋實際上並不很「日式」，看起來它似乎更像一間常見於邵氏電影裏的中式客棧，能讓角色從二樓給

扔到地下大堂。電影處處充滿着中日合璧的元素：電影本是向深作欣二致敬的，卻加插了邵氏商標片頭；美籍華人演員劉玉玲（Lucy Liu）則飾演東京黑幫頭子石井阿蓮（棉口蛇）。《標殺令》結合了日本動畫和港式功夫，更展示出一種非日非港的美式風格。正如詹姆士・斯坦圖拉格（James Steintrager）所言，美國的香港電影迷往往對詮釋他國文化既不計較也不覺需要負上責任（Steintrager, 2005: 172）。

我無意指摘塔倫天奴這種剽竊或寄生行為。同樣地，斯坦斯圖拉格也提醒了我們，不要藉着文化批判來將觀者的閱讀簡化為「對」與「錯」（Steintrager, 2005: 172）。既然我們都知道，世界上各種國族電影都是互相影響，若把個別電影傳統看成是獨立抽離於其他電影傳統，實在是既無知又無益，這對研究香港電影尤其重要。《標殺令》抄襲香港電影，香港電影也經常抄襲荷里活和其他電影，剽竊本就不只是荷里活的永恆問題，同時也是所有文化工業的永恆問題，生產者總是努力維持文化產品中虛假的個性，而實際上只是不斷生產出標準化的產品。而《標殺令》的獨特之處，正是它突顯了這種剽竊行為，而非刻意將之隱瞞。

一方面，《標殺令》日式餐廳中的武打場面充滿香港特色，另一方面，邵氏六、七十年代的功夫風格也曾大大受益於日本電影。《標殺令》中的兩大香港電影實體，是邵氏電影和李小龍，兩

者風格皆曾受日本影響。[6]塔倫天奴所致敬的是七十年代的邵氏電影，那其實是一個典型的夢工場，她們迅速有效地定期製作出各種公式化的電影。荷里活以進口外地專才以支撐其王國聞名於世，而邵氏在其高峰之時也嘗試走荷里活的模式。早在五十年代初，邵氏已開始跟日本的電影公司、製片人和電影專才合作拍片，如邀請日本電影大師溝口健二來港拍攝《楊貴妃》(1955)，以及請諸如井上梅次這些名氣較小但甚具才華的日本導演，來港拍攝一些公式化作品 (Davis and Yeh, 2003: 255–271)。事實上，在《標殺令》第一集出現的邵氏商標片頭，其專利持有者正是日本攝影師西本正 (賀蘭山) (Davis and Yeh, 2003: 259)。而在第二集的白眉一幕中，經常出現高速拉近鏡頭，也明顯是要引起觀眾對這種邵氏電影技巧的注意，但這技巧卻又正是由張徹一代的電影製作人從日本電視電影中的時代劇裏學習得來的。[7]至於李翰祥電影著名的「鳥瞰式武打場面」，也被塔倫天奴複製到《標殺令》。可是，這種技巧其實早已見於很多日本電影之中，例如早在1943年黑澤明的第一部作品《姿三四郎》也曾出現。

---

[6]　嘉禾的老闆鄒文懷曾任邵氏的製片經理，兩間公司有某種密切關係。不過，李小龍是嘉禾巨星，從沒有為邵氏拍過任何作品。

[7]　這些拉近鏡頭經常在意式西部片中出現，但香港製片人對它的運用很可能是從日本電影中偷取過來的，這就好像七十年代的新式香港動作片，其拍攝手法一般都曾受惠於日本電影和電視。感謝戴樂為 (Darrell Davis) 的提醒。

另一方面，李小龍電影也是相當日本化的。如前所述，「青葉屋」一幕是仿效《精武門》結尾一幕，當中的日式拉門設計，為奧瑪‧花曼和李小龍在空間和情感展現上製造了層次感。我們必須注意，雖然《精武門》鼓吹反日情緒，整部電影卻挪用了大量日式電影風格，其中以日本武士片的風格尤為鮮明。在某程度上，這也反映了當時香港電影製作的習慣。當看到奧瑪‧花曼身穿黃色連身衣和亞瑟士鞋（Asics Tiger shoes）的時候，我們也應會記起李小龍本人亦曾將日本武術融入他的截拳道之中。黃色連身衣據說象徵了沒有特殊取向的武術風格，卻能讓穿着者隨意使用任何武打形式，並加強他的戰鬥力，這也可以是對荷里活作為一種國族電影的準確描述。換言之，奧瑪‧花曼這種亦男亦女的李小龍形象，的確可被視為一種「無風格之風格」的文化象徵。香港電影本來都傾向隨意挪用他人的意念和表達形式，到了《標殺令》抄襲香港電影時，得來的自然也不是「原物」本身了。《標殺令》第一集在倫敦舉行了一次宣傳活動，當時塔倫天奴向英國記者解釋他所喜愛的電影風格。他說：「我喜歡的電影，一定要跟不按章法、桀驁不馴的人物有關。」（BBC, 2004）黃色連身衣正好代表着這種不按章法的態度，可是，不按的究竟是甚麼章法？在這種精心設計的互文性文化挪用，究竟是不按章法，還是依循章法呢？又或者，在今天的全球文化工業裏，人們都把意念和表達形式高速循

環再用，還問「誰複製誰」這樣的問題，到底還有甚麼意義呢？

雖然《標殺令》開宗明義表達對香港和日本電影的敬意，但讚揚的背後內含貶意。對被挪用的電影來說，這種光榮猶如誹謗。這相互借用的「對話式」(dialogic) 系統，並不一定如米克·巴赫金 (Mikhail Bakhtin) 所言的開放公平。[8] 相反，尤其在商業電影裏，每一個挪用交替的場面也可能包含侵犯。用湯馬士·雷奇 (Thomas Leitch) 的說法，翻拍最終也會否定其原物：「她們要展現的正是自己有能力把一些早已有之的故事說得更精采。因此，（重拍的電影）通常是與她們所援引的電影相競爭的。」(Leitch, 2002: 44) 根據雷奇所言，翻拍要調和兩種矛盾的主張：翻拍好像是對原作的致敬，卻又要比原作好。雷奇稱之為悖論性否斥 (paradox disavowal)：承認與拒絕的心理互相矛盾，卻又同時並存 (Leitch, 2002: 53)。

無疑，《標殺令》是以翻拍來對其中所暗示的亞洲電影作出致敬，但它也對這些亞洲電影進行全新的跨國性重寫，藉以服務和娛樂新一代的美國和全球觀眾。因此，翻拍之舉其實是暗地裏批評原作不合時宜，而在《標殺令》這個例子中，白種女性奧瑪·花曼顯然是比亞裔男子李小龍更符合今天普遍電影觀眾的心水。換言之，當塔倫天奴用黃色連身衣來喚起觀眾對李小龍的記憶，其

---

[8]　有關對話性的概念，可參如 Bakhtin (1981)。

實同時也突顯了李小龍早就過時，只有在塔倫天奴的翻拍和戲謔之下，李小龍才可以繼續「有趣」。正如雷奇所言，很多翻拍外國電影的荷里活作品都充滿帝國主義元素，這是由於翻拍的目標「是要翻譯文化而非翻譯語言。」(Leitch, 2002: 56) 荷里活的翻拍作品總努力駕馭原著電影中種種無法妥協的元素，以期合乎美國消費者的需求。在《標殺令》的例子裏，雖然身穿同一件連身衣，奧瑪‧花曼卻洗淨了李小龍的獸性：她殺人，因為她的孩子被殺，而自戀的李小龍不斷殺人，雖也有報仇的成分，卻多是為了自我表演和自我神化。在第二集中，比爾提醒新娘，她是嗜殺的，可到最後她仍樂於做回一個慈愛的母親。在《精武門》的最後一幕，李小龍跳入鏡頭，擺出一副跟觀眾對抗的姿勢，而奧瑪‧花曼卻在兩集結尾中都保持着溫婉浪漫的笑容，消弭了她在電影中的一切戾氣。兩者形成強烈對比。[9]

因此，在《標殺令》中所呈現的，不但是大部分當代文化生產都不能夠避免的互文指涉，也展示出在今天商業電影常見的文化混合，也是荷里活作為 (跨) 國族電影的基石。荷里活電影不斷從其他國族電影中借來各種元素，同時又故意混淆和融解電影細節部中的文化身份。這些外來影響，在文化上本就不是那麼純正，

---

[9]　《標殺令》第一集的最後一幕，可以跟《異形》一集 (*Alien*) 的最後一幕互相對照。見 Creed (1990: 128–141)。

如今再遭荷里活的包裝所隱藏，或變成自己的文化，然後放回全球市場供各地觀眾消費。

香港電影不斷抄襲外國電影，由許冠文到王晶，由喜劇到動作片，只是我們從來沒有巨大的全球銷售和宣傳網絡，把外來的東西包裝成為自己的原創，也沒有像國際版權話語等國際法律去保護這些所謂的原創在全球所帶來的利益。[10]也因為這樣，我們雖然曾出品如李小龍等巨星和經典電影，但成功還只是屬於個別例子，不能成為整個工業的長遠出路。要達到荷里活享有的全球文化壟斷，依靠的除了人才和技術外，還有背後更複雜的工業、外交和法律系統，這不只是香港電影工業／政府遠不能獲得的本領，更加不是世界上任何一個地方電影工業所能企及的。

剽竊，及其對荷里活（跨）國族性的去神秘化

讓我們回到埃文斯所拿着的《標殺令》盜版光碟上，討論一下盜版電影對荷里活到底有甚麼威脅。我曾在香港一所商場裏得到了一張《標殺令》第一集的盜版DVD。在某程度上，這張盜版DVD也展現出荷里活的（跨）國族身份是如何運作的。這張DVD的畫面質素尚可接受，而從DVD的到貨時間來看，它應是從後

---

[10] 關於荷里活電影在全球運作的複雜機制，可參考Toby Miller等（2001）。

期製作時洩露出來的試片版（screener copy）複製而來的。儘管盜版光碟中的聲音和畫質都跟正式版本相當接近，但荒謬絕倫的字幕，卻為觀眾提供了獨一無二的盜版荷里活電影觀影經驗。試片版一般是沒有字幕的，盜版者會負責草率的配音或配字幕這些重要工作，因此盜版光碟中的字幕也就特別有趣了，這些字幕能從另一個角度說明美國以外的人是如何理解荷里活電影。[11]

不出所料，我們在盜版電影中所看到的都是一些劣質字幕翻譯。這些字幕很多時候無法完全反映真正對白的意思，有時甚至顛倒了原來的意思。《標殺令》盜版DVD中就有一個有趣的誤譯，是在韋妮達（Vernita Green）（銅頭蛇）的廚房一幕。當時韋妮達的女兒放學回家，兩個女角暫停了打鬥。兩人的對話是這樣的（抄自正版DVD的字幕）：

Green: "You bitch, I need to know if you will gonna starting more shit around my baby girl."

The Bride: "You can relax for now, I'm not going to murder you in front of your child, ok?"

---

[11]　自從2010年代中期開始，網上電影發行開始成熟，整個DVD產業萎縮得很快，盜版影碟也銷聲匿跡，網上的版權和收費運作全面，我們也再無法看到這些文化現象。

Green: "I guess you are more rational than Bill led me to believe you are capable of."

The Bride: "It's mercy, compassion, and forgiveness that I lack, not rationality."

但在盜版光碟中的英文字幕翻譯卻是這樣的：

Green: "You bitch, never want to hurt my daughter."

The Bride: "Can we have a chat? I won't hurt your child."

Green: "I can't believe you have such a temper."

The Bride: "That's my way, passion; not nationality"[12]

這段字幕明顯跟對白不大相符，甚至提供了錯誤訊息。例如新娘本來說她缺乏感情，盜版字幕卻說了相反的意思。在盜版電影裏，這類字幕上的錯誤可謂屢見不鮮，有時更令故事變得不知所云。但在以上的選段中，最令人吃驚的錯誤卻是用「國籍」(nationality) 一詞代替了「理性」(rationality) 一詞。香港觀眾分明知道新娘是美國人，她口中所說的「國籍」自然是指她的美國人身

12　在盜版DVD中的字幕分別有中文和英文兩個版本，這裏所引的是英文版本，而中文版本是以英文版本為準的。

份了。因此在港版翻譯中，她實際上是說：「是的，我是粗人，雖然我是美國人。」譯者沒有好好理解對白，卻依賴自己既有的文化想像——美國人理不應如此野蠻——以令場景變得合理。在電影中，這位美麗的美國女郎非常暴力，並不符合華人對美國人的典型閱讀。這些字幕翻譯所揭示的是，無論《標殺令》是如何包攬其他電影傳統的特點，藉此製造出一種全球性產品，對全世界的觀眾來說，荷里活電影始終是掛着美國標籤的。

在盜版《標殺令》裏，有另一段非常荒謬的誤譯字幕。在尾場「青葉屋」一幕中，新娘跟石井阿蓮在雪地中進行終極一戰，阿蓮擊中新娘的背部，新娘重傷倒地。這時阿蓮說："Silly Caucasian girl likes to play with samurai sword. You may not be able to fight like a samurai; but you are going to die like a samurai." 但字幕卻是："Like the sun-rising flesh blood, your attack is just like the blazing sun of the summer; because that's your style"。跟之前一段不同，這段盜版字幕並非強調而是壓抑着新娘的國族性。於是出來的效果便很不同了：原來的對白表達了一種對電影或整個荷里活的自省式後設批評，盜版中卻創作了一種詩意的調子，突顯出武士——功夫電影的普遍文化感覺，而非新娘的獨特個性："your style" 所指的應該是武士電影的一貫風格。因此，當第一段誤譯突顯出了美國身份，第二段卻是迴避了其中的文化身份。

可是，這兩段字幕誤譯卻揭示出一種荷里活電影文化接收的共同邏輯——極端多元的本土性解讀。實際上，在全球語境中，荷里活電影如何被「恰當地」接收，字幕對電影的全球流通是十分重要的。儘管視覺刺激在荷里活電影中已日漸吃重，但故事的主線仍得依靠以英語為主的對話來傳遞。準確而有力的翻譯在荷里活全球制度中必不可少，而這正正是盜版者很多時候唯一無法直接複製的，因為試片版通常沒有字幕。當譯者或觀眾無法確切地把握對白的意思時，她們就只有加入自己的詮釋，期令電影故事變得完整。在第一段誤譯中，譯者加入了對美國女性的個人解讀；而在第二段中，當譯者掌握不到塔倫天奴的獨特的作者記號，譯者只有用上日式——港式格鬥的文化感覺來代替。在兩個例子中，譯者都是依賴自己的想像來填補其中遺漏了的意義。這些字幕誤譯，展示出在荷里活電影的接收過程中，多元的解讀其實總是難免的。只是在正式版本裏，這種多元的本土性解讀卻不容表露。

不論這種多元的本土性解讀對荷里活電影的市場開拓是如何重要，電影還是盡量將之隱藏。對荷里活工業而言，全世界的對白翻譯都必須統一，發行商一般並不容許地區市場的譯者在原來對白中加入自己的品味和價值。盜版中這些充滿「創意」的字幕，對荷里活全球行銷來說可謂噩夢連場，這是因為荷里活全球行銷

的其一重要任務，就是確保其故事對白在各地都是一樣，為產品打造出一種統一性、抹去多元化的跨國性接收。[13]這種同質化效果的裝配，不只荷里活的製片商有份參與，就連負責發行各國電影的美國發行商也是共謀者。例如，Miramax一邊廂出售美國電影到其他國家，另一邊廂又替美國本土市場購買外國電影版權。荷里活發行商很少會修改在其他地區所放映的美國片，但對購入的外國電影則大改特改，以迎合美國本土市場。早已有一份向擁有Miramax和Dimension Films的迪士尼（Disney）公司作出呼籲的請願書，在美國的網上廣傳，要求她們停止修改由她們發行的香港電影，尤其是針對那些不負責任的剪接行為。請願書上指出：「影片總是被迪士尼刪剪過，因為她們認為這些鏡頭令人反感（暴力、毒品使用等），或因為其中包含了華人或亞洲的獨特文化，以及北美觀眾未必完全明白的政治議題，或往往僅是因為她們希望縮減電影長度，和改變電影的節奏。」[14]事實上，迪士尼獨佔了很多亞洲電影在美國本土以至世界各地的發行權，所以迪士尼可

---

[13]　當然還有例外的。電影在不同地區有不同版本，有時會是一種宣傳噱頭，而多於是對文化差異的真實考量。例如比起《標殺令》的西方本版，亞洲版本則以其更多的暴力場面作為宣傳重點。

[14]　"Appeal to Miramax: Web Alliance for the Respectful Treatment of Asian Cinema," alliance.hellninjacommando.net/faq.htm（瀏覽日期：2004年5月1日）.

以說是負責這些亞洲電影在全球的通行。[15] 修改這些在國際放映的亞洲電影，其根本理由是與美國觀眾的理解力有關，因此，世界各地觀眾所看到香港電影，也就是大部分美國觀眾看得最順眼的一個版本了。

盜版電影或許是唯一能逃過荷里活的總體操控的版本。可是，我們也不能把盜版看成是反美國霸權的健兒，正如我之前所述，盜版電影的文化意義顯然不是在於其（反）帝國主義上，而是在於其散播和擾亂秩序的效果。人們可能會把盜版電影視作跟國家與資本權力對抗的最大集體罪行，不過，我們不能視盜版為人民的自我賦權（self-empowerment）。盜版展示出作者身份的缺席，以及權威、規則和訓練的困乏（Pang, 2004: 16）。製作和觀看盜版電影，並不是跟傳媒集團浪漫地打游擊戰，盜版工業本身實質上也存在着很多不同的剝削情況。但無論如何，盜版電影或許是其中一種展示美國中心的全球媒體秩序失效的文化產品。荷里活不斷把別人的意念和表達形式據為己有，以跨國性的影響力來建構出一種國族身份，而版權話語作為荷里活霸權的最大守護者，卻無法面對這種文化的非法交易和暴力，電影亦僅僅被視為一種商

---

[15] 事實上，迪士尼有時會購入一些電影的發行權，卻沒有打算放映。她們便可以因而製造出一個較少競爭對手的市場環境。

品而非一套再現系統。毫不奇怪的是，再現的複雜政治性終能重新鋪展出版權的失效之處——荷里活電影試圖合併、馴服和掩蓋那些破碎的跨國組件，盜版電影卻重新將之重組並揭露出來。那些被誤譯的字幕有助我們看清了荷里活電影的文化身份：它是全球的，正因為它同時擁有其國族性。

第八章

新亞洲電影及其暴力的循環流轉

　　隨着以上各章節對香港動作電影,以及香港電影的跨文化的討論,我希望繼續分析暴力電影的跨文化元素,以下我會把焦點放在兩方面,其一是暴力在電影的意義,其二是香港對亞洲電影的意義。兩組概念在當中互相糾纏和伸延:香港的動作電影成為一些亞洲電影的典範,同時也成為另外一些亞洲電影的敵人,我們從近期的亞洲電影中可以發覺,暴力是一種普及的市場策略,也可以是一種藝術性實踐,兩者既有相反的面向又有共同的聯繫,當中的複製和拒絕,令香港電影成為當今亞洲電影的一個或隱或現的重要元素。我不打算在此對「暴力」和「新亞洲電影」下定義,我所關注的,是它們複雜甚至有時自相矛盾的意涵及用法。這兩個概念既含糊又豐富,能顯示出仍處於形塑過程中的「全球電影」的一些表徵,而我的閱讀重點,繼續放在全球市場和本土感情的矛盾和共謀中。

首先我要探討的是，過去十年中興起的一個新電影品牌：新亞洲電影，而這股新浪潮的領導者就是一眾亞洲大師，如台灣的侯孝賢、香港的王家衛、韓國的金基德、伊朗的阿巴斯·基阿魯斯達米，或是更新進的電影節常客，如泰國的阿比查邦·韋拉斯塔古、馬來西亞阿米爾·默罕莫德，和中國的賈章柯等，他們雖然沒有多大聯繫，但卻被西方觀眾認同為一個新亞洲電影的創作群體，是走在最前的導演群。國際電影節的圈子有這樣一個看法：「近期最具希望的電影均來自亞洲，它們在新電影運動中處於領導地位。」(Jalladeau, 2000) 但是，除了少數電影製作者的名字，或是一些十分抽象的新電影「感覺」，和一些像「情色」等籠統的主題外 (Chakravarty, 2003: 79–90)，迄今尚沒有個別學者或評論家能為新亞洲電影賦予一個更統一的描述。這種抽象的「區域風格」論述其實是研究拉丁美洲電影、非洲電影，甚或是歐洲電影的學者所面對的問題，這些「大陸」電影都不能被任何共同語言或共同政治所統合，各國的電影也沒有很清晰的美學或題材的聯繫，但這類電影往往被視為挑戰荷里活霸權的可能，或是表現出一些互相關連的社會經驗 (Stock, 1997; Bakari and Cham, 1996; Nowell-Smith and Ricci, 1998)。與之相比，新亞洲電影這概念更難以定義，因為它既超越國家界線和文化血統，又模糊主流與另類電影的分野，且經常以不同的方式和荷里活協作。就如我在第六

章曾指出，有香港元素的亞洲電影，可以像「亞洲新星導」各影片般表達地區文化的獨特性，也可以如《暗湧》般完全沒有國家憑照。在這裏我希望進一步分析這些電影如何在電影的全球化中自我定位，以及它們如何渴望獲取全球認同。

張藝謀的三部古裝大片，《英雄》（2002）、《十面埋伏》（2004）和《滿城盡帶黃金甲》（2006），清晰有力的說明亞洲電影如何能加入「全球電影」的行列，張藝謀奮力將一種泛中國的感情和美學，融合到含糊曖昧的全球化口味幻想中，三片皆利用不同亞洲電影界的明星，一樣尋求國際投資及發行夥伴，加上香港安樂公司江志強的國際視野和中外脈絡，使得三齣電影成功打進西方市場。電影的全球市場計算十分明顯，所以我不打算在此花時間來分析它們的全球化傾向，我反而想集中研究一些同樣渴望獲取全球地位的小型本地製作，這些電影一方面有其清楚的文化獨特性，但另一方面又有着跡的跨文化操作。這種滑動性不但影響其他亞洲電影，也展現了全球電影市場環境一些新的面貌。

我選擇電影中的暴力元素作為研究重點，一方面是因為我對所謂的「本土文化」的虛幻性感興趣，而暴力往往被建構或解讀為本土文化對外來壓力的反抗表現；另一方面，暴力的感官性強烈，容易吸引各地觀眾，再加上暴力的意義可以非常流動及空洞，令它容易被不同文化背景的電影共同運用。但歸根究底，我

對暴力的興趣，主要源自它與香港電影的淵源，很多論者覺得，七十年代後的香港電影能讓全球觀眾理解和消費，其跨文化力量主要來自它的暴力元素，由李小龍到吳宇森，由徐克到杜琪峰，動作打鬥始終是香港電影的國際招牌；研究電影的暴力循環，也同時在研究香港電影的某種特性。

在國際語境中的暴力批判

在全球媒體的語境下，評論者常常從道德的角度反對暴力的跨文化流通。很多學者察覺到暴力在媒體中氾濫，相信暴力再現會影響和歪曲觀眾對社會現實的了解及實踐（Carter and Weaver, 2003: 1–20），一些媒體效果研究（Media Effects Studies）專家更把媒體暴力和觀眾的犯罪傾向視為因果關係，強調了媒體暴力的社會危害（Weaver and Wakshlag, 1986: 141–158）。很多批評家把這個邏輯延伸至文化全球化上分析，譴責西方透過大眾傳媒輸出自己的意識形態，造成世界各地的傷風敗德，如縱慾、暴力和極端個人主義等，危害了接收地的本土文化（Kamalipour and Rampal, 2001: 1–4）。是故，電影便順理成章地成為西方邪惡的象徵，即使如阿峻．阿卜杜拉（Arjun Appadurai）等博學世故的文化理論家也相信，電影中投射出來的暴力「是一種非道德的武器式貿易，滲透整個世界，且越來越急促！」（Appadurai, 1996: 41）。

事實上，電影暴力的最危險面向，為其敘述而非其影像。荷里活電影中的暴力絕大部分均由敘述推動，且背後常以極端個人主義為意識形態後盾。美國學者威廉·羅斯曼（William Rothman）就認為，在美國電影中，追求自我滿足是道德上的責任，即使這意味着個人必須拒絕接受某些傳統道德的規範；在美國的普遍價值觀上，自我實現比融入社會重要（Rothman, 2001: 43）。對很多電影學者來講，荷里活對暴力的認受和合法化，正反映了美國主流意識形態中個人與社會間的對峙。這類看法明確顯示了在商業電影中，社會現實與電影再現之間有着緊密的關係。

但是，亞洲電影也經常被冠以暴力的標籤，並廣受西方影迷喜愛。很多西方論者發現，亞洲電影那種對暴力明目張膽和新穎的再現方式，對西方觀眾具有極大的吸引力（Weisser, 1994; Hammond and Wilkins, 1996）。無疑，這樣的見解觸怒一些亞洲學者不足為奇，如香港的阿巴斯便持否定態度：

> 香港電影備受讚賞（非常有趣地，這些讚賞通常是來自外國多於本地評論家），主要是基於其一系列的動作設計、流暢的剪接、其對特別效果精煉的掌握……以這些措詞去讚美香港電影，不但忽略了香港的獨特文化空間；且把功夫片視為……正冒起國際的香港電影內最優秀的例子。（Abbas, 1997: 18）

為了要糾正這種文化標籤，阿巴斯認為必須透過一批被他稱為「新香港電影」的討論以重述香港電影的重要性，這批電影較少暴力描繪，反而着重美學與劇情的處理，更符合藝術電影的準則。而在另一語境中，維姆‧迪山拿雅奇（Wimal Dissanayake）認為日本導演大島渚晚期作品的暴力元素增加，但社會性遞減，歸因他放棄了他早期對表現日本社會文化的獨特性的承擔，以讓位給一個受着西方主導和推動的世界性口味（Dissanayake, 1996: 152）。對很多學者而言，西方觀眾津津有味地看亞洲電影中再現的暴力，卻無視深埋電影背後的社會語境，這最終只會傷害這些電影的原真性和創作活力。

一些批評家譴責西方媒體對全球輸出媒體暴力，另一些又闡釋亞洲電影如何通過暴力取悦西方觀眾。這兩個看似對立的論述把媒體暴力的源頭分別放在東、西兩方，但兩者皆視西方為全球化的中心：西方一方面是暴力的生產者，而在另一情況下是消費者，奇怪的是亞洲在兩個情況下皆處在受害的位置。羅斯曼指出，在英語上以發射（shoot）這個動詞表達拍攝電影，表現出電影的暴力本質（Rothman, 2001: 41）。故以東方主義論述分析電影的「暴力」便有十分的説服力：一方面，西方媒體輸出暴力，並將之強加於亞洲觀眾身上；另一方面，西方觀眾消費和享受着亞洲電影的暴力，從而把亞洲客體化。

按照這樣的邏輯，人們在分析媒體和電影的暴力時，往往容易把一個二元對立的假定置於東、西方之間。由法農（Fanon）和薩伊德（Said）等所著的殖民主義理論，意義深遠，影響廣泛，她們對以歐美為中心的帝國主義暴力的批判，到了今天已成金科玉律，而這種暴力論述，一般是基於西方和非西方的文化政治差異上。隨着普及文化的發展，電影和大眾媒體也成為了暴力的工具，令非西方被西方媒體／觀眾剝削的説法更具説服力和吸引力。本文無意質疑這一點──在我們日漸全球化的亞洲中，西方文化處於支配地位是無法推翻的事實，但是，在二元化的東、西國際關係中批判媒體暴力，最主要問題是它太過強調暴力的社會效應，沒有把暴力視為一種再現風格，因此暴力往往被理解為一個觀念而非一種表達形式。在以下的篇幅我希望探討的，正是這暴力再現的雙重性：一方面，暴力是一個具社會效應的權力結構，在一個預設的文化層級內流通，它卻同時可視為一個空洞的意符，以不同的轉喻方式浮游於世界各地。

　　如果將以上的概念延伸至新亞洲電影的例子中，我們可以發覺，雖然其暴力影像並非完全缺乏東方主義式的權力關係，但我們若能理解更多有關暴力再現本身難以捉摸的本質，或許，我們能避免把暴力的製造和消費看成為西方霸權的直接表徵。近年來，很多亞洲的商業和另類電影互相模仿暴力再現，這種新近的

泛亞洲電影傾向，不但是一種由西方建構的典型，也更有效地建立其跨文化接收。很多電影製作人選擇暴力的理由或許是她們自身社會的暴力問題、[1]暴力的高度市場適應能力，以及暴力能跨越文化界限讓很多人認同。但關鍵的是，暴力是一種可以在不同形式下使用的空洞概念和形式。難怪它在新全球電影市場的環境中，成為一個如此有效的感觀/感性工具。

超越香港動作片

在商業電影中，暴力一貫是最易吸引觀眾的主題之一，而其日增的強度，相信與市場有關。據法德里奇·偉塞（Frederick Wasser）所述，因為荷里活需以容易理解的片種來取悅無窮無盡和難以量度的全球觀眾，故暴力是一個簡單的出路，而美國影片中對暴力的描述也不負責任地不斷增加（Wasser, 1995: 423–437）。這個論點亦能應用於很多當代亞洲電影的市場考量上，這些當代亞洲電影透過大小電影節、DVD的銷售和有線電視等各式發行網

---

[1]　南韓學者金申東（Shin Dong Kim）表示，這個世紀以來，南韓社會每一個角落都充斥着各種宏觀和微觀的暴力，為九十年代準備了國家電影的口味。Shin Dong Kim, "Sex and Violence and the Rise of Korean Realism 1995–2005," 香港城市大學演講，2005年4月7日。

絡，更多機會接觸世界各地的觀賞者。當荷里活倚重暴力再現以吸引亞洲觀眾時，亞洲電影同時亦以暴力去吸引全球的觀眾，但是，如我在上章指出，在這個對種族早有預設傾向的全球娛樂市場中，荷里活名正言順擁有一個全球的身份，然而亞洲電影卻必須建立一個不同於主流西方的另類身份。新加坡學者蔡明發在理解當今亞洲大眾文化的建立時指出，泛東亞身份的建構，是一個東亞大眾文化生產者有意識的商業計劃，希望在亞洲區內俘虜最多的觀眾和市場（Chua, 2004: 200–221）。也有學者從文化角度理解這個現象，指出亞洲影片在日本遞增的普及程度，揭示出日本社會也開始認同其他亞洲人，原因是日本人和其他東亞人民也同樣面對着相似的歷史和文化環境，徘徊於傳統、現代和後現代的網絡中，受着本土和全球的身份困擾。（Hitchcock, 2002: 71 ）

　　香港的動作電影在這新泛亞洲電影身份的建立中，佔有一個舉足輕重的地位，因為香港的動作電影既能區別於荷里活電影，而且還潛在地發展一個新的跨國亞洲身份。很多亞洲電影製作人也曾公開地承認香港動作電影對她們的影響，例如日本電影《Go!大暴走》（導演行定勳，2001）和南韓電影《藉着雨點說愛你》（導演柳河，2004），兩齣影片皆強調李小龍的地位，視他為跨文化亞洲男性氣質的終極典範。香港的動作電影雖然有着明顯的文化特色，但當中暴力的普遍官能享受，能被不同文化背景的觀眾認

同。在本書的第四章我就提及過，香港這幾十年來就發展了一種動作電影的美學，強調了舞蹈的設計、動作的靈巧敏捷和剪接的跳脫瀟灑，孕育出一種獨特的男性再現風格。香港的男性電影既因它和傳統荷里活電影的迥異而吸引亞洲和世界的觀眾，它的標準化形式也易於傳播，成為一種跨國風格。

事實上，在西方，很多市場人士或是批評家都希望為當代的亞洲電影建立一個統一的形象，「動作」常被突出成一個新亞洲電影共同體的普遍特質，一方面是因為動作能連繫文化上多樣的電影內容，部分原因也是因為香港動作電影風格已廣為人知，[2]再加上電影節籌劃人的不斷推崇（James, 2004），從批評家到發行商，這些中介人皆視動作和速度、活力和刺激等特徵，作為新亞洲電影的共同形象──亞洲電影便成為成熟的美國電影和藝術的歐洲電影的對照，為一個未開發的原始他者。

台灣學者李丁讚曾指摘香港電影的霸權，認為香港電影在亞洲電影市場的壟斷，扼殺了很多小型國家電影的生存。李氏在其文中所列出的所謂「霸權」的十五齣香港電影皆是動作片（Lii,

---

[2] 例如，一個西方影評人曾寫道：「在最近十年⋯⋯一種新的電影製作在東方湧現──它沒有以往雜碎式的民粹，但仍是大規模的暴力」。（Mason, 2002）美國的一間戲院亦以這樣的廣告引人注意：「地鐵電影公司（Subway Cinema）在每月最後一個星期天所放映的一齣亞洲電影會炸爆你的頭。」Subway Cinema, 2004, http://www.subwaycinema.com/frames/iss.htm（瀏覽日期：2004年5月2日）

1998: 132–135），可是，在那段時期，香港電影界亦製作了很多其他不同類型的電影。李氏那明顯偏差的抽樣，可能因為香港電影聞名於世的主要還是其動作片。成龍的武打電影在世界各地放映，但王晶的喜劇則多只能在本地或廣東話社群中上畫；又如周星馳為本地觀眾津津樂道的「無厘頭」電影，卻難以打入非中國人市場，要到他的《少林足球》（2001）和《功夫》（2004）才打破了這一宿命，這是由於他刻意地把李小龍及傳統動作，這些香港電影中最全球化的部分，融入到他的影片中。《少林足球》正符合「全球本土化」（glocalization）的兩個維度：它把「國際性」的運動以「中國式」的手法來闡釋，足球被認定為一項全球性的運動，而功夫則是中國的，因此足球和功夫的結合能夠製造出一種異國風情的普世式動作版本。此外，儘管它們在文化上有着差異，足球和功夫兩者皆指涉動作和速度，且兩者皆能傳播權力、頑強的意志、奮鬥和尊嚴等觀念；兩種動作的結合出人意表地成為一種一體化的市場表達形式。

另外，動作的普世性吸引力也促使電影製作人互相複製彼此的暴力再現。可以這樣説，現在泛亞洲動作電影的準統一性身份，是由評論家或發行人在論述上打造，並由電影製片人透過互相複製有意識地建構出來。五十和六十年代的日本電影影響了許多七十和八十年代的香港電影製作人，但現在沒有一部亞洲的動

作影片能免受香港動作電影或多或少的影響。根據吳宇森所言，日本片《雙雄喋血記》(導演：石井輝男，1964)對他的作品《喋血雙雄》(1989)有着非常重大的影響，[3] 而隨後吳宇森對近來的日本和韓國的黑幫片的影響亦顯而易見。無數的子彈和拳頭從一部電影穿透到另一電影，交織成一個聯繫不同亞洲電影發展軌道的網絡，形成了一個由動作想像出來的泛亞洲暴力電影文化，其動作既可作為表達形式，亦可如羅斯曼所言是電影故事內的一個概念。

這種跨文化動作電影是透過兩種相互矛盾的機制吸引觀眾：第一，外國的文化差異與情調；第二，觀眾對動作片的熟悉感。泰國電影《拳霸》(導演：巴猜平橋，2003)在各地的票房成功，就證明到全球市場對一些具有熟悉形式但在文化上具有異國性的產品的歡迎。《拳霸》在亞洲各地獲得非常好的票房紀錄，[4] 在上映後不久，國際發行商法國歐羅巴影業(EuropaCorp)即購買其版權，且重新剪接以推出國際市場(Hernandez, 2004)。為甚麼這部相對低成本的電影，能享有其他一眾亞洲電影製片人夢寐以求的、極度廣泛的全球商業市場呢？此片描述一位鄉村年輕男子潘

---

[3]　吳宇森曾提及他有多麼的喜歡這齣電影，但他卻忘記了片名，而根據吳氏的描述，我相信這電影就是《雙雄喋血記》。Godamongdirectors, "Voyager Essay," http://www.godamongdirectors.com/woo/faq/wooessay.html (瀏覽日期：2004年6月10日)

[4]　IMDbPro.com, 2004, "Business Data for Ong-bak." http://www.imdb.com/title/tt0368909/business (瀏覽日期：2005年1月31日)

丁，在曼谷尋找在其村莊被人盜去、被視為聖物的安北佛像的歷程。旅途上，潘丁以讓人震驚的精采的形體表現和傳統的泰拳技術與敵人格鬥。作為一齣低成本且缺乏創意情節的電影，此片主要以泰拳的力量和殘忍為賣點，泰拳是一種集踢、膝擊、肘擊和拳擊的武術，其風格比較自由，而且直接殘暴，非常重視動作的效率和效用，與在香港電影中看到的較優雅和結構化的功夫截然不同。後者偏愛設計和節奏，加入各種的潤飾和群體動作，而前者比較注重暴力的毀滅性和破壞力。

《拳霸》能吸引全球大量的關注，可能是由於它是香港動作電影的一個更新。很多國際電影評論把《拳霸》的主角柏朗依林和香港動作明星——從李小龍至成龍和李連杰等作比較，且認為以泰國動作場面為特色的泰國電影，已超越那些早被荷里活系統蠶食、看起來過時和陳舊的香港動作電影。[5]但很多觀眾或許亦留意到《拳霸》不論在風格和劇情的層次上，皆明顯且廣泛地複製着香港電影，如出一轍的不只是成龍風格的雜技演出，還有在七十到八十年代很多香港功夫電影中經常涉及鄉村英雄對抗現代化的雜碎式敘述風格。如一位網上的英語論者就提出：「《拳霸》就如很

---

5   可參閱網上的如在 YesAsia, Learning Thai, 和 MoovGoog 等眾多的電影評論，（全部於 2004 年 6 月 6 日瀏覽）。YesAsia, http://us.yesasia.com/en/prodRvListPage.aspx?pid=1003201171&section=videos&code=c&; MoovGoog, 2004. "Ong-Bak" <http://www.mallasch.com/movies/review.php?sid=110>.

多年前初次在國際舞台上爆發的香港電影一樣，充滿着虛張聲勢、單純的胡鬧及無限的力量。但是，香港卻逐漸成為一面荷里活的壞鏡象，現在又迷失於如《千機變》和其他有着電腦特技包袱的無聊動作電影，走在香港前面的就是《拳霸》。」(Nix, 2004) 就是這種對熟悉的香港電影相似和差異的婉轉運用，除了令泰國動作電影成為新亞洲電影共同體的一員外，同時也是香港和荷里活電影傳統的一個新分支。簡而言之，全球市場偏愛暴力，而普遍觀眾最鍾情一些既新也舊的動作設計。

哈如・卜倫 (Harold Bloom) 在他對西方詩學的經典研究中，表明任何新的詩都是源自舊的詩；年輕詩人的基本掙扎，都是希望通過對過去的偉大詩人的一種創造性的誤讀，從而為他或她自身「清洗想像空間」(Bloom, 1973)。若卜倫的研究能描繪出年輕藝術家在「創作」時所普遍面對的困境，我們亦可從「接收」方面解釋同一機制：通過一些貶毀的誤讀，讀者更易於接受以熟悉事物為參考點的新作品。就如《拳霸》的影迷們通過輕視香港電影而突出泰國動作片對他/她們的新鮮感，而動作場面或許是商業電影中最易入手的亮點，它既顯眼又能讓觀眾作比較及對照。這些新電影在商業上取得成功，一個主要關鍵是它們能夠讓觀眾對其之前喜愛的電影看成為過時品。《拳霸》告訴那些香港電影迷，它很像熟悉的功夫片，但也比它們更好。

西奧多‧阿多諾（Theodor Adorno）在分析商品化的娛樂文化時，提出了文化工業這經典模式，而文化工業的生產模式，主要把商品的設計和推廣放在「偽個人化」和「標準化」之間的動態互動中（Adorno, 1991: 302–305）。根據阿多諾的理論，在流行歌曲中，「標準化」容許聆聽者在聆聽新歌時有一種似曾相識的感覺，因為新歌跟她們已聽過的舊歌非常相似，但透過一些細微的偏差或所謂創新──「偽個人化」──聆聽者忘記她們所新聽到的歌其實是早已聽過。據其說法，所有新商品都是建基於已推出市場的商品的相似和差異中，任何號稱是全新或全舊的文化商業產品，基本上都是不可能的。潮流這個概念，正正是建立在熟悉與嶄新間的互動上，而這亦最能吸引消費。

全球化按照同樣的邏輯把文化差異這一面向，加進文化工業的多樣化產品上。儘管全球文化在很大程度上已把各文化同質化，我們卻不應把西方文化的全球滲入，等同於本土獨特性的瓦解，全球文化一方面充滿流動性，但另一方面又把不同的文化組合統一（Robertson, 1992; Gabardi, 2000）。這兒存在着兩種全球化的普及文化策略：第一，全球化資本主義透過改變商品的包裝或內容，將篩選出來的商品推到各地，號稱是為各獨特的本土市場而度身訂造──最具體例子可以是香港上海滙豐銀行聲稱為「世界的本地銀行」；第二，以「異國風情」包裝產品供世界性消費，

例如荷里活對中國功夫的挪用。「偽個人化」和「標準化」的動力也能在文化差異中展現，而文化差異則同時被全球商品文化所消解和強化。

我相信很多受全球歡迎的亞洲「暴力」電影，都具體地說明當代文化生產如何利用跨文化的複製，打造出一些可以同時被全球和本地消費的產品。就今天的亞洲電影而言，複製和超越香港動作片，是打入外國市場一個極為有效的策略，因為它既標明影片的文化獨特性，但同時卻保留了一種能廣為各地觀眾理解的電影表達形式。但熟悉性與驚喜間的平衡必須謹慎維持，從而讓消費者從新產品中感到刺激，而非令人感到疏離。一般而言，世界各地觀眾既渴望又懼怕文化差異，電影製作人把暴力以獨特的文化風格包裝，讓各地觀眾易於接受，但又突顯暴力為異國文化的體現。

以上討論到的是亞洲商業電影在全球市場內的營商策略，如何在新穎和熟悉之間以不斷更新的暴力來跨越文化，並同時維持「獨特」。但有必要指出，新亞洲電影這個商標，所指不但是商業電影，也同樣指向一種電影的藝術形式。我認為很多所謂的藝術影片對佔領「全球市場」的慾望一樣顯著。一些另類的亞洲電影製作人，也如商業電影人一樣，運用暴力這概念去吸引各地觀眾，但他/她們卻試圖以相反的方式來達到這個目標——把暴力去情感化以質疑暴力的意識形態。

社會和心理暴力的再現

　　現代性對非西方人民的影響，往往被視作為一種文化暴力，問題在東亞地區尤其明顯，因為社會競爭強大，生活壓力逼人，不滿和失望卻又不容易被宣洩。在被問及有關其多齣電影中不斷循環的復仇主題時，南韓導演朴贊旭（《JSA 安全地帶》，2000；《復仇》，2002；《原罪犯》，2004 等）解釋道：「在文明的發展與教育水平的提升下，人們需要把他／她們的憤怒、仇恨和惡意隱藏於心中……人們因而需要訴諸另一種暴力，從而征服他／她們的原罪意識，這些一直以來都是我電影內一個最基本的悲劇性特質。」（Russell, 2004）另一位廣受矚目的亞洲導演三池崇史（《切膚之愛》，1999；《生死格鬥》，1999；《煽動者》，2001 等），同樣都是倚重暴力去描寫社會廣泛的問題。他也是把其作品中的暴力和社會內的暴力連結起來：「我的電影肩負起表達在日本社會中不能被表達的東西的責任。值得慶幸的是，日本是一個安全的地方，但我感覺到平靜的日本社會充斥着很多不自然的東西。據我所看，這種安全不能保持延續到未來」。（Rees, 2001）自七、八十年代起，香港和韓國新浪潮電影當中所瀰漫的暴力內容，也往往與本土文化抵抗現代化有關，如徐克很多的香港動作電影都有反現代性和中國民族主義的線索（Teo, 1997: 162–174），而在很多韓

國新浪潮電影中，如《柒洙和萬洙》（導演：朴光洙，1988），我們可以發覺，透過心理和身體上暴力的再現，電影「最終描述一個文化的悲歌，因它全盤否定韓國人自己創造的物質成功和安全社會」。（Gateward, 2003: 125）而香港導演鄭保瑞也有這個面向，雖然他的電影不一定直接指向香港，但在當中觀眾總能找到對現代社會的控訴，在一次訪問中，他透露希望通過電影探討暴力和存在的本質性關係，所以在《狗咬狗》（2006）中，他以狗的強烈生存欲望，來表達人性裏暴力的基本意義（Bettinson, 2008: 218）。總括而言，儘管暴力是亞洲電影打入世界市場一個關鍵的賣點，但很多另類亞洲電影所突出的暴力不獨是市場的計算，也代表了一種文化的反思，暴力的再現可能代表了本土文化對現代化的反抗，也可能表達了電影人對人生的探討和追求。

當很多亞洲導演繼續利用血腥場面去肯定她們電影的藝術性的同時，一些其他同樣是亞洲的獨立電影工作者則選擇蓄意避免暴力的露骨再現，以開拓暴力的「意識形態」。如前述，我們現代社會普遍對暴力再現存有偏見，當導演要表達社會暴力時，便很容易墮入一個道德上的兩難困境：電影中的暴力再現會否成為一種娛樂形式，邀請觀眾去享受暴力？由於電影被視為一強而有力的意識形態機器，因而電影製作人需對觀眾所接收的訊息負責。

大衛・鮑威爾（David Bordwell）曾說過：「在各電影節中看到

的亞洲電影越來越趨向固定和沉默，暴力場面變得難以理解或不透明。這好像在責難香港電影急速的官能主義。」（Bordwell, 2000: 256–257）鮑威爾以動作和沉默二分亞洲商業影片和藝術片的解釋或許有待商榷，但他卻正確指出，不論是在亞洲還是在全世界，另類電影製作人趨向以冗長的鏡頭和呆滯的動作，共創一種沉靜的電影風格，儘管當中很多電影的暴力意味依然非常濃厚。商業片越來越倚賴動作場面吸引世界各地的觀眾，但很多以電影節為主要放映渠道的電影人，則選擇以極度平靜的拍攝手法，把自己的作品從主流電影中區別出來。

事實上，很多當代台灣和中國大陸電影製作人，都不能倖免地要對抗香港電影過量的動作。為了在本地市場與極受歡迎的香港影片競爭，台灣政府在八十年代早期開始支持年輕及有前途的本地導演製作她們的首部電影，促成台灣的新電影運動。台灣電影工業曾在六、七十年代大盛，年產超過兩百部電影，但情況在八十年代初開始逆轉，台灣本土市場被香港商業電影幾乎完全佔據，台灣的文藝片傳統從此淹沒在香港電影的打鬥中，成為一代電影人的情意結。因此，在台灣政府支持下，新一代的台灣導演對香港動作片有某種共同的敵意，她們製作的影片皆以隱性或含蓄的美學再現，去抗衡過度商品主義的香港電影。但是，電影對官能主義的蓄意壓制並沒有令暴力消失，它們還是充滿着年輕人

對政治及歷史的批判，而導演們往往覺得台灣社會正就是處處充滿暴力。導演希望探討這些暴力，但又不想如港片一樣彰顯暴力，所以當中的壓抑感特別重。這種電影手法影響到很多其他年輕的亞洲電影人，她們都借鑑台灣新電影的手法，紛紛效法長鏡頭和固定鏡位等拍攝手法，希望探討其社群內的社會和文化暴力，這種拍攝手法儼然為電影人建立一個安全島，讓她們能「研究」而不會「利用」暴力。導演一方面要表達探討社會和個人心理上的暴力，一方面要防避觀眾沉溺於暴力的享受上。這種極度的沉靜風格，瀰漫在所謂新亞洲「藝術」電影內。

侯孝賢的電影就是其典型和原型。侯孝賢承認他的電影亟欲以再現台灣社會的恐怖和壓抑為目的 (Ellickson, 2002: 13–20)，《悲情城市》(1989) 就是以暴力為電影的主題，象徵性地表達了台灣的文化身份和殖民地歷史經驗 (Nomes and Yeh, 1998)，並同時以極端靜謐的拍攝風格與其他商業電影區別出來。結果是，以長鏡頭和遠景鏡頭再現政治暴力和鬥爭，並經常以極度平和的象徵性場景 (如自然景觀) 替代暴力場面的拍攝手法，成了侯孝賢模式的「商標」。通過這種拍攝手法，《悲情城市》不但阻止了觀眾享受暴力帶來的快感，且迫使她們反思暴力的社會涵義。

《悲情城市》在1989和1990這兩年間，在國際各主要電影節中取得令人訝異的成功，加上他往後的一系列風格相似的電影，

讓「侯孝賢」成為一種泛亞洲的電影模式。雖然侯孝賢靜謐的、極度簡約的拍攝風格，都是受到其他亞洲導演——特別是日本導演如小津安二郎的啟發，但侯孝賢的美學亦深刻地影響了很多年輕的另類電影工作者。事實上，侯孝賢曾表示他希望創造一種不是具體屬於中國、日本，還是台灣，而是一種間接的「東方」電影風格（Udden, 2002: 55）。他在 2004 年拍了他第一部日本影片《咖啡時光》，婉轉深情地參考了小津安二郎 1953 年的代表作《東京物語》，更進一步地實踐了他許下創造一個泛亞洲電影的承諾。侯孝賢對亞洲電影的風格和市場展現了非凡的觸覺，難怪很多年輕亞洲電影工作者都覺得侯孝賢的拍攝風格異常吸引。這種呈現暴力的壓抑風格擁有某種很強的跨文化感染力，令它易於被全球觀眾理解；但這種風格亦容易被挪用，以象徵個別獨特的文化經驗。有趣的是，當吳宇森式香港動作設計開始被荷里活發現和挪用的同時，侯孝賢式的台灣電影美學也在年輕一輩的亞洲新導演中廣泛流傳，成為兩股不同的華語電影潮流，它們差不多完全沒有重疊，但同時擁有強大的跨文化力量，在九十年代影響世界電影。

　　正因為很多香港商業電影以設計新穎的動作場面和美學，掩蓋了其中陳腔濫調的暴力感官以及與之相關的意識形態，很多年輕的另類亞洲電影工作者背道而行，它們選擇遵循侯氏或其他台灣導演的電影風格，探討她們各自以地區為基礎的文化議題，以

下我會舉兩個例子，解釋這種再現風格的文化政治面向。在國際電影節圈中廣受歡迎的新日本電影製作人是枝裕和（《下一站，天國》，1998、《這麼…遠，那麼近》，2001、《無人知曉的夏日清晨》，2004等）就曾明示非常尊敬新台灣電影，[6]評論家普遍覺察到他的首部劇情片《幻之光》（1995），有着借鑑侯孝賢電影的痕跡（Mackintosh, 1996: 21）。《幻之光》作為一個不知名導演的首齣劇情片，出人意表地橫掃各個國際電影節——它獲得威尼斯電影節的 "Osella d'or" 最佳攝影獎、在溫哥華奪得 "Dragon & Tiger" 獎，以及在芝加哥國際電影節奪得最佳影片 "Gold Hugo" 等多項國際電影大獎。這齣電影的成功，或許與它明顯參考了侯孝賢的美學不無關係，因為侯氏的電影美學在這個時期已主導了國際電影節的口味。[7]

是枝裕和形容《幻之光》是一齣「令人震驚的」電影，他希望把其電影從以「快速剪接、嘈吵音樂、血瀉滿地和子彈橫飛的場面」為特色的商業電影區別開來（Feinsod, 1996），在某情程度上解釋了他對新台灣電影的強烈感激之情。《幻之光》內容描繪主角由

---

[6] 他製作了一部名為 *When Cinema Reflects the Times: Hou Hsiao-Hsien and Edward Yang* 的電視紀錄片（Milestone Films and Video, 1993）。

[7] 鮑威爾也曾提及《幻之光》所帶着的侯孝賢美學影子（David Bordwell, 2005: 231）．

美子，在失去祖母的可怕童年回憶和首任丈夫逝世等創傷陰影下迷失自己，要待她在遷往第二任丈夫位於日本海旁能登半島一個偏遠鄉村的家後，才重新發現自己。毫無疑問，《幻之光》是一齣極度平和靜謐的電影，其固定鏡位以及特長鏡頭會讓我們想起台灣的新電影。

首先，《幻之光》和《悲情城市》一樣，兩齣電影皆以自然景觀置換暴力，一些台灣評論家認為侯孝賢的這種電影風格表現了其在政治上的軟弱立場取態。廖炳惠在討論《悲情城市》中指出，「每當政治問題快出現時，鏡頭總是馬上轉移，從真正的政治迫害及暴力事件，轉至山嶽、海洋及漁船，試圖以山川之美及靜態的風景，來替代和錯置真正的問題」（廖炳惠, 1991: 130）。一如《悲情城市》，《幻之光》平靜的電影風格也是相對於被壓抑的暴力。在《幻之光》中，我們不會看見死亡，亦絕少看到由美子流露她所承受的痛苦，在影片中，心理上的暴力，被洶湧的日本海和能登半島那嚴峻但瑰麗的天氣置換和強化。暴力如何在電影中被呈現，已成為導演一個道德上的問題，她們當中很多人寧可在影片中放棄描繪暴力，亦不願冒着令暴力淪為一種剝削與娛樂工具的風險。

其次，如《悲情城市》一樣，《幻之光》內心理暴力的描寫，是社會狀況一種象徵式的再現。通過大自然的解放力量，導演把

由美子的個人痛苦與現代城市的集體經驗連繫起來。一位日本電影研究者肯定地表示，「在《幻之光》中，是枝裕和不但抗拒人為的情節和剪輯的強調，而且排斥日本都市內一種由媒體推動的消費主義瘋狂」（Richie, 2001: 241）。如果《悲情城市》中被壓制的暴力，表示了台灣人一種不能為自己發聲的普遍狀態，那麼《幻之光》同樣以這種象徵式再現手法，把個人苦難聯繫到集體的共同感受和經驗中。雖然如此，《幻之光》卻也保有一種《悲情城市》沒有強調的鮮明個人心理層面。根據是枝裕和本人指出，這部影片內容是關於瀰漫在日本年輕一代中，一種難以定義的挫敗感，在這種感覺籠罩下，她們對任何事都缺乏確定性。[8]在這個意義上說，不能被馴服的大海和天氣，可暗喻為某種亟欲回歸大自然，以及回到尚未被現代性腐蝕的、純淨的文化根源的渴望。但在《悲情城市》中，再現的大自然景觀卻沒有這種懷舊的維度。

是枝裕和對侯氏壓抑暴力美學的挪用，同時也是作為淨化和達至個人自由的方法。很多日本電影會以暴力去維護和保衛純淨的文化傳統，來達致抗衡現代性的目的。如丹尼思·華許本（Dennis Washburn）指出在經典日本電影《我要復仇》（1979）中，在西方和現代性的衝擊下，導演今村昌平的暴力美學再現，有效

---

[8]　可參閱此片DVD版本上的導演簡介。

且複雜地維護了日本文化的原真性。影片中最後的定格，可被解讀為導演把主角的暴力，美化為一種純淨的精神，一種追求時間停頓的非理性慾望，也就是今村昌平一種文化本質主義者式的宣言，他把暴力的美學連繫到文化神話的構成（Washburn, 2001: 229）。雖然是枝裕和今村昌平在風格上看來相反，但在探索暴力的主題上，他們或許顯示了彼此之間文化上的相承。

在《幻之光》中，纏繞着由美子的是兩個對比的死亡體驗，而我們可以在當中覺察到暴力的雙重含義——社會暴力和個人救贖。由美子患病的祖母因為希望死於故鄉而失蹤，而她首任丈夫的自殺則表現了他對自由的回歸。由美子祖母的身份深植於牢固的文化傳統中，而她的丈夫則為一自由主體。簡而言之，如果侯孝賢把暴力的層次「提升」，去掉個人的意義以暗喻一個文化的歷史狀況，那麼是枝裕和則維持了死亡既屬社群亦屬個人的兩個面向。縱使是枝裕和複製了侯孝賢表面看來跨文化的電影風格，但他還是選擇在政治信息後面保持一種個人對自由的追求。

很多在各大電影節中備受歡迎的亞洲新一代電影人，皆如是枝裕和般，直接或間接受到侯孝賢那種既含蓄又能表達不同政治議題的電影風格所影響，有趣的是，無論是商業或是另類，香港電影暫時都沒有表現這個向度，這可能是城市的急速生活模式不容許散漫的表達方式，也可能是香港電影的政治面向一向比較含

糊，鮮有電影人有如此野心反映和探討社會的整體問題；一個比較特別的例子是《明媚時光》(2009)，導演翁子光繼承了台灣新電影運動的風格，希望用一個普通的成長故事，以側面來描寫九七後香港經歷的時代改變。

　　故事講述主角陳健康成長於一個普通的香港家庭，父親為一個不成功的小廠家，父子關係惡劣，母親也不懂處理家庭關係，是一個典型「蔡明亮」式的壓抑家庭，陳健康惟有通過對愛情的追求去找尋自我。在這個成長故事的背後，電影不斷有意無意提醒觀眾香港的後九七境況，例如大雄和陳健康爸爸也曾提及對英女皇 (時代) 的懷念，又例如吸引着陳爸爸的內地卡啦ＯＫ女郎唱的是《東方之珠》，而故事也選擇在回歸十周年慶典發生的同時完結，所有主要角色通過電視直播或親身在典禮場上相遇和再出發，可是，觀眾只能在故事的背景中尋找香港社會變遷的一瞥。雖然電影不時提出香港的歷史主體，但導演好像偏要用陳健康這個人物來遮擋香港這個社會，觀眾只能通過對主角的認識來推想香港整個社會的面貌，而香港所經歷的跌宕，也只可以間接表現在主角的困頓與無奈中。

　　作為一部成長故事片，電影對年輕人的處理玲瓏纖細，把角色描述得非常立體，尤其是陳健康的兩段愛情故事，表現了一個婉順但又軟弱的鄰家男孩，他溫柔、忠心、沒有大志、有一天活

一天，是一個大都市容不下的小男孩。但電影最奇怪的處理，就是臧Sir這個人物，他是陳健康的文學老師，也是主角的精神導師，但臧Sir也是在一眾立體的角色中最平面、近乎超現實的一位，因為他只生活在文學的世界裏，説着文學式的對白。如果《明媚時光》是一個後九七的政治寓言，那臧Sir非常平靜又非常突然的意外死亡，應該是電影所表達和面對的最大暴力，表現了如《幻之光》中對自由的嚮往和摧毀，畢竟臧Sir是死在一段非常浪漫的師徒摩托車旅程中（圖八·一），平面的、想像的老師死了，立體的、現實的學生還得繼續生活下去，成長奪取了孩子的夢，也側寫了九七後香港的舉步維艱。《明媚時光》與台灣新電影的傳承，除了體會在沉着的鏡頭和音樂、城鄉的對比、散碎的敍述、以及成長的費力和不安之外，臧Sir那泰然自若的死亡，可能才是電影最刻意去反映社會暴力的地方：它們是如何難以言喻。

事實上，很多香港的獨立製作也受台灣新電影的影響，只是它們位處邊緣，只能遙遠地抵制着主流的動作電影，早期的黃精甫，也有着明顯的台灣新電影的影子，只是後來當他進入主流後，再沒法抗衡商業的運作。從八十年代的英雄片和古裝武打片，到今天的跨境大製作，香港主流依然是動作和暴力，也會繼續成為另類亞洲電影的批判對象。

圖八·一：臧 Sir 在一段浪漫的師徒摩托車旅程中平靜地死去，是電影所表達的最
大暴力。
電影劇照

暴力的跨文化含義

總的來說，若從新亞洲電影中，比較一下商業和藝術兩個領
域對暴力的描繪的話，我們可以發現，暴力再現既能被全球性地
理解，亦能表達各文化的多樣化，因而能同時處理本土的議題和
傳統，也可照顧全球市場，這正好解釋為何這麼多亞洲電影人，
不論把暴力作為一種隱喻或一種感官上的吸引，皆以暴力來建構
文化身份，且取得全球聲譽。暴力既是一種表達形式，亦是一種

觀念，它既能刺激觀眾的情緒，亦能引發觀眾的哲理反思。儘管《拳霸》聲稱其內容新穎，電影本身卻無論在動作上（成龍風格的特技動作），還是在主題上（集體主義的道德標準和傳統文化標籤的英雄主義），皆與它力求取締的香港電影驚訝地相似。而《幻之光》對侯孝賢風格的傳承和挪用，亦能具體地說明相似和差異之間的豐饒動力。《悲情城市》和《幻之光》以及好些類似的亞洲藝術電影，都可以運用相似的風格，來表達不同社會和文化的獨特狀況。但這些簡單的視覺隱喻，未免有着把文化政治膚淺化的危機，令那些缺乏對該等特定文化背景認知的全球各地觀眾，也能投入感情、消費電影。《幻之光》一片的結局並沒有解釋由美子的心理掙扎，只表示了它的私密性，但觀眾通過一種暴力的象徵，卻把這種隱私表面化。波濤洶湧的大海和嚴峻天氣的簡單象徵意義，代表了由美子內心的自我鬥爭和救贖，這是大家也可以想像的。對很多亞洲電影製作人而言，暴力的極度可延展性和豐饒性，令它成為電影工作者一個最能操縱自如的暗喻，用以向全球各地觀眾顯示不能理解的他者文化。

　　在討論暴力電影時，大衛．斯隆坎（David Slocum）曾說，「其中一個令我們難以全然了解各地電影的暴力再現的主要困難，就是其極端多變的文化語境。」（Slocum, 2001: 13）雖然這見解有其準確性，但斯隆坎看到的只是表象，他沒有指出暴力的空洞性：

當暴力作為一種表達形式，它可以沒有文化內涵，只是一種官能的刺激，但若把它解讀為一種觀念時，它又可以意義深遠，當中觀眾可以被置在明白和不明白中。儘管暴力有着多樣化的文化意涵，它仍是世界各地最易於使用的電影形式及題旨，所以它有能力去征服娛樂和高級藝術兩個市場。普遍而言，由於暴力在含義上極度不穩定，而且是人類社會的一個基本部分，因此它既抗拒又歡迎象徵化。暴力在各文化的鬆散性和獨特性中游走和調節，促使了獨立的亞洲電影透過互相複製彼此的風格，達到在全球市場立足和取得全球性的身份肯定的雙重目的，並製造了一種獨特的泛亞洲電影風景。

這或許能解釋為甚麼周蕾認為暴力的再現，為第五代中國電影中發展了一種嶄新的民族誌 (Chow, 1995: 143–145)。周氏表示張藝謀早期的電影有着作為一種新民族誌的特徵：這些電影的文化細節，間接地表明了民族的集體性和虛幻性意涵，而這些細節的力量並非在於電影的原真性，而是在於它們展示了一種想像性的中國，而暴力是這種「民族誌式」意涵中最強烈的維度。美麗的鞏俐在《菊豆》(1990) 中向天青展示她滿布傷痕的軀體，令片內片外的偷窺者 (天青和電影觀眾) 同樣感到震驚 (Chow, 1995: 166–172)。如果我們把這一論點稍為延伸，《悲情城市》中暴力的置換再現也與《菊豆》有着相同的目的，即鼓勵觀眾運用自己個人的解讀，去理解暴力的

意涵和使用暴力的因由。但把《菊豆》和《悲情城市》相比，我們會察覺到一個在侯孝賢電影中欠缺的層次，即是被拍攝主體和觀眾間的一種「對峙」的權力關係：張藝謀迫使觀眾面對菊豆身體的傷痕，但侯孝賢卻把觀眾置放在一個遠遠的、安全的觀察點上，兩種風格上的迥異或能讓我們重新思考暴力的跨文化意義。

　　兩位導演在他們的早期得獎電影中，皆熱衷於再現文化上的暴力，但不同的是，張藝謀把焦點放到女性為苦難的承載體，並突出其承受的痛苦，侯孝賢則將暴力盡可能地遠離鏡頭，以避免觀眾沉溺於暴力上。從這個意義上說，張藝謀和侯孝賢運用了相反的視覺政治去再現文化暴力：一位活用展示主義 (exhibitionism)，而另一位則否定之。周蕾讚賞張藝謀這種視覺上對峙的乾脆展示，認為這是一種對影像權力極深的領會，但周蕾的看法也有其爭議點：這種對峙暗指在觀看者與被觀看者間，存在一種對立的權力鬥爭 (我看菊豆，菊豆看我)，而這種對立亦暗暗延伸至西方與中國，男性與女性間之對峙。這個模式很容易墮入一個文化等級的意識形態上，預先設定再現的含義和影響，而事實上周氏亦曾在其學說中批判過這種前設。儘管侯孝賢的電影沒有張藝謀式的視覺對峙，但至少在他的電影中，將男性／西方的／觀看者與女性／中國的／被觀看者的二元對立複雜化，令其更難被視為理所當然。

另一方面，周蕾的評論也能幫助我們重讀侯孝賢，其作品的「跨文化性」可能邀請了一種文化上的偷窺。張藝謀和侯孝賢皆展示他們獨特的文化經驗：張藝謀的特寫鏡頭邀請觀眾與被拍攝者直接對峙，而侯孝賢則以陌生化的效果，把觀眾置於一個安全的位置。一如周蕾討論，在菊豆的出浴場景中，菊豆和觀眾雙方都佔有相對脆弱和固定的位置，因為兩者必須進行直接的凝視。可是，侯孝賢的長鏡頭與遠景鏡頭卻推延了任何個人化的身份認同，因此觀眾能處於一個不用負上道德責任的處境中面對政治暴力。這解釋了一些台灣論者為何對《悲情城市》的政治軟性感到不安。雖然來自其他文化背景的觀眾，均可易於透過侯氏溫和平靜的風格來理解台灣的社會暴力狀況，但這種理解只能從一個第三者的角度出發，結果不可避免地削弱任何第一身的政治的投入。

　　迪山拿雅奇曾讚賞侯孝賢電影沒有流露出對西方觀眾的渴望與顧慮，所以能具體地表達出其文化原真性（Dissanayake, 1996: 154）。事實上，至今很多學術評論皆認為侯孝賢的電影風格非常獨特，且讚揚其處理台灣歷史與問題上的承諾和技巧。但侯氏風格的暴力再現，以過於簡化的符號來象徵台灣人非常複雜的文化經驗和身份掙扎，在一定程度上，邀請了其他不了解台灣歷史的觀眾來將台灣客體化。簡而言之，這種沉靜的風格不能避免文化的本質主義；與之相對，「社會暴力」這個簡單概念亦能成為一種

極度約化，陷入張藝謀電影自我低賤化和自我異國情調化的風險中。可見在維護文化身份與邀請跨文化認同之間存在的緊張狀態，不能避免。

一位菲律賓論者杜拿 (Doler) 寫道：「近年我在菲律賓找到的其中一個驚喜，就是菲律賓人提高了對亞洲電影的接納及欣賞，我們不再在所有事情上都錯誤地偏向荷里活。」(Doler, 2004) 這位論者喜見菲律賓觀眾漸具接受亞洲不同文化的能力，引起一種相向的渴望，希望菲律賓文化產品，以及菲律賓身份，能更廣泛的受到全球認同。她續說：「菲律賓甚麼時候才能製作出一些這樣出色的亞洲電影的小小代表作？……或許我們的亞洲同胞，不能如我們理解她們一樣理解我們。」她在此提出了一個困擾了很多亞洲電影製片人、影評人和觀眾的冀盼，就是讓外國觀眾接納自己國家的電影。杜拿的提倡告訴了我們，電影作為一種文化產品，常被混淆成一個國家的代言人，有時則被看成一個民族的文化身份；因此一個國家的電影能打入外國市場，即意味着其文化被外國接納，這種接納亦表示一個文化身份得到世界的認同和認可。新亞洲電影在國際市場上的成功，就正處於一種理解和不理解、全球市場與本土較量間之動態關係，取決了它們在跨文化認同以及商品化的成功。儘管這菲律賓論者指摘亞洲觀眾對菲國電影的不理解，但事實上，一些精心安排的錯誤理解，才是令一齣

電影在全球市場暢銷的奧秘。作為一個意義符號，暴力的難解及狡猾，使它成為新電影工作者一件得心應手的好工具。

　　從七十年代以來，香港商業電影所製造出來的暴力曾被販賣到世界各地，乞取各地觀眾的青睞和享用，這些電影的廣受歡迎，促使了這些暴力再現植根於很多地區的亞文化中，我們現在仍可以在美國的塗鴉或hip-hop文化中不時看到李小龍的蹤影，但這些流行文化內面充斥着的反叛和民粹主義，又有可能是最不屬於香港的；在香港電影史中出現最多的主角是黃飛鴻，他代表了多少香港文化？香港觀眾喜愛臥底，就代表了香港的某種「無間道」嗎？我們沒有必要把一個文化等同為它的文化工業，反而，從暴力再現的滑動性看來，香港電影的文化性本來就很空洞，因此，對香港電影的成敗，我們也不應賦予太多的文化包袱。但是，百年來近萬的香港電影，又確實間接見證了這個城市的變化，和承載了香港文化同時存在的匱乏與豐饒，我們需要珍視的，可能是這種複雜的多元關係。

第九章

雨傘電影：香港電影再定義

在雨傘運動期間，我們看到一股讓人驚喜的影像生命力在香港發榮滋長。這個爭取民主的運動在一個影像文化極度民主的社會中發生，很多人都擁有自己的拍攝器材，以及製作和後期製作的技能，也可以自由把錄像放在公共平台上播放，加上參與人數眾多（有說超過一百萬人曾在佔領期間到過佔領區），所牽涉的地區很廣（從英皇道到彌敦道，下至龍和道隧道上達獅子山山頂），佔領的時間也比較長（2014年9月26日到12月15日）。在這樣一個環境下，人可以沉思，事可以發酵。拍攝似乎是很多支持者對自己的一種要求，或是自我修行的一種功課。錄像作為記錄，也作為個人對運動的回應。

幾部打正雨傘旗號的紀錄長片中，最早放映的應該2015年5月首映、由郭達俊和江瓊珠合導的《幾乎是，革命》；到目前為止（2018年頭），最後看到的是在2016年尾才公開放映的《撐傘》（陳

耀成導演）。這兩部電影都是由資深電影人拍攝，導演都顯出很成熟的組織能力，有條不紊地把運動的肌理和題旨表達出來，也特別注重組織者、政治家和學者的意見。如果這場運動在香港是別開生面的，這兩部記錄片的手法則是傳統和穩陣的，政治和論述位置都比較清楚，沒有呈現雨傘運動中大片大片、不同層次的灰色地帶，以及政治氣壓跟個人情感的糾纏。兩部電影都是對運動很好的介紹，但餘韻不多。

在另一邊廂，一些半職業的年輕電影人，也拍了好幾部比較個人的記錄長片，包括陳梓桓的《亂世備忘》、廖潔雯的《義載2》（是短片《義載》的延伸版）、張敬時的《世代同行》、林子穎和黃頌朗的《未竟之路》，以及朱迅的《傘步》。這些都是電影人的處女長片，除了朱迅外，其餘在拍攝時都是未到三十的年輕人。她們都不是為拍片而到現場的，只是隨身帶着攝影機的運動參與者，是芸芸眾生的一員，帶着各種運動參與者的迷茫和困頓，整理出來的東西都比較混亂，但很有質感，也把佔領現場和整個香港連接起來。除《傘步》放眼整個佔領，訪問留守街頭的眾多普通參加者外，其他幾部電影都有所聚焦：《未竟之路》跟隨兩位港大學生馮敬恩和許彤拍攝，探討雨傘運動對他倆的影響；《世代同行》講的是香港基督徒世界對佔領的回應；而《義載》則通過義載物資的司機把佔領區和非佔領區聯繫起來。幾部電影都在問一些很大、很

虛、又沒有答案的政治、倫理問題。電影拍攝者應有的客觀狀態，跟政治參與者必不能避免的主觀情感激烈碰撞着，也產生悠揚的迴響。

還有無數短片，例如陳芊憓的《傘不走的女聲》、黃雨晴等三人合導的短片《Karl》、陳巧真的《旺角一夜》等，都曾在一些獨立電影節放映過；以及更多在網上發放的片段，長短、質素各異，都介乎在完成與未完成中。對我來説，最能帶出運動的多元性和無組織性，是兩部由短片組合成的長片，包括由自稱 Film 75 所拍攝的《傘・聚》，以及「自治八樓」的《底語呢喃》。兩部電影都沒有導演，是由一班獨立電影人各自拍攝的片段組成，擺明車馬是組裝集會，只是《傘・聚》還有一位沒有具名的剪接師比較有組織地把片段縫合，而《底語呢喃》就更乾脆的不加干預，把四十個訪問一個接上一個，拍攝者和訪問者其實都不一定是受過訓練，用以拍攝的錄像機也效果不一，是當時由「自治八樓」拉雜成軍的佔領訪談隊製作，在佔領區隨機隨緣地找人做訪問，所以作品也非常自覺是一種紀錄，不會自稱是任何意義上的藝術。製作團隊還在每個訪問的片段中顯示個別的二維碼，連結畫面上受訪者的網上完整訪問錄音，也在每一個放映場地派發小冊子，除了簡短介紹每個訪問外，也帶有相應的二維碼，觀眾可以在看戲完畢才慢慢收聽訪問錄音。

以我所知，到目前為止也有兩部以佔領為背景的傘後劇情片：杜可風的《香港三部曲》，和許雅舒導演的《風景》，兩部電影的資金都有眾籌成分。《香港三部曲》由香港最知名的電影攝影師杜可風執導，分為〈開門見山〉、〈愚公移山〉及〈後悔莫及〉三個部分，分別從孩童、青年和老年角度，講述香港故事，雨傘運動是〈愚公移山〉的主線。電影在2015秋多倫多世界首映，也在香港正式公映過。《風景》片場三小時，2016年在台南首映，也去過幾個電影節，例如意大利的都靈電影節，在香港暫時還沒有機會正式商業公映，只有游擊式的地區放映，由獨立電影人組成的非牟利團體影意志為電影辦過一次網上直播，有八百多人次收看，也在籌備視頻點播（或曰隨選視訊video-on-demand），是香港獨立電影的新嘗試。以我所知，最少三部有關雨傘運動的劇情片在拍攝中，希望在2018年後陸續上映。

在以上提及這眾多以佔領為題材的香港錄像製作中，我特別想提兩部長片：陳梓桓的《亂世備忘》和許雅舒的《風景》。雖然前者是紀錄片，而後者主要是劇情片，但我覺得兩部電影的氣氛、觸感和思想都有相通，帶出佔領電影的某種共性。《亂世備忘》入圍第53屆（2016年）金馬獎最佳紀錄片，雖然沒有得獎，但在香港和台灣都有不少上映機會，甚至在台灣的公視曾被免費播放，是幾部雨傘紀錄片中比較為人知道的。電影記錄了導演陳梓

桓參加雨傘運動的經歷，他就如數以萬計的港人一樣，為了聲援學生及抗議警方鎮壓和拘捕示威者，帶着拍攝機走上街抗議，他衝在與警察對峙的前線上，在等待中認識了身旁幾位陌生的參與者。在之後的三個多月中，陳梓桓嘗試繼續用攝影機記下她們參與活動的身影和掙扎，包括港大就讀文學與法律的 Rachel、在佔領區教英文的吉利蛋 Keric、駐物資站成熟有主見的甲由哥、長洲長大的地盤分判商阿耀、希望結婚的基督徒阿峰；也有比較後期才出現的，例如中一就停學的阿傑、在珠海長大愛在自修室溜達的毛毛、以及那個穿着校服到旺角佔領區留守的女中學生等。

　　127 分鐘的電影分了似乎太多的 20 個章節，而章節之間的關係和分別都不很清楚，電影的組織明顯比較鬆散，「備忘」的概念很重。雖然主要還是跟着運動發展的時間順序，但敘述的開展沒有很清楚的因果關係，所以觀眾不容易進入。電影呈現的衝突的段落不多，更多是記錄了個別人物的生活日常和猶疑，例如阿耀在自修室裏幫毛毛問陌生女孩子的聯絡方法、阿峰和阿耀在龍和道選擇衝還是不衝、還有一眾人討論留在金鐘還是遷移到旺角等等……不斷的進退兩難，也間接顯示三個多月的佔領運動的混沌狀態。其實，無論是雙學三子 (學聯、學民和佔中三子)，還是各自發組織的留守單位，都知道佔領的無控狀態，人群自由進出，就如電影的邊框無法把人物鎖在電影內，香港人拒絕被政權操

弄，電影的人物也不受導演所管控。電影沒有甚麼客觀開豁的鏡頭，就算是開場的靜觀一幕，燦爛煙花只佔兩旁的較少空間，構圖更重要的是拍滿了車但又很感覺孤寂的龍和道，相比佔領時期曾經發生過的種種衝突、騷動和焦慮，國慶的煙花顯得很荒涼。在電影裏，拍攝者的主觀位置很突出，但又往往卡在人群中，個人與群眾的關係很糾結。一方面，主體的能動性很強烈，另一方面，這主體又很多時候無可奈何地跟在群眾後面。似乎拍攝者很清楚自己作為抗爭者的位置，在客觀記錄和主觀經歷中，後者在電影的位置明顯重很多。這跟兩部由比較成熟的導演拍攝的雨傘紀錄片《幾乎是，革命》和《撐傘》分別最大。

《風景》由許雅舒執導，她之前已經拍了兩部長片《慢性中毒》和《哭喪女》，都不是主流的商業片。雖然《風景》實驗意味不算太強，但片長三小時也代表了一種導演對觀眾的挑戰態度，也沒有院商願意放映。電影有四條故事線：首先，大學生太初和女友宜參與首次的「佔領中環」，佔領匯豐銀行總行的公共空間近一年，中間，宜因襲警罪入獄，太初不敢去探望，卻戀上宜的母親雲。另外，格言的祖父是香港某名牌醬油的第三代傳人，他的生活富裕但無意義，本來很討厭社會行動者，因緣際會卻參加了佔領運動，突然明白「本土」的商業價值，回去八鄉復興祖業，成功製作和營銷新一代有機醬油，是典型的香港「聰明仔」。第三條線

是他的前女友敏，她是記者，厭倦傳統電視新聞的偽善，決定轉做網媒，希望能以採訪老人的方法，把碎片的香港歷史記下。第四條線索是內地少女李彌，一心只想做一個真正的香港人，她與男友彥（太初的朋友）蝸居於舊區套房，直至在天台遇上網絡神祕女子蝦米，開始想找自己的路。四條線索偶有交雜，但沒有一個角色貫穿整部電影。導演還加插很多訪問，以及邀請曾經參與2011年第一次佔領中環的參與者互相討論，現實和虛構的人物眾多，觀眾不容易跟隨。

這部電影以2011年第一次的佔領中環開始，以2014年的雨傘運動作結，但主要故事圍繞第一次佔領，第二次佔領在電影中更像是一種抽象的社會氣氛。電影虛實相間相照的運作，在重現佔領中環的場景中最為深刻：因為匯豐大樓的地面公共空間不容許搭景拍攝，導演就把景搭在四個不同的地方，包括深水埗、夏愨道橋底、貨櫃碼頭和廢棄天橋上，讓佔領中環重新在香港各地再延伸，也默默回應雨傘運動後的遍地開花口號。電影最讓我感動的是黃衍仁的音樂，電影第一幕，steadicam鏡頭跟在主角太初的後面，看他獨自在鰂魚涌街道蹣跚前行，結尾也是一個長鏡頭，這次卻面向主角太初，直面他步行於金鐘佔領區，兩段都配上黃衍仁沉鬱、感傷又堅定的音樂，邀請觀眾跟太初一起思考兩次佔領的意義，以及感受當中得到的沉澱和力量。

兩部電影的分別當然很大，《亂世備忘》是紀錄片，主要記錄2014 年雨傘運動的幾個參與者，而《風景》是劇情片，人物都是虛構的，故事主要圍繞第一次佔領中環，也有幾個人物跟佔領沒有直接關係。而且，《亂世備忘》非常感性，人物和導演都很熱血；反而《風景》整體來說很沉鬱，尤其是太初和雲的感情，既不浪漫又不熱情，也沒有讓當事人洗滌淨化。但是，兩部電影又有很明顯本質上的相通。首先，《風景》有很重的紀錄片成分，除了在雨傘運動拍的實景外，還加插之前保衛天星、皇后碼頭等社會運動的錄像，也邀請第一次佔領中環的參與者再聚在一起討論社會政治議題。我們甚至可以說，香港這幾年的社會運動史才是電影的主角，各個虛構人物只是電影的背景。另一方面，《亂世備忘》的人物探討很強，主要人物都有很明顯的個性推展和發揮，跟《風景》一樣，《亂世備忘》也着意帶出各色人物在親友期許、自我前途、以及社會理想中紊亂的掙扎，尤其是電影導演對自己的探索意味很強，加入自己過去的家庭錄影帶片段，也有訪問者直接說出對導演的感受。

　　另外，電影的主角——《亂世備忘》的陳梓桓和《風景》的太初——都是年輕的男性運動參與者，對時局感到既憤怒又無助，相比女性朋友參與者的勇氣和承擔，男主角都顯出自己的懦弱和頹唐。兩部電影對行動者都表示很大的尊重，例如《亂世備

忘》選擇以Rachel寫給老師陳弘毅不卑不亢的抗議信作結，就明顯看出導演對Rachel的思辨、勇氣和尊嚴的佩服。（圖九・一）而《風景》的宜也是一位寫信者，她在電影是唯一一個因參與佔領而被監禁的人，她在電影中不斷讀出自己寫又沒有人接收的信，雖然她在電影沒有跟任何角色有直接互動，但在信中她不停質問抗爭的意義，以及懷疑自己有沒有被忘記、被背叛，宜在電影可以被看成是一個政治主體的化身，在鞭策眾人，也自我拷問（圖九・二）。她也是太初和母親之間的中心，雖然被監禁，但她的不斷說話，反托了兩人的失語。

兩部電影都承載了太多的思考，放了很多很多電影人似乎無法駕馭的問題，人物錯綜複雜，但所有個體都在主動和被動中徘徊。在一個訪問中，我問陳梓桓拍攝《亂世備忘》的主要意圖，他回答：

> 一直都想放多一點自己〔在電影裏〕，但最大問題是自己想不到要說甚麼，運動完後感到很迷失，要處理曾經經歷過的事情，又找不到一個清晰的脈絡去帶出一個那時候很相信的東西。那種抗爭的手法，來到今天，又可能出現很多挑戰和懷疑，未能組織出來。所以很難有個特定的訊息，反而在片中尾段帶出了那種迷茫、迷失。關於我自己……自己不是很

圖九·一：《亂世備忘》以 Rachel 寫給老師陳弘毅不卑不亢的抗議信作結。　　陳梓桓提供劇照

大膽、衝得很前的人，容易感到無力。在大學讀完政治後出
來工作，一直都有這種心態，認為改變不了。所以為甚麼我
會拍這幾個人物，因為她們有一些我沒有的東西，例如她們
很有勇氣，我是懦弱的人，她們是一班有勇氣的人。[1]

另一邊廂，雨傘運動結束三年後，我問《風景》的導演許雅舒
對傘運的思考，她覺得運動對她來說依然很接近，還是沒法把它
的意義整理出來，對第一次佔領的討論沒法在第二次中延展感到

圖九‧二：宜在電影中不斷讀出自己書寫又沒有人接收的信。　　　　　許雅舒提供劇照

非常可惜，也對香港主流社會對雨傘運動的快速遺忘覺得很恐懼。[2] 2017 年社運人士被加判刑期和監禁，為本地和國際社會帶來很大的迴響，今天觀眾聽到宜讀出自己在獄中的書信，竟又產生電影沒有預設的回聲。兩部電影都意識到歷史的懸而未決，社會的分裂矛盾，乃至電影人自己在無力和思考中徘徊。兩部電影都處在一種被理性和感性的強烈撕裂中，《風景》記錄的真實討論和訪問沒法和虛構的人物和故事產生調和，而《亂世備忘》也讓觀眾感受到一眾參與者不停在客觀分析與主觀感受中頓挫。最重要

---

[2]　作者訪問許雅舒 2017 年 11 月 29 日。　　　　　　　　　`

的是，兩部電影都沒有結論，但不代表沒有態度；很多躊躇，但不會因此拒絕參與。電影對歷史、對將來的開放態度，正反映了雨傘運動後香港的某種狀態，又或者，這是我們現在最應該珍視的狀態，因為大家在鬱結中仍然願意思考，願意詰問，也不迴避行動。這代表了這個社會還在動，在生長，也在感應。

新的電影文化

　　香港雨傘運動的影像豐收其實不是特例，更不應被看成是香港電影文化優越的結果，其實過去幾年我們看到很多以不同的全球佔領運動為題材的作品面世，尤其是紀錄片，有長片短片，都表現了參與者希望通過影像來記錄運動的倡議和掙扎，或是電影工作者對運動和社會的反思。短片不說，就是已放映的長片也可以說是百花齊放，例如埃及的 *Cairo Drive*（導演 Sherief Elkatsha，2013）、*The Square*（導演 Jehane Noujaim，2013）、*I Am the People*（導演 Anna Roussillon，2014）、*Beyond Tahrir*（Alef Lam Mim 及 Endless Eye 合導，2014）；希臘的 *Debtocracy*（Katerina Kitidi 及 Aris Hatzistefanou 合導，2011）和 *128 Days at the Roadblocks*（Konstantinos Katrios、Afrodite Bampasi 及 Epameinondas Skarpelis 合導，2013）。佔領華爾街運動更是紀錄片的豐收，比較受矚目的包括 *Occupy Love*（導演 Velcrow

Ripper 2012）、*MIC Check: Documentary Shorts from the Occupy Movement*（導演 Nick Shimkin，2012）、*Occupy Unmasked*（導演 Stephen Bannon，2012）、*99%: The Occupy Wall Street Collaborative Film*（Audrey Ewell、Aaron Aites、Lucian Read 及 Nina Krstic 合導，2013）、*Occupy: The Movie*（導演 Corey Ogilvie，2013），以及 *The Fall of Occupy LA*（導演 Tony McGrath，2015）。多部西班牙的紀錄片也是圍繞佔領運動的，例如 *The Square, The Seed of Occupy Movement*（導演 Adriano Moran，2011）、*15M: "Excellent. A Wake-Up Call. Important"*（導演 Stéphane M. Grueso，2013）。距離我們最近的台灣，也有 2014 年的由台灣社運影像工作室和群架製作共同製作的《賤民大戰星光大道》以及由十位電影人合導、台北市紀錄片從業人員職業工會製作的《太陽·不遠》。

香港的雨傘電影跟以上的佔領電影在本質上沒有太大分別，因為佔領是長時間的留守，參與當中的人，在感情上、思考上的反思都會有相當的積累，大家用各種文化載體來記錄和沉澱很正常。但如果香港有關的影像拍攝和製作活動好像更活躍，可能是因為雨傘運動所佔領的空間和時間都比較寬廣，對整個城市的影響也特別深刻。香港的政治氣氛當然讓很多人感到無奈無助，大家嘗試用不同的文化載體來抒發自己，但更重要的是，香港的雨傘電影的背景不單止有雨傘運動，也有香港電影工業的衰落，以及一種新舊兩代的矛盾。

我們可以先從人員方面，探討這個新舊交替的狀態。一方面，近年香港有關電影製作的大專教育急速發展，九七年後香港大專院校提供電影或錄像製作的課程持續增加：學位課程方面，提供傳統的工業訓練有浸會大學和演藝學院，提供多媒體的課程有城市大學和理工大學；至於在高級文憑的層面上，相關的課程更為繁多，很多院校都開設媒體製作的課程。再加上很多坊間的訓練課程，每年都有大量的專業人員投身業界。在傳統的電影工業不斷萎縮下，人才培訓卻不斷壯大。雖然當中很多內地學生在香港畢業後回國確能找到理想職業，但香港同學畢業後如果不願意到內地，在港的工作機會不多，能夠進入傳統電影工業的人員鳳毛麟角，更遑論能夠成功留下，進身主創，帶領工業發展。

　　這無疑是很多創意產業的特點：競爭大，自由身工作者多，沒有工會，也沒有保障，很多從業員都要面對不穩定的收入和工作機會。但今天的香港電影工業環境特別困難，主要原因是打着「香港電影」旗號的作品，很多的製作和後期製作都不在香港進行：在製作方面，很多中港合拍片都在內地拍攝；而後期製作則大多在泰國、台灣或韓國進行。有些工種，例如製片和音效，依然會僱用香港年輕一代，但始終需求不多。這種慣性基本上已經呈現，而電影公司相信這種跨境安排能用最低的資源帶來最高的效率。

事實上，合拍片基本上無助就業，反而有掏空本地工業的趨勢。不錯，合拍片能給電影公司和上線的主創人員帶來巨大市場，但下線的大部分從業員的掙扎越來越大，很多比較有名氣的終年要往返內地，年輕的必須依靠前者當主創的副手，畢竟這些位置不多，加上工資越來越低，一個新入行的大學畢業生月薪可能在五千之下。除了利用和剝削年輕人的熱忱和理想外，這個行業很難保留人才。更致命的是，要逢迎的市場越大，電影的思考和內容只會越保守，這是所有文化工業的結構問題，很多有大專訓練、有思想抱負的朋友，對今天的電影工業很容易失望。

在這樣一個非常不成比例的金字塔結構下，大量年輕人取得職業訓練，卻只有極少數能夠、或願意在商業電影工業中發展。我們已經不能再說香港有一個完整的工業存在。有意思的是，過去幾年這個結構問題間接造就了香港獨立電影文化的活潑發展。因為這些年輕人普遍能通過自由身或自組公司找到基本收入，如製作婚禮拍攝、企業錄像製作、拍攝廣告或音樂錄像、甚至教授興趣班等，雖然生活不穩定，她們很多對電影或錄像創作的熱情不死：傳統工業不成氣候，大家就嘗試不同的可能，通過自身的毅力和堅持，再加上社會上慢慢形成的另類文化體系，她們又把路走出來。可惜的是，辛苦找到的小徑很快又走盡，又要再回到「找出路」的輪迴：這是網絡文化的詛咒，也是小市場的命運。

一個例子是「學舌鳥」Mocking Jer，它是一個雨傘運動中成立和冒起的90後團隊，主要成員是演藝電影電視學院的同學，他們拍了一部以90年代蠱惑仔電影為題材的惡搞短片《陳浩南教書篇2014》，在網上爆紅。之後，《日日去鳩鳴》MV又捧紅了華dee（何啟華），他在訪問中透露，修讀演藝學院的表演課程原來是希望進入電影圈做大明星，但今天的香港電影已不再捧明星，他只希望找條出路。「學舌鳥」之後再拍攝了兩部比較製作認真的微電影，《龍咁威警訊》和《激戰獅子山》，但都默默無聲，沒有受很大關注。網絡是一個最健忘的地方，華dee的名氣只能維持幾個月，「學舌鳥」再沒有出品，而剩下的游學修就繼續在主流和獨立之間徘徊找機會。

　　在充裕、甚至過剩的製作人員的支持下，香港的獨立電影網路在舉步維艱的狀態下慢慢呈現。資金方面，香港缺乏民間的基金，但依然有部分公營和私營機構提供基金或項目可供申請，例如藝術發展局、香港電台以及香港藝術中心等，都有一定的經費資助電影拍攝。連殿堂級的杜可風也說要通過國際募資網站Kickstarter籌募經費開拍《香港三部曲》。另外，香港的年輕人逐漸對獨立電影產生觀賞興趣，她們部分寧願選擇一些另類的觀看渠道看香港的本土獨立製作，也不會買票進電影院看合拍大片。

　　近年我們看到很多相關的電影節的百花齊放，最早的有同志

電影節，近年發展的香港獨立電影節、華語紀錄片節、社運電影節，還有最新的有種電影節、平地學生電影節等等，都是藝術中心和鮮浪潮電影節以外，香港獨立電影的重要播放渠道，也是由下而上，在已有的群眾基礎上發展出來的有機文化圈，這些小眾電影節也是培養和聚合觀眾群的好地方。也有很多年輕人希望有一個恆常的另類電影放映空間，讓製作人和觀眾有個交流的聚腳點。在一個獨立電影的氛圍中，製作和欣賞已經不那樣二分，反而兩者有重疊和互相推動的作用。

獨立電影的製作在人手、資金和觀眾的許可下，參與者越來越多，這些製作雖然仍然有盈利的壓力，但因為面對的始終是小眾，創意可以比較開展。最重要的是，我們不單有一群有興趣有能力的工作者，也有一個不斷壯大和分化的小眾觀眾群組，她們開始接納不同的題材和類型，尤其是在香港電影一直被嚴重忽略的紀錄片，近年有很活躍的發展。也就是說，雨傘運動中看到那麼多豐富的影像紀錄，很大程度是受益於一個新的電影文化的成長與生機。

當雨傘運動告訴我們年輕一代有其想法和美學，當佔領區內的文藝作品比商業製作的出色和感人，社會是時候放棄把香港電影等同商業電影，把流行文化等同文化工業。只有把文化工業的光譜無限開展，我們才可以真正看到文化的魅力和生命力。在今

天的香港，當新一代致力建立一個屬於自己的社會時，我們應該花時間論述的不應該是一個狹義的本土文化，而是一個曖昧零散的多元文化空間，讓每一個人都可以在這裏找到一個哪怕是很小很小的、但依然是屬於自己的文化空間，去欣賞、探索和實踐。

第十章
中港跨境的倒錯快感

　　邊境意味着差異：跨越邊境或許是一些人日常生活的一部分，但是對於許多跨境者而言，這同樣是一種越軌、調停，並且有風險的行為。跨越邊境的人也可以找到新的經驗來反思自己的主體性，但這往往需要兼顧好兩種文化（有時甚至是兩種語言）的現實。跨越的主體所經驗到的兩套指涉和符碼需要翻譯、反思和想像，而文化隨之產生。承接第六章的跨本土討論，我希望探討內地—香港跨境的電影經驗，以此來檢視相關的文化和政治內涵。「跨境」本身這個行為可以展示人和制度複雜的關係，甚至表達人的自由，本章通過觀眾和作者的實踐，看中港差異的文化創造性。我反對那種將領土邊界簡單地指責為阻礙文化交流與行動的觀點。相反，跨越這個行為本身就具有政治和文化上的意義，因為邊境能使差異得以實現，並保護這些差異。

　　內地—香港的邊境是世界上最繁忙的邊境之一，同時也是各種力量極度活躍的場所，旅客和居民之間產生了許多政治和文化

上的張力。香港已經連續九年被評為全世界遊覽人數最多的城市（Meng, 2017）。它在2016年接待了超過2,600萬遊客，幾乎是自己人口數量的四倍。其中，超過七成的過境者來自內地（Tourism Commission, 2016），當中也存在着很多非遊客人群，例如每天來往於邊境的工作者、學生以及購物者。與此同時，香港持續協調着中國資本的流入和流出。這座城市是最大的人民幣離岸中心，同時也處理了中國公司絕大多數的全球首次公開募股。這些跨越內地和香港邊境的活動見證了中國在全球的崛起，以及隨之而來的榮耀和問題。儘管北京政府不斷地提醒世界和香港人民「一國」高於「兩制」，但是對政府和人民而言，兩地之間的差異在許多方面仍然是非常重要的。作為一座社會主義系統內的資本主義城市，香港保證並合理化了兩種對立的政治經濟的運行，兩地之間的差異也促使資本的流動。更為微妙的是，香港始終為內地人民提供了一種外部的願景或構想，能夠培養文化和政治想像。

在這篇文章中，我想要從電影的角度來探討這一邊境。跨越兩種電影文化意味着一次經驗的轉變，這不僅是感官上的，最終也是政治上的。我們過去太簡單地將電影視為跨文化的，認為全球的觀眾和電影製作者時刻準備着超越她們的文化界線來觀看和製造電影。但在香港的當下，在中華人民共和國的主權領域之內，中港兩地的電影仍然是有別，而大家還是努力經營着這些區

別。這種「一國之內」的邊境是一種具有生產力的邊界，我們應該努力去保護而非消弭它。[1]

正如許多女性主義電影學者提醒我們，電影存在着一些本質上是色情的東西，這不僅僅說性是電影最重要的主題和題材之一，而且觀看電影的行為本身也總是暗示着窺淫的快感和閹割的恐懼，無論這一行為是公共的還是私人的。[2]這篇文章將以兩部香港色情電影作為開端，這兩部電影吸引了許多內地遊客／觀眾跨越邊境來獲取在公共影院觀看色情的經驗。接着我將討論一些由香港電影人製作的內地票房巨片，這些導演反向地跨越了同一道邊境。在這兩種跨境行為中，我們分別看到了對感官快感的追求和壓抑，一方面見證了性如何在內地電影中被禁止，另一方面也看到由香港導演製作的合拍片仍然隱藏着一些有「類性」的狀態，這與影片所描繪的奇觀和暴力有關，有時也投射出一些離經背道的東西。我的目的不在於將香港電影人的作品本質化，但我確實相信在內地電影工業和市場不斷擴張的過程中，「香港」仍然佔有一個位置和一種身份認同，並且這一身份是無法被化約入更大的泛中國文化之中的。

---

[1] 2017年3月，時任國務院總理李克強在第12屆全國人民代表大會上提出要擴大內地、香港和澳門之間的合作。這個粵港澳大灣區計劃試圖全力地消除三個區域間的邊界。

[2] 這一領域最經典的研究顯然是Laura Mulvey's "Visual Pleasure and Narrative Cinema," *Screen* 16, no. 3 (1975): 6–18.

香港與內地的電影邊境

在1949年之前，中華民國有許多的電影中心，[3]其中上海與香港作為最大的電影中心，分別生產了絕大多數的國語和粵語影片。兩個工業和市場並不簡單以國界劃分，而是依據由廣東省粵語區和東南亞離散粵語區所形成的一種模糊的語言界限（Pang, 2002: 179–187）。這些邊界從來都不是僵化的，兩個生產中心在資本、人員和創意方面都存在着緊密的聯繫。總體而言，香港和上海製作的影片有許多跨越政治邊境的方法來到達各自的語言市場。但是從1952年起，新的中華人民共和國政府在內地明確禁止了絕大部分的香港文化產品，這使得兩個主權區域的政治邊境同樣成為了文化上的分界。儘管兩地之間仍有一小部分的電影流通，但是在社會主義時期，邊境雙方的電影製作者和觀眾基本來說是彼此分隔的。

與此相對，台灣的國民政府卻特別努力地將市場向香港電影開放，有其非常明確的政治目：加強港台兩地的文化聯繫，並防止香港電影成為中華人民共和國的宣傳機器（黃建業，2005：212–213）。諷刺的是，1950年代香港電影的快速發展很大程度上

3　關於廣州的電影工業，參見 Liu, Chao, and Xu (2018)；關於重慶電影工業，參見 Bao (2015: 265–374)。

反而得益於中國的社會主義化，因為這間接鼓勵了這座城市的電影工業為廣大海外離散區域快速生產出大量的作品。除了已經非常繁盛的粵語電影，新的國語片也得到了蓬勃的發展，類型與主題內容快速擴展（Fu, 2008: 1–26）。儘管中華人民共和國政府也很努力地支持香港的左翼影人，但是此類影片大都無法接觸到內地的觀眾，因此內地觀眾對香港電影的影響幾乎是零（沙丹，2010：30–44）。總體而言，香港電影在1997年之前被認可和稱頌的快速發展中，中國因素是明確缺席的。[4]

香港的電影工業從來都不獨屬於這個城市的人，這一點已經得到了廣泛的論述。[5]有學者就將1956年到1979年間的香港電影稱為離散的中國電影（Chu, 2003: 22–41）。但是香港電影的獨特之處也在於它自戀的一面，即它對世界的開放並不會消解自身對這座城市的強烈認同。我們或許可以將九七前香港電影視為一種帶有強烈城市身份的世界主義電影。[6]不少香港電影都有一種對外部世界的敏感度，而對自己城市文化的關注也往往突出其多元性

---

[4]　例如，在其研究97前香港電影的經典作品 *Planet Hong Kong* 中，David Bordwell 很少提到中華人民共和國，除了在有關香港電影工業的歷史、動作電影的文化根源以及97恐懼等片段快速略過之外。見 Bordwell (2000)。

[5]　例如可以參見 Michael Curtin (2007)，以及論文集 *Hong Kong Connections: Transnational Imagination in Action Cinema* (Morris, Li, and Chan: 2005).

[6]　我所指的世界主義不是世界大同，而是一種願意接納矛盾和衝突的世界觀，對外和對內都能接受不穩定性，開放差異所帶來的能量。

而不是統一性。它現代性的軌跡一部分來源於自己與中國內地的不同，一部分也來源於它對外的開放，以及對西方的持續模仿。

進入到後殖民階段，中華人民共和國和香港的政治邊境如今被法定在「一國兩制」的框架之下，這一框架強調唯一的政治主權，但同時也保證了跨越邊境、並行不悖的經濟和文化系統。但正是在這一新的歷史篇章中，香港電影幾乎被龐大的內地市場和工業所吞沒。可是，在中國民眾中，香港電影這個概念沒有被完全消解，反而繼續代表着不同的差異性。

跨越邊境的觀眾

內地遊客為了各種各樣的消費來到香港，從名牌手袋、化妝品到嬰兒配方奶粉和藥物。她們也為了體驗而來，這些經驗有的來自較為傳統的旅遊景點，例如山頂和迪士尼樂園，有的則來自香港常見內地卻無法看到的活動，例如街頭抗議和每年的六四紀念集會。2007年，許多內地人到香港觀看電影《色‧戒》的未刪減版，這部由李安導演的色慾電影使年輕的湯唯在中國的事業走向了長時間的停滯。2011年，一股相似的跨境觀影潮再次發生，這次觀眾是為了孫立基導演的《3D肉蒲團之極樂寶鑑》(以下簡稱《3D肉蒲團》)而來。這部影片宣稱自己是全球首部3D色情電

影，並且短暫地復興了香港獨特的軟性色情電影類型。在香港的電影評級系統中，這兩部電影都被劃分為三級影片，這意味着18歲以下的觀眾無法進入影院觀看。但最有趣的是，這兩部電影最後都成為當年香港本地票房冠軍。《色‧戒》在香港獲得了4,869萬港幣的票房，而《3D肉蒲團》在2011年上映了118天，獲得了4,108萬港幣的本地票房收入。儘管缺乏任何的官方數據，但是我們可以確定這些票房紀錄並不單單由本地觀眾組成，當中也包括了許多由內地遊客貢獻的票房收入。[7]2012年，《3D肉蒲團》的製作公司出品了一部同一班底、題材接近的電影《一路向西》，由胡耀輝導演，但它僅僅獲得了不到之前一半的電影票房（接近1,900萬港幣），這股潮流由此結束。

與其他大部分香港電影需要到當地影院接觸觀眾的情況不同，這些色情電影的觀眾自己從中國的各個地方來到香港。在當前網絡色情如此泛濫的情況下，[8]內地觀眾到香港觀看《色‧戒》和《3D肉蒲團》顯然是被一種在公共場所觀看色情的經驗所吸引。就《色‧戒》來說，內地的許多討論都有關梁朝偉和湯唯之間的性愛場景，尤其圍繞着電影是否拍攝了真實性交這一問題。《3D肉

---

[7]　這種情況被廣泛地觀察及記錄到。例如可參見 Beaton (2011)。

[8]　關於中國網絡色情情況的綜述介紹，參見 Jacobs (2011)。

蒲團》的公眾評論更是沸騰，甚至有內地時事節目報道，因為它是一部3D電影，這意味着這種視覺奇觀無法在家庭環境中複製，使得電影不僅成為一個奇觀，更是一個真正的慾望對象。[9]

　　然而這兩起事件又是非常不同。首先，《3D肉蒲團》中添加很多喜劇元素，使得整體的觀賞氣氛比觀看《色·戒》輕鬆很多。其次，除了少數日本成人影片的死忠粉，大部分內地觀眾並不熟悉這部2011年電影中的大多數角色，因此她們並非像《色·戒》的例子中那樣是為了知名的華人男女演員而來。同時，《色·戒》使用的是普通語，而《3D肉蒲團》中所有角色説的都是粵語，甚至連中文字幕也採用了粵語的形式，這對於非粵語的觀眾而言並不好懂。更重要的是，《色·戒》被認為是一部值得尊重的作品，因為它由一位世界知名的導演拍攝，並改編自或許是二十世紀最重要的中國女作家張愛玲的小説。但是《3D肉蒲團》絕對屬於低端的娛樂電影。許多觀眾覺得這部電影胡混亂套，更像是一部典型的香港喜劇動作電影，它充滿了不連貫的敍事轉折和無意義的殘酷場景，令觀眾無法以傳統的方式與角色產生認同並被縫合進性愛

9　例如可參見旅遊中國網（2011年4月25日），〈《3D肉蒲團》成香港旅遊項目，旅行社增加觀影團〉，上網日期：2018年3月19日。http://www.china.com.cn/travel/txt/2011-04/25/content_22433800.htm。

場景之中。導演解析這種安排是市場考量，因為巨大的投資（尤其是當時香港導演仍在努力嘗試掌握3D技術），必須要有一個大於傳統色情電影觀眾的市場才能得到保證，因此這部電影必須加入其他的類型元素來吸引主流觀眾。如果説《3D肉蒲團》是一個色情、暴力和特效的混雜體，那麼相比之下《色‧戒》則是一部體現了李安和張愛玲兩位大師級藝術家美學和世界觀的高雅電影。

在對《色‧戒》的細讀當中，周蕾將我們引向了福柯有關情色藝術 (ars erotica) 和性科學 (scientia sexualis) 的區分。對福柯而言，情色藝術是指古代世界對於性的非超越性理解，強調實踐而非真理；但性科學主要是現代西方社會的產物，其將性視為一種秘密卻又不斷地談論它，在規訓和監視的條件下產生了豐富的知識 (Chow, 2011: 555–563)。周蕾認為《色‧戒》屬於第二種類型，因為這部影片更多地關乎一種新的東方的可見性，觀眾不斷地被影片吸引去深入探索中國的「秘密」。我認為《3D肉蒲團》或許比《色‧戒》更屬於一種性科學。儘管它的「知識」並不那麼隱密，但是這部電影圍繞着內地觀眾產生了許多有關如何觀看影片以及觀影期待的討論。如果説很多《色‧戒》的觀眾有興趣討論電影中梁朝偉身體部位的可見性以及性姿勢的實際可行度，那麼內地網站上關於《3D肉蒲團》的討論則主要集中於遊客跨境去香港觀看色情電影的實際行動，例

如上映的影院、場次，還有很多一天旅行團，大巴從廣州直接到戲院，之後還有購物時間。網上也有價值168元人民幣的旅遊套餐出售，包括一套往返火車票、一份餐飲，再加上一張電影票。[10]

顯然，那些真正到香港觀看色情電影的內地觀眾仍然是鳳毛麟角。但是這些還是為數不少內地遊客的觀影行動，可以幫助我們理解跨越邊境如何經常包含了越軌、快感，而這些都是商業電影經驗的本質要素。對於這些觀眾而言，跨越內地—香港的邊境意味着跨越一道分水嶺到達一個另類的感官區域，她們已經準備好擁抱這些語言、表演者和類型的不確定性。這兩部電影也許屬於兩種不同的「等級」，但是對跨境的觀看者而言，這兩部影片最後都帶給遊客某種異域經驗和視覺刺激。我在觀看《3D肉蒲團》的過程中，從觀眾中聽到了更多的普通話而非粵語。其中有一對或許是夫妻的內地觀眾，在入場前拍攝了一張她們揮動電影票的照片，或許打算很快地分享到她們的社交媒體上。在這期間同樣也有無數的信息被發布在內地的社交媒體之上，嘆息個人缺乏任何藉口到香港觀看這部電影。對於那些跨境的觀眾而言，觀看電影這個行動本身就是高度表演性的。她們所獲得的快感不僅是情慾的，同時也是政治上的賦權，以此表示她們逃避政府控制的可行動性。對話不一定聽

10　廣東和平國際旅行社廣告 (2011年4月22日)，「《3D肉蒲團》電影及一日遊」，上網日期：2011年11月3日。http://lxs.cncn.com/46859-news-show-55558.html。

懂，字幕不一定看懂，幕前幕後可能沒有一個認識，但能夠跨越某種政治文化的邊界，可能才是最讓觀眾興奮的原因。

跨越邊境的電影人

近年來內地電影市場的快速擴張是現象級的。內地電影總票房在2018年2月超越了100億人民幣（15.7億美元），打破了保持七年的單地區單月的票房記錄：2011年7月的北美票房紀錄為13.95億美元（He, 2018）。但這同樣是一種非常「乾淨」的電影。由於缺乏劃分成人電影與其他電影的分級系統，整個國產電影的道德標準必須以青少年的視角來衡量。更糟的是，這個工業還受制於一個以其不穩定性和不可預期性而昭著的審查制度，因此製作的電影往往在道德和政治上是保守的。電影自其誕生以來，已經成為一個情緒和身體經驗的工廠。它既通過思想又通過感官來製造主體，因此電影經驗不僅是情感的，也是感官的。電影可以成為被隱藏和壓抑的情緒得以展示和放大的地方，如何操縱這些情感也決定了一部商業電影的成功與否。當前內地電影工業的一個主要問題就在於如何與審查制度周旋。電影所提供的快感範圍已經大大縮減，剩下的部分似乎還需要小心地迎合愛國主義和社會穩定的目標。

儘管存在着許多市場管控措施，拍攝電影在當前的中華人民共和國仍然是一個非常有利可圖的商業活動，香港電影工業為此提供了源源不斷的熟練勞動力，尤其是那些高層次的職位，以滿足工業發展的巨大需求。我們或許可以說，香港人才和電影人對內地電影工業和市場的發展所做出的貢獻是非常重要的。這些導演作為一個特別顯著的群體，在新的內地電影中展示着香港的價值、美學和組織方式。

　　正如表一所示，中國票房收入前20的電影大多可以被歸類為跨界電影，可指在空間上或是時間上的跨越。其中《戰狼2》、《紅海行動》、《美人魚》(我將在後面詳細討論)、《唐人街探案2》、《功夫瑜伽》、《尋龍訣》、《港囧》、《人在囧途之泰囧》、《湄公河行動》九部電影都是中國人在外國發生的當代故事，而《捉妖記》、《捉妖記2》、《西遊伏妖篇》、《西遊降魔篇》、《西遊記之孫悟空三打白骨精》、《長城》這六部電影故事都設定在古代世界。[11]這些跨界電影大多由香港導演拍攝，只有五部講述當代中國故事的電影不出意外地由內地導演執導。

---

[11]　我們也看到，這兩年內地電影製作，有把故事由古代轉為在外國發生的趨勢，似乎很多觀眾對古裝電影開始產生厭倦，但取而代之的並不是今天的現實故事，這跟審查不無關係。

表一：中國票房收入前 20 的國產影片（截至 2018 年 3 月 15 日）

	電影	年份	內地票房 （人民幣）	導演 （*香港導演）
1	《戰狼 2》	2017	56.81 億	吳京
2	《紅海行動》	2018	34.04 億	林超賢*
3	《美人魚》	2016	33.92 億	周星馳*
4	《唐人街探案 2》	2018	32.00 億	陳思成
5	《捉妖記》	2015	24.27 億	許誠毅*
6	《羞羞的鐵拳》	2017	22.07 億	宋陽，張吃魚
7	《捉妖記 2》	2018	21.82 億	許誠毅*
8	《前任 3：再見前任》	2017	19.42 億	田羽生
9	《功夫瑜伽》	2017	17.53 億	唐季禮*
10	《尋龍訣》	2015	16.83 億	烏爾善
11	《西遊伏妖篇》	2017	16.57 億	徐克*
12	《港囧》	2015	16.14 億	徐崢
13	《夏洛特的煩惱》	2015	14.42 億	彭大魔，閆非
14	《芳華》	2017	14.23 億	馮小剛
15	《人再囧途之泰囧》	2012	12.67 億	徐崢
16	《西遊降魔篇》	2013	12.46 億	周星馳*
17	《西遊記之孫悟空三打白骨精》	2016	12.01 億	鄭保瑞*
18	《湄公河行動》	2016	11.85 億	林超賢*
19	《長城》	2016	11.75 億	張藝謀
20	《心花路放》	2014	11.65 億	寧浩

** 紅色：電影設定在海外；藍色：電影設定在古代世界

儘管也有一些香港女導演被邀請拍攝合拍片，例如許鞍華和黃真真，但是這些票房巨片仍然是以男性導演為主的。事實上，所有這20部電影全都由男性導演執導。這種情況並非中國獨有，而是全世界的商業電影工業中都存在着性別上的極端不平衡。如果説普通的內地男女觀眾為了享受在公共場合觀看色情的樂趣來到香港，那麼為了販賣某種感官的經驗，這些香港男導演同樣也跨越了邊境。或許除了陳可辛之外，這些香港導演都以跨界的故事為觀眾提供幻想，部分原因在於她們無法掌握那些可以使內地觀眾獲得共鳴的當代內地故事，但更重要的是，這些香港影人之所以被邀請拍攝這些跨界電影，恰恰也是因為她們並非內地人，在內地生活長大的導演可能會因為太過置身於自己的社會而無法為想像和刺激提供空間。同樣值得注意的是，這些電影中沒有導演是來自台灣或世界其他地區。香港導演被信任可以提供一種既不過分牽強又易於被大多數主流觀眾所接受的跨界幻想。我們必須了解到，在商業電影工業中，尤其是當前帶有極大投資的內地商業電影工業中，導演通常並不由自己啟動一個項目，而是被要求去執行一個已經得到廣泛調研和集體設計的項目。

　　在這一點上林超賢是一個有趣的例子。他執導的《湄公河行動》和《紅海行動》既與香港毫無關係，也沒有香港演員參與。它們都歌頌了中國人民解放軍在海外的軍事行動，並製造出強烈的

愛國情感。《湄公河行動》的故事來自2011年的湄公河慘案，在這一事件中，兩艘貨船上的13名中國船員被一個緬甸販毒集團所謀殺。這部電影謳歌了一群被中國政府派往海外揭開謀殺真相的中國官員。林超賢最新的電影《紅海行動》獲得了2018年中國春節檔的票房冠軍，據稱，它的拍攝主要是為了紀念中國人民解放軍成立90週年以及第19屆中國共產黨全國代表大會。它講述了中國海軍特種部隊在海外阻止恐怖分子行動計劃，並在非洲某國內戰中拯救數百名中國公民和海外華人的故事。一位香港導演被委以信任來執導這樣重要的主旋律項目，或許更多的是出於商業考慮而非政治決定。林超賢的這兩部電影充滿了動作和暴力，並且瀰漫着堅定的愛國主義情感，它們一同構成了一種新的中國愛國影片的風格。最詭異的是，因為暴力關係，《紅海行動》在香港被評為三級電影，在內地卻是所有觀眾都能看，童叟無欺。中國電影局副局長周建東就將《紅海行動》稱為「主旋律與商業化高度融合的典範之作」(Chow, 2018)。實際上，目前中國票房收入最高的電影，也是一部軍事電影《戰狼2》，它的導演吳京也曾經多年在香港發展事業。這些由香港訓練的男性導演被相信可以將如此高腎上腺素的電影項目恰當地納入到愛國主義的意識形態之中。

在這兩部合拍片之前，林超賢在香港主要以他的心理—動作片著稱。例如電影《證人》(2008)、《逆戰》(2012)和《激戰》(2013)

都呈現了對角色情緒和動機的精神分析，這些毀滅性的角色往往遊走於好與壞之間，深陷於自戀式的行動或無法達成的任務。其實《紅海行動》在某程度上是《逆戰》的翻版，很多場景和拍攝手法都非常相似，但最大的分別是，《紅海行動》描繪的是中國軍人，而《逆戰》的主角是為美國的國家安全局工作的一位華籍探員，因此，導演編劇可以為後者引出很多的個性分析，他可以優柔寡斷，可以模稜兩可，但前者的英雄氣質必須完整。在兩部「行動」電影中，這種標誌着林超賢作者身份的人物塑造完全消失了。更不用說當中的浪漫元素被縮減到了最少，着墨的人際關係也大多變成了兄弟之情，中國軍人不能流露出任何模糊的動機和猶豫。取代這些角色個體性和個人性的則是民族主義情感和中國在世界的崛起。這兩部影片並沒有完全取消人物的本能和慾望，但是當中的「力比多」(libido) 最終被一個全能的民族國家所淨化和解決，這也將中國解放軍官員的英雄主義與每一個中國公民統一了起來。

但也有例外。在這些最受歡迎的內地影片中，我想要重點討論一部獨特的電影：周星馳的《美人魚》。它看上去像是一個發生在中國的當代故事，但是我仍將它歸為設定在中國之外的電影——即使沒有明確說明，影片中的粵語歌曲、由外國人主持的土地拍賣場景和青羅灣的隱喻非常明顯地指涉着香港。這部影

片可以被視為是另一部類型混雜的典型香港商業電影，它既是喜劇奇幻影片，也加入了大量的動作和特效。但是與其他內地票房巨作相比，它又是一部相對曖昧和深思的電影。像以往的周星馳電影一樣，《美人魚》具有高度的自覺性，其中眾多的「周星馳」印記既指涉着他早期的電影作品，也指向了一個與內地不同的香港文化。我們可以將《美人魚》與《港囧》簡單比較一下，後者非常顯著地將香港描繪為主角的記憶，而非一個獨立於內地的文化。《港囧》講述的是一個從小浸淫於香港流行文化的內地中年男子的故事，他無法擺脫自己潛存在粵語流行曲當中有關初戀的記憶，故事描寫了主角如何在一次香港之旅後最終從自己對香港的懷舊中醒悟過來。《美人魚》也同樣微妙地呼喚着行將消失的香港文化，但是與《港囧》不同，影片中這座城市更加模糊與飄忽不定，並且無法被輕易抹去。

我們可以在影片的序幕中看到很多曖昧。這一序幕基本上是獨立於接下來的主體故事的（除了在最後的碼頭場景中博物館館長又非常短暫地出現了一次）。這一開場描繪了一群底層民眾參觀當地「世界奇珍異獸博物館」的經歷，她們很快發現這個展覽其實是一個粗製濫造的拼湊，所展示的也是一些非常劣質的假冒標本。這既呼應着中國有名的山寨模仿文化，也符合周星馳香港電影中標誌性的低俗幽默。在這個場景的結尾，博物館館長自己假

扮成一條美人魚從浴缸中出來，成為一個半裸且面部和身體滿是毛髮的奇觀。一位參觀者對此捧腹大笑，以至於真的昏了過去。在很多方面我們都可以將這個序幕看作是一種後設性的自反：即周星馳本身作為一位庸俗的香港導演將自己展示為娛樂內地觀眾的對象。[12]在博物館內展出的展品都配有繁體中文書寫的名牌，這顯然暗示着香港的所有權。但是對待美人魚倒錯的處理方式或許更加矚目地展示了周星馳對於中港跨境這個抽象概念的反思，無論這種反思是有意識還是無意識的。

　　林超賢的軍事電影向我們表明，對於導演和觀眾而言，跨越邊境並不必然為我們打開新的領域，反而可能將我們帶回自己的身處之地。作為一名被委任拍攝發生在泰國和非洲故事的香港電影人，林超賢最終將中國觀眾帶回了她們原先的居所。觀眾不需要到外面去看世界，世界自然會來到中國，並把自己變成一種日益狹隘的民族主義——中國的軍事可以征服全世界，同樣，中國電影也可以與荷里活電影競爭。這種跨越並不會引入任何陌生的東西，相反，所有林超賢原本可以帶入電影中的挑戰性因素全部被有效地清除了，例如許多不同的動機以及暴力毀滅的後果，電影一概不談。

---

[12] 其中一個指涉或許是《喜劇之王》(1999)，在這部電影中，周星馳不斷地反思自己喜劇演員的角色和位置。

但是周星馳似乎打開了一個新的領域，如果我們把片中香港的指涉和對瀕危物種的保護連結了起來，這可以被進一步擴展到那些有關深層生態學和其他環境討論的更大的關注之中。因此，無論是周星馳從香港跨到內地，還是人魚珊珊從海洋世界跨到人類世界以拯救她的人魚族群，這部電影所隱含的跨境經驗顯然更具跨越性，或者說更加接近南希 (Jean-Luc Nancy) 在他的共同體理論中，所說及的「綻出」(ecstacy)。在南希看來，當我們要建立和保護社群的同時，也要突顯任何社群的統一假象，以及留下「綻出」的可能：建立和拆解必須同時執行。「綻出」可以被視為一種自由，是主體不願意從屬於自己的統一性的表現，但它也是共同體本身的常態，因為沒有共同體是能夠成功框限所有群眾，它體現了主體統一和共同體統一的不可能性 (Nancy, 1991: 6-7)。受巴塔耶 (Georges Bataille) 作品的啟發，南希認為「綻出」可以是常態，也可以是一種純粹的幻想，它代表一種曖昧性，非常不穩定，但它仍然值得我們去追尋，因為這可以幫助我們了解到封閉共同體的不可能性。

作為一名百萬富翁和花花公子，主角劉軒着迷於人魚珊珊的單純和美貌。但是在影片中，人魚又是以不同的倒錯形式被展示出來的。首先，在序幕中，人魚化身成為男同性戀中的「熊」形角色，這體現在博物館館長的體重和身體的毛髮之上。尤其明顯的

是在序幕的結尾，博物館館長被踢出了自己的博物館，身上的人魚服裝也被脫下，暴露出下半身的一部分——他被羞辱的同時也被性化了。在影片的後半部分，當劉軒向警察報案說自己被人魚綁架時，一位警察試着畫出他所描述的人魚形象。這些畫都是倒錯的形象，魚的部分和人的部分被任意並置在一起。這些荒謬的圖畫表明人魚是一個純粹想像出來的東西，最終抵制了任何再現。這種人—魚既是一個非人的主體，又是一個性化的客體。

珊珊是人魚群中的一員，她們藏在青羅灣內以逃避嚴重的海洋污染。這些人魚所居住的環境中很多東西強烈暗示着一種逝去的香港生活，而青羅灣卻被內地人劉軒和若蘭視為非常有利可圖的項目，因而決定開發這片海洋。我們並沒有必要在此情節中強行製造一個簡單的中港對立，但是這部電影很明顯地稱頌了人魚族群奮力求生並維持自己脆弱文化的行動。貫穿全片的黑色幽默暗示了許多交流失敗的時刻，而這也是自我反思和自我批評的時刻。也許周星馳自己也未必完全意識到，《美人魚》是一部非常少見的、能夠講述另類主題的主流中國電影——環保主義、酷兒文化以及被壓抑的中港矛盾。

對南希而言，「綻出」也是「獨一體」（singularity）的特徵，它不是一個原子化的個體，也不是一個不完整的主體，不同的「獨一體」聚集起來，就構成了「共同體」。在這個共同體中，不同的

我是一条美人鱼

圖十‧一：人魚化身成為男同性戀中的「熊」形角色，這體現在博物館館長的體重
　　　　和身體的毛髮之上。　　　　　　　　　　　　　　　　　　電影劇照

圖十‧二：警察畫出的人魚形象，都是倒錯的形象。　　　　　　　　電影劇照

獨一體與其他獨一體連接，也外露自己，改變自己，共同體就是由這種內部的外展所組成（Nancy, 1991: 26）。但更重要的是，共同體也會將自己向外部流露，成就一種兩個層次的開放和流動經驗，令我們無法把共同體統一和凝固。共同體成員的外部經驗，對於她們的獨一性以及由此所建立的共同性都非常重要。如果說人魚珊珊在跨越至另一個不同世界時同時體驗了純粹的美和倒錯，那麼她是一個真正共通的主體，因為她的多重形態可以幫助自己所屬的共同體面對它的不可封閉性，通過自己的跨越，她變成不同的狀態，也為人魚群體的多元性帶來新的可能。「共同體的現代經驗既不是一項有待生產的作品，也不是一個失落的共契，而毋寧說是空間本身，是有關外部之經驗的間隔，是自身—之外的間隔」(19)，人魚珊珊必須越過自己共同體的邊界向外，去體驗自己不同的形式，才能最終獲得共同體對她而言的（部分）意義。珊珊與《紅海行動》中的中國人民解放軍戰士好像都在保護自己的群體，但小心觀察，前者卻是一個非常不同的另類：不僅僅因為她真正敢於跨出自己的共同體去體驗真實的差異，而且她也被這個經驗所改變，以認識到自己的不同形態。這種認知能夠幫助她重建自己的共同體：不是作為一個由共同性和起源神話所決定的統一體，而是一個可以幫助她和同伴們經驗到自身侷限和向外開展的共同體。這種理解對今天的中國和香港人民都非常重要。

跨境的倒錯快感

斯拉沃熱　齊澤克（Slavoj Žižek）在支持佔領華爾街運動的一次演説中説道：

> 2011 年 4 月，中國政府禁止了電視、電影和小説中所有包含另類現實或時空旅行的故事。這對於中國來説是一個好的標誌。因為它意味着人們仍然在夢想着不同的東西，所以政府不得不禁止這種夢想。在這裏（美國），我們不會想到禁止，因為統治系統甚至已經壓抑了我們做夢的能力。（Žižek, 2011）

在這裏，齊澤克將美國公民與中國公民進行對比，認為中華人民共和國如此顯著的審查事實上鼓勵了人們去想像完全不同的東西。在這一點上齊澤克是正確的，即中華人民共和國強力的審查間接鼓勵了市民去期待和構想一個外部，這在文化和政治上都充滿了可能性。但是中國公民跨境的倒錯快感也許並不必然意味着任何激進的東西，那些想像很可能會被安全地歸置在系統之內。正如林超賢軍事愛國電影所表明的，其外部導演和外部設定都是為了將觀眾帶回身處之地，並堅信自己的現實。

另一方面，旅行至另一個不同的時間和空間或許確實可以幫

助我們面對自身的異質部分，從而威脅到自己和所屬共同體的統一。在討論拉美文學的跨境書寫時，尼爾　拉森(Neil Larson)寫道：

> 邊境敘事是去中心的：讀者並不對單個角色產生認同，而是被邀請去傾聽人的聲音，這個聲音來自眾多符碼的重疊，而角色和事件也正是在這些符碼中出現。這是時間和空間的錯位。(Larson, 1991: xxviii)

我們可以用這個描述來理解《美人魚》中的人魚珊珊和作者周星馳，因為我們可以在整部電影中聽到一個不確定的、含混的聲音，這種聲音同時指向了許多事情：領域僭越、性別錯亂、人類—動物裝置……在《美人魚》中，現存的層級被質疑和挑戰，恰如邊境被同時跨越和認可。

　　國家邊境從來都不是善意的。它總是獨斷專橫，並暗示着維護這種獨斷所需要的權力。國與國之間的邊境都展示了建立國家、法律和政治秩序時所使用的暴力的痕跡，它也可以看作是領土上的疤痕，提醒着我們那些伴隨着國家被建立時的痛苦、罪惡和折磨 (Vaughan-Williams, 2009: 70)。邊境是高度政治化的，但是它的政治本質又總是被抹去，留下的只有「自古以來就是」這等謊言……正如巴理巴 (Étienne Balibar) 所說，當前世界上可以觀察到的主權、人口和領土三者之間是相互依存的，民族國家則通過

邊境對它的居民和非居民施行權力。「所有的現代民族國家都是領土國家，她們將自己定義和表現為定居公民所形成的共同體，而這些公民都根植和建基在國境之上。」（Balibar, 2014: 27）一方面，邊境決定了主權的界限，因而指明了它的權力及限制；另一方面，它也幫助人們發展出自己的歸屬意識，促使她們與邊界內的其他人產生認同。當前國際秩序的一個主要問題就在於這兩種意義系統的完全重合，使得國家可以篡奪人民的權力。

中港邊境是一個尤其特殊的例子，因為它在中華人民共和國的主權之內。它得以維持的部分原因是為了保持權力的延續：為了便利國家對世界的開放、實現主權的司法例外，以及不時地向它的公民展示民主的負面維度：看香港多亂，中國多好。在 1997 年之前，中港邊境間接表明了英國殖民主義的暴力和帝國創傷，如今它則證明了中華人民共和國的主權以及很多香港人追求自身民主的無望努力。在這兩種情況中，政治秩序都是通過邊境得以建立的。但是我們不能簡單地認為既然邊境是強制性的，我們就必須取消它。在當前中華人民共和國積極促進粵港澳大灣區發展，並採取許多新政策來促進三地融合時，我們也應該意識到邊境的重要性。它既標記着權力及其界限，也可以讓我們獲取新的視角。從人文主義的角度來看，面對和跨越邊境可以讓人更清晰地認識自己，因為這種跨越同時意味着挑戰現存的社會秩序和規

範。跨越背後都有意圖，但當意圖變成實踐之後，跨越的人將看到意料之外，無論是來港看三級片的國內觀眾，去中國拍電影的香港造夢者，或是被逼上陸地的人魚珊珊。我們跨越邊境或許能讓我們意識到一種侷限感，也讓我們在歸家時得到一個更加開闊的視角來看待它的侷限，從而發現新的自由。

第十一章
總結：電影與地方

　　研究香港電影有三條主要進路，一是電影史，二是電影美學，第三條線是香港社會。我個人希望自己在這三方面都能兼顧，尤其希望能夠處理歷史、美學、社會三方面的相互關係及張力，但因為要兼顧不同的範圍及論述，結果不一定都理想，以上的各章節可能正反映了研究者的眼高手低。畢竟，不同的章節在不同的時間和因緣下寫成，所牽連的紛亂思想不一定很協調，但總的來說，我還是深信，電影作為一個多感官的文化媒介，可以承載和推動社會和思考的多元。正正是因為電影涉及了聲音和影像的展現、空間和時間的鋪排、人物和氛圍的表述，甚至抽象美和社會公義的共同追求，我們可以在電影找到無盡的討論層次，表露和探討社會的各種面向和矛盾，在九七後的香港，我討論香港電影最大的希望就是把香港開展。研究香港不是要把香港說死，而是把香港放生。香港研究者也不應沉醉於自己文化的獨特

性，而是要努力尋找各種連接，建立一個更廣闊多元的視野去探索過去和未來。

在寫和重寫以上各篇文章的過程中，我都迴避了直接地去解釋當今香港電影的總體意義，也沒有統一這些電影和它們所代表的文化，冠個諸如「菠蘿油」、「凍檸賓」，甚至只是「後殖民」之名，我們必須了解，定義的欺騙性與它的清晰度成正比，如果今天香港電影的文化含混性阻止了任何定義的意圖，那麼我們也可以嘗試從這種混沌中解放出一個新的時空，讓我們發掘各種角度來研究香港電影，這些不同的角度，不但可以豐富個別電影文本和整個電影文化的意義，也讓我們放棄一些既定的框架，尋求新的閱讀可能。

以上各文章的出發點迴異，我選擇的研究視野也因此紛繁，但作為一本完整的讀本，我在編輯本書時，所運用的其中一個基本思考框架，就是嘗試用「地方」的不確定性來代替一個單一的文化論述。無論是九七前還是九七後，研究香港文化的最普遍範式，可能都是集體經歷和集體回憶，無論是陳冠中的《號外》一代，梁文道（也是我）的六四一代，昨天的天星、皇后、反高鐵一代，以及今天的雨傘一代，有關的論述都感染力強，也賦予了個人和集體有機的連接點，但問題是容易落入一種機械式的斷代經驗論，由此而產生對本土和社群的本質化論述，發展成一種單向

的歷史觀，也窒礙更細緻的文化解讀。相對而言，研究香港電影能賦予我們不同的角度來看香港這個「地方」，以取代集體身份可能產生的虛假統一。「地方」是一個比較開放的概念，人進人出，但身處當中又必須面對已經埋入的歷史，空間和時間有其不可分割的關係，只要你選擇或被迫進來，你就沒有可能成為絕對的個體，對這個地方的其他人和事，也有基本的道德責任。我希望通過對電影及電影工業的空間閱讀，發展出一個可能更複雜的時空關係，為香港文化帶來一個更有機的研究樣式。歷史和地方必須同時閱讀，互相對峙，才可以避免各自的單一化；對本書而言，「後九七」作為一個時間觀念，必須和「香港」作為一個地方觀念同時閱讀，才可以挑戰其他如「國族」和「全球」等霸權式的話語。

首先，我們可以由電影文本出發，觀照香港內各地方的多樣性。電影異於文學的最大特性，就是它的視覺和剪接，以及由此而產生的時空再現。電影不但能精細地表現空間，也能重構空間，把現實和虛構的關係複雜化，以上各篇章一個重要的聚焦點就是電影的香港「地方再現」。例如杜琪峰在《鎗火》裏讓我們仔細觀察的一個普通香港商場；又例如成龍在《火拼時速2》中對香港旅遊的硬銷；香港的中國因緣也可以表現在電影中兩地人的跨境經驗上，而當中最突出的莫過於是大陸來港的弱勢女子，由陳果的南來妓女到邱禮濤的《性工作者》系列，人在兩地的流徙讓我

們看到香港和中國的動態關係。從內地人的角度，我們看到香港的陌生；相對中國的景觀，我們也可以重視香港地方的改變與不變。香港電影常給人的一種印象就是故事性弱、空間性強，如果我們說香港是一個沒有歷史的地方，那麼這城市的空間感可能因此變得更動態，更細密，更誘人。

在觀察香港電影的香港地方時，我們必須明白從來沒有純粹的「本土」：陳果電影的香港，或多或少是為外國電影節觀眾而拍的；成龍的香港性，可能在他的荷里活電影中才最具體最複雜的表現出來；杜琪峰在他的首部外國電影中還是眷戀和死守着他熟悉的港澳空間；而黃精甫電影的獨特面貌，在於他對香港電影風格的下意識繼承和對香港空間的有意識反抗。在香港電影中，我們看到的香港地方，可以是《功夫》（2004）的香港／廣州／上海混合體，也可以是《親密》（2009）中那部停不下來的日本七人車，或《喜馬拉亞星》（2005）裏廣東話充斥的印度；製造香港地方的人物，不但是各導演，也可以是《麥兜》系列的麥太，甚至是《KJ音樂人生》（2009）的黃家正⋯⋯風景處處，既是香港的，也不是香港的。

另一個角度是通過工業對市場的考量，重看香港的地緣位置。香港電影的地方性，不只是再現的問題，也是社會形塑的問題，我相信研究電影也可以讓我們看到香港近年「地方製造」

(place-making) 的過程，尤其是香港在「全球」和「國家」的拉扯中的勉力適應。很多研究全球化的學者也發現，全球化不是一種大勢所趨的自然力量，而是由很多小而散的項目和現象構成，從目的、大小、有關人物，以及包含的技術和知識來講，這些工程和個案可以完全不同，也可以沒有任何關係；如果全球化不是一個單向的力量，而構成它的個別事件可能眾多而沒有規則，那麼，我們應該考慮的是，這些不同現象的關係和互動，如何在個別地方開展，從而「製造地方」，而各地方又作出甚麼迎合或反抗。另一方面，面對國家的強勢統合，香港努力「綻出」，中間可能產生了很多矛盾撕裂，但這個自主多元的工程，對香港對中國的歷史發展始終是意義重大。雖然全球化和國家化都是不同程度的均質力量，但它本身的形成都或多或少有其由下而上的組織過程，我們還是可以通過文化實踐，探索平等和自由，思考個體和群體互構關係。

九七後的這十多年，香港受到「全球」和「國家」的影響，這地方確實經歷了重新製造的過程：雖然我們從沒擺脫殖民地意識，「中國香港」這新名詞反而加深了香港人的政治無力感，但香港的確在很多層次上都面對着「再製造」的壓力和慾望，要做國際都會又要社群保育，怕不能與中國融合又怕太快變成大中國的小城市，創意產業、知識型經濟、全球和本土甚麼都要，歸根究

柢，就是對「邊緣化」的恐懼。不難發覺，香港對其地緣文化的狀況越來越敏感。全球化其實沒有把世界變小，而回歸祖國也沒有讓香港變大，我們只是更焦慮如何不斷打造改變這個地方，以迎其他地區對香港永無止境的角逐和競爭。

電影工業作為社會構成的一部分，香港「地方製造」的張力確實是可以間接地表現在香港電影的進退維谷當中，例如曾志偉在《江湖》中對中國市場和中國審查制度的錯誤評估，或者是香港電影政策在支持本土製作與提倡跨國合作中所處的尷尬位置。香港電影的曾經風光到現在的無以為繼，香港的再造壓力可能更間接出現在海外其他電影中，例如泰國的《拳霸》和美國的《標殺令》，甚至在眾多的荷里活的科幻片中，例如《悍戰太平洋》（2013）、《變形金剛4》（2014）和《奇異博士》（2016）等，香港都是其中一個背景城市，它既脆弱，又隱含強大的生命力。香港如幽靈的出沒，似死還生……香港電影中所表現的「地方製造」，某程度上是體現了香港社會在近年所經歷的失措和妥協，而這些猶疑／游移，也同時塑造了今天的香港電影的地方性。

另外，因着電影的科技發展，令電影這媒體對地方的關懷和觀照，可以變得更細緻和豐富。首先，除了電影的內容之外，電影的拍攝形式也越來越趨向多樣性，而數碼科技的長足發展，確實改變了電影的各個運作層面，包括製作、發行、放映，甚至儲

存。我們不能否認，九七後很多新的電影／錄像作品，它們的實現都是拜數碼科技的發展所賜，而有關的發展也令電影與地方的關係更密切，其中一個重要的例子，就是許鞍華的《天水圍的日與夜》（2008）。

　　據許鞍華稱，她在1999年已收到《天水圍的日與夜》的劇本，雖然作品讓她非常感動，只是故事太清淡，沒法找到資金開拍；到了2005年，終於得到王晶的一百萬預算費，但預算費太低，許鞍華只可以依靠高清拍攝，最後她用了最低的成本，拍了一部獲獎無數、感動了很多觀眾的作品。憑着這部電影，導演許鞍華重建對電影的信心（李東然，2009），編劇呂筱華成功進入主流電影工業，而主角鮑起靜連續獲得最佳女主角榮譽，成為香港甜心；據聞，連投資者王晶也得到非常理想的回報。有趣的是，因為資金緊絀，導演連二十萬港幣把錄像轉回菲林的費用也籌不到，所以無緣參加很多電影比賽，包括台灣的金馬獎，而電影也只能在很少數有該等設施的電影院（例如油麻地的百老匯電影中心）放映，投影質數因此也非常不穩定。[1]作為近年香港其中一部最出色的電影，《天水圍的日與夜》也是一部為數極少、百分之百的香港數碼長篇電影。也是因為投資極低，許鞍華的商業包袱也相對減

---

[1]　作者訪問許鞍華，2009年8月12日。

少，讓她可以更細心看天水圍的人和地，成為一部在香港來說非常異數的寫實電影。可以這樣說，數碼製作做就了這部電影，也讓導演可以脫開香港商業電影的框框，投入了一種新的人文關懷到天水圍（和香港）這地方。

數碼科技對「香港電影」的另一面發展，就是促進了獨立紀錄片的興起，表表者有張虹和她的采風電影，以及其他一些非牟利的錄像團體，例如「錄影力量」和「影行者」，還有一些獨立的放映單位，例如「香港社會運動電影節」。有關的錄像工作者，通過視像的紀錄，以關心和編寫香港本土事件和人情為己任，特別留意在主流媒體視野以外發生的香港故事，用草根的觀點，探討香港市區和新界的重建，及香港地方在發展主義下所經歷的變遷；她們在最基本的條件下，用最簡單的錄影和放映器材，組織錄像工作坊，舉辦地方放映會和電影節，又到不同地區中心、院校及民間團體作放映及討論。她們沒有、也不願被看成「香港電影」的一分子，一方面是因為她們從來不拍故事片，也沒有任何商業意圖，另一方面也是因為這些錄像團體非常有意識的跟主流劃上界線。這些組織嘗試發展一些地區的流動公共影院及街頭放映，讓更多人有機會接觸到獨立錄像製作。在宏觀的意義來說，它們擴闊了香港人對電影、對香港的視野，也讓電影這媒體加強其與地方的親緣性。

毫無疑問，「錄影力量」和「影行者」這些錄像團體的誕生和目標，與近年香港年輕人對地方保育的熱情有直接關係，而由反高鐵事件開始，湧出了類型和數量都非常可觀的影像片段，在互聯網上廣泛流通。但相比於主流媒體聚焦在天星、皇后、反高鐵等個別事件上，這些獨立電影和有關活動為我們提供了更豐富更紛陳的角度看二千年後的香港文化，而菜園村能夠在09年末進入香港主流媒體，其中一個原因就是有關的獨立紀錄片作率先介紹，例如影行者所拍攝的《菜園村影像系列》，在該年年中已在某些網上平台，例如「香港獨立媒體」，廣泛發放（圖十一·一）。

圖十一·一：影行者是首個媒體把菜園村問題用影像帶到公眾層面討論。互聯網圖片

我們可以將獨立電影的興起看成是商業電影的對立面，但數碼科技也把兩者更緊密的聯繫起來，在香港電影市場中，同時存在和互相滲透着商業和另類製作，王晶可以投資《天水圍的日與夜》，而獨立電影人也努力擠進商業電影圈。最重要的是，錄像把拍攝電影的門檻大幅降低，也提醒我們對電影「社群」這個概念應持的開放態度。

　　總的來講，我不想用一種簡單的集體角度來看香港的電影人，我也看不到近年的香港電影有能力為社會描繪一個整體性的面貌。「只緣身在此山中」，一方面是工業和文化面臨的斷裂和交替，電影人被迫不斷尋找新方向，或忙於應對新的社會話題和發展，沒有太多時間和空間去沉澱相對的社會文化大環境；另一方面是中國市場和文化的興起，以及跨國電影製作的潮流，無論對商業或所謂的另類香港電影，電影人都必須從多方面了解、掌握，甚至控制新的環境，今天香港電影面對的挑戰，有複雜的國情，也有國際電影文化的轉向，以及由全球電影一體化所帶來的新遊戲規則。要討好中國和全球也是香港社會及經濟各不同範疇所共同落入的處境，而電影有趣的地方，正是它本身也是文化的載體，電影人周旋於其中，文本會間接或直接地再現這些神經緊張。

我不覺得我們可以把一個統一完整的作者位置賦予陳果、成龍、銀河映像、黃精甫或周星馳，他們沒有詩人的優越特權去獨立思考和再現香港的「本土意識」，就算是各獨立電影人，也是要擔心資金的籌組、人員的安排，以及發行的網絡。費力在資金和在市場當中掙扎的電影人就是缺乏了那種由邊緣性帶來的超然位置。

　　可是，圍困在其中，電影人和電影所展現出來的又是另一種風景，香港電影人所面對的掙扎和挫敗，都可能遙遠地呼應着《一個字頭的誕生》中的阿狗和《非常突然》的各位警察，大家可能都同樣周旋於選擇與命運中，一樣是悲劇，也一樣可以是英雄。香港電影盡力但沒法跨越的，正就是它們的歷史和地方身份，也正是因為它們不能避免地參與香港的地方再造，試驗全球、國家和社群的不同連接，這些文本成為了解香港近年發展的有趣開啟點。而本書的一個最重要的關心及議題，正是香港電影能否和如何在如今的歷史環境中繼續蹣跚發展。閱讀香港電影的文化意義可能需要更大的敏感度和更複雜的語境，但得出來的詮釋和意義，也可能牽連更廣，迴響更深——這是我對本書一個過份樂觀和不自量力的厚望。

參考資料

Abbas, Ackbar. 1997. *Hong Kong: Culture and the Politics of Disappearance.* Minneapolis: University of Minnesota Press.

Adorno, Theodor. 1991. *The Culture Industry.* London: Routledge.

Althusser, Louis. 2005 [1965] ."Contradiction and Over-determination." In *For Marx.* Translated by Ben Brewster. London: Verso.

———. 2001 [1971]. "Ideology and Ideological State Apparatus." In *Lenin and Philosophy and Other Essays.* Translated by Ben Brewster, 85–126. New York: Monthly Review Press.

Altman, Rick. 1999. *Film/Genre.* London: BFI.

Appadurai, Arjun. 1996. *Modernity at Large: Cultural Dimensions of Globalization.* Minneapolis, Minn.: University of Minnesota Press.

Bakari, Imruh, and Mbye B. Cham., eds. 1996. *African Experiences of Cinema.* London: BFI.

Bakhtin, Mikhail. 1981. *The Dialogic Imagination: Four Essays.* Edited by Michael Holquist, translated by Caryl Emerson and Michael Holquist. Austin: University of Texas Press.

Balibar, Etienne. 2014. *Equaliberty.* Durham: Duke University Press.

Balnaves, Mark, James Donald, and Stephanie Hemelryk Donald. 2001. *The Global Media Atlas* London: British Film Institute.

Bao, Weihong. 2015. *Fiery Cinema: The Emergence of an Affective Medium in China, 1915 – 1945*. Minneapolis: The University of Minnesota Press.

Barthes, Roland. 1981. *Camera Lucida*. Translated by Richard Howard. New York: Noonday.

Baudrillard, Jean, and Marc Guillaume. 2008. *Radical Alterity*. Translated by Ames Hodges. Los Angeles: Semiotext(e).

BBC News. 2004. "Tarantino Defends Kill Bill Violence." Accessed May 1. http://news.bbc.co.uk/2/hi/entertainment/3157596.stm.

Beaton, Jessica. 2011. "3D Porn Could Boost Mainland Chinese Tourism to Hong Kong." CNNGo (April 8). Accessed Nov 2, 2011. http://www.cnngo.com/shanghai/life/3d-porn-could-boost-chinese-tourism-hong-kong-858858.

Benjamin, Walter. 1978. "On the Mimetic Faculty." In *Reflections: Essays, Aphorism, Autobiographical Writings*, edited by Peter Demetz, 333–336. New York: Schockem Books.

Berry, Chris. 1998. "If China Can Say No, Can China Make Movies? Or, Do Movies Make China? Rethinking National Cinema and National Agency." *boundary 2*, 25, no. 3: 129–150.

Bettinson, Gary. "New Blood: An Interview with Soi Cheang." *Journal of Chinese Cinemas* 2, no. 3 (2008): 211–224.

Bloom, Harold. 1973. *The Anxiety of Influence: A Theory of Poetry*. London: Oxford University Press.

Bordwell, David. 1997. *On the History of Film Style*. Cambridge, Mass.: Harvard University Press.

————. 2000. *Planet Hong Kong: Popular Cinema and the Art of Entertainment*. Cambridge, Mass: Harvard University Press.

————. 2005. *Figures Traced in Light: On Cinematic Staging*. Berkeley CA: University of California Press.

Brown, Todd. 2006. "Johnnie To's Exiled Finds A Home…." Twitch (12 Sep). Accessed February 12, 2007. http://www.twitchfilm.net/archives/007506. html.

Butler, Judith. 1999 [1990]. *Gender Trouble: Feminism and the Subversion of Identity*. New York: Routledge.

———. 1997. *The Psychic Life of Power: Theories in Subjection*. Stanford: Stanford University Press.

Carter, Cynthia, and C. Kay Weaver. 2003. *Violence and the Media*. Buckingham, Philadelphia, Open University Press.

Castells, Manuel. 1996. *The Rise of the Network Society*. Malden, MA: Blackwell.

Chakravarty, Sumita S. 2003. "The Erotics of History: Gender and Transgression in the New Asian Cinemas." In *Rethinking Third Cinema*, edtied by Anthony R. Guneratne and Wimal Dissanayake, 79–90. New York and London: Routledge.

Cheung, Anthony B. L. 2000. "New Interventionism in the Making: Interpreting State Interventions in Hong Kong after 1997." *Journal of Contemporary China* 9, no. 24: 291–309.

Chow, Rey. 1995. *Primitive Passions: Visuality, Sexuality, Ethnography, and Contemporary Chinese Cinema*. New York: Columbia University Press.

———. 2007. *Sentimental Fabulations, Contemporary Chinese Films*. New York: Columbia University Press.

———. 2011. "Framing the Original: Toward a New Visibility of the Orient," *PMLA* 126, no. 3 (May): 555–563.

Chow, Vivienne. 2018. "FilMart: Chinese Record-Breaker 'Operation Red Sea' Set for Action Follow-Up." *Variety*, March 19. Accessed March 20, 2018. http://variety.com/2018/film/asia/operation-red-sea-dante-lam-follow-up-1202.

Chu, Yingchi. 2003. *Hong Kong Cinema: Coloniser, Motherland and Self*. London: RoutledgeCurzon.

Chua, Beng Huat. 2004. "Conceptualizing an East Asian Popular Culture." *Inter-Asia Cultural Studies* 5, no. 2 (Aug): 200–221.

Creed, Barbara. 1990. "Alien and the Monstrous-Feminine." In *Alien Zone: Cultural Theory and Contemporary Science Fiction Cinema*, edtied by Annette Kuhn, 128–141. London: Verso.

Crofts, Stephen. 1993. "Reconceptualizing National Cinema/s." *Quarterly Review of Film and Video* 14, no. 3: 49–55.

Curtin, Michael. 1999. "Industry on Fire: The Cultural Economy of Hong Kong Media." *Postscript* 19, no.1: 20–43.

———. 2007. *Playing to the World's Biggest Audience: The Globalization of Chinese Film and TV*. Berkeley: University of California Press.

Davis, Darrell W, and Emilie Yeh Yueh-yu. 2003. "Inoue at Shaws: The Wellspring of Youth." In *The Shaw Screen: A Preliminary Study*, edited by Wong Ain-ling, 255–271. Hong Kong: Hong Kong Film Archive.

Davis, Darrell William. 2001. "Reigniting Japanese Tradition with *Hana-Bi*." *Cinema Journal* 40, no. 4 (Summer): 55–80.

Debord, Guy. 1995. *The Society of the Spectacle*. New York: Zone Books.

Desser, David. 2005. "Hong Kong Film and the New Cinephilia." In *Hong Kong Connections: Transnational Imagination in Action Cinema*, edited by Meaghan Morris, Siu-leung Li, and Stephen Ching-kiu Chan, 205–221. Hong Kong: Hong Kong University Press.

Dissanayake, Wimal. 1996. "Cinema and the Public Sphere: The Films of Oshima Nagisa." In *In Pursuit of Contemporary East Asian Culture*, edited by Xiaobing Tang and Stephen Snyder, 139–156. Boulder: Westview.

Doler, Beting Laygo. 2004. "Asian Cinema Revisited." *Manila Standard* (21 April).

Donahue, Brian. 2002. "Marxism, Postmodernism, Zizek." *Postmodern Culture* 12, no. 2. Jan. Accessed June 17, 2008. http://muse.jhu.edu/journals/pmc/v0l2/12.2donahue.html.

Elkins, James. 1991. "On the Impossibility of Stories: The Anti-Narrative and Non-Narrative Impulse in Modern Painting." *Word and Image* 7, no. 4 (Oct): 348–364.

Ellickson, Lee. 2002. "Preparing to Live in the Present: An Interview with Hou Hsiaohsien." *Cineaste* 27, no. 4 (Fall): 13–20.

Evans, Don. 2003. Speech at American Chamber of Commerce, Beijing, 28 October. Quoted from Chow Chung-yan, "China Will Take More Imports from U.S." *The South China Morning Post* (29 October 2003).

Feinsod, Mark. 1996. "A Conversation with 'Maborosi' Director, Hirokazu Kore-Eda." *Indiwire*. Accessed May 31, 2004. http://www.indiewire.com/people/int_kore-eda_hiro_2_960905.html.

Fore, Steve. 2001. "Life Imitates Entertainment: Home and Dislocation in the Films of Jackie Chan." In *At Full Speed: Hong Kong Cinema in a Borderless World*, edited by Esther C. M. Yau, 115–142. Minneapolis: University of Minnesota Press.

Foucault, Michel. 1977. *Discipline and Punish: The Birth of the Prison*. Translated by Alan Sheridan. London: Penguin.

———. 1988. *The History of Sexuality*, vol 1. New York: Vintage Books.

Fu, Poshek. 2008. "The Shaw Brothers Diasporic Cinema." In *China Forever: The Shaw Brothers and Diasporic Cinema*, 1–26. Urbana and Chicago: University of Illinois Press.

Gabardi, Wayne. 2000. *Negotiating Postmodernism*. Minneapolis: University of Minnesota Press.

Gateward, Frances. 2003. "Youth in Crisis: National and Cultural Identity in New South Korean Cinema." *Multiple Modernities: Cinemas and Popular Media in Transcultural East Asia*, edited by Jenny Kwok Wah Lau, 114–127. Philadelphia: Temple University Press.

Gatto, Robin, and Sonatine. 2002. "Interview Fruit Chan." *Cinemasie*. Accessed Oct 22, 2008. http://www.cinemasie.com/en/fiche/dossier/346/.

Goldstein, Paul. 2003. *Copyright's Highway: From Gutenberg to the Celesial Jukebox*. Stanford: Stanford University Press.

Gomery, Douglas. 2000. "Hollywood as Industry." In *American Cinema and Hollywood: Critical* Approaches, edited by John Hill and Pamela Church Gibson, 19–28. London: Oxford University Press.

Gries, Peter Hays. 2004. *China's New Nationalism: Pride, Politics, and Diplomacy*. Berkeley: University of California Press.

Guo, Yingjie. 2004. *Cultural Nationalism in Contemporary China: The Search for National Identity under Reform*. London: Routledge.

Habermas, Jurgen. 2001. *The Postnational Constellation: Political Essays*. Edited and translated by and Max Pensky. Cambridge, MA: MIT Press.

Hammond, Stefan, and Mike Wilkins. 1996. *Sex and Zen & A Bullet in the Head*. New York: Fireside.

Harvey, David. 1990. *The Condition of Postmodernity: An Enquiry into the Origins of Cultural Change*. Malden, MA: Blackwell.

He, Laura. 2018. "China Smashes World Monthly Box Office Record, as February takings top US$1.57 billion." *South China Morning Post* (March 1). Accessed March 6, 2018. http://www.scmp.com/business/companies/article/2135297/china-smashes-world-monthly-box-office-record-february-takings?edition=hong-kong.

Hernandez, Eugene. 2004. "Magnolia Gets Thai Action Hit 'Ong-Bak: Thai Warrior.'" *Indiewire*. Accessed Jan 31, 2005. http://www.indiewire.com/biz/biz_040604ongbak.html.

Hess, John, and Patricia R Zimmerman. 2006. "Transnational Documentaries: A Manifesto." *Afterimage*, 1997: 10–14; reprinted in *Transnational Cinema: The Film Reader*, edited by Elizabeth Ezra and Terry Rowden, 97–108. London: Routledge.

Higson, Andrew. 2000. "The Limiting Imagination of National Cinema." In

Cinema and Nation, edited by Mette Hjort and Scott MacKenzie, 63–74. New York: Routledge.

Hitchcock, Lori D. 2002. "Transnational Film and the Politics of Becoming: Negotiating East Asian Identity in *Hong Kong Night Club* and *Moonlight Express*." *Asian Cinema* 13, no. 1 (Summer): 67–86.

Hjort, Mette. 2005. *Small Nation, Global Cinema*. Minneapolis: Minnesota University Press.

HKTA. 1972. *1971–72 Annual Report*. Hong Kong.

Ho, Vicci. 2004. "Fruit Chan-King of Hong Kong Independent Filmmaking." *Yesasia*. Accessed Aug 29, 2008. http://www.yesasia.com/global/yumcha/fruit-chan-king-of-hongkong-independent-filmmaking/0-0-0-arid.7-en/featured-article.html.

Holmlund, Chris. 2005. "Introduction: From the Margins to the Mainstream." In *Contemporary American Independent Film: From the Margins to the Mainstream*, edited by Chris Holmlund and Justin Wyatt, 8–9. London: Routledge.

Hozic, Aida. 2001. *Hollywood World: Space, Power, and Fantasy in the American Economy*. Ithaca, NY: Cornell University Press.

Hughes, Christopher R. 2006. *Chinese Nationalism in the Global Era*. London: Routledge.

Hughes, George. 1998. "Tourism and the Semiological Realization of Space." In *Destinations: Cultural Landscapes of Tourism*, edited by Greg Ringer, 17–32. London and New York: Routledge.

The Internet Movie Database (IMDb). 2008. "Fruit Chan—Awards." Accessed August 29, 2008. http://www.imdb.com/name/nm0150897/awards.

Jacobs, Katrien. 2011. *People's Pornography: Sex and Surveillance on the Chinese Internet*. Bristol, UK: Intellect.

Jalladeau, Alain. 2000. "Asia's Magic Lantern." The UNESCO Courier. Accessed June 7, 2004. http://www.unesco.org/courier/2000_10/uk/doss11.htm.

James, Stan. 2004. "Festival Will Feature Best Asian Films." *The Advertiser* (23 Jan).

Jameson, Fredric. 1986. "Third-World Literature in the Era of Multinational Capitalism." *Social Text* 15 (Autumn): 65–88.

Kamalipour, Yahya R., and Kuldip R. Rampal. 2001. "Introduction." In *Media, Sex, Violence, and Drugs in the Global Village*, edited by Yahya R. Kamalipour and Kuldip R. Rampal, 1–4. Lanham: Rowman and Littlefield.

Kim, So-hyun. 2006. "Film Investment Still Risky: Investors Advised to Guard Against Lack of Transparency." *The Korea Herald* (4 September).

Knee, Adam. 2007. "Thailand in the Hong Kong Cinematic Imagination." In *Hong Kong Film, Hollywood and the New Global Cinema: No Film is an Island*, edited by Gina Marchetti and Tan See Kam, 77–90. London: Routledge.

Landes, William M. 2003. "Copyright." In *A Handbook of Cultural Economics*, edited by Ruth Towse, 132–142. Cheltenham, UK: Elgar.

Langford, Barry. 2005. *Film Genre: Hollywood and Beyond*. Edinburgh: Edinburgh University Press.

Larson, Neil. 1991. "Foreword." In *Border Writing: The Multidimensional Text*, by D. Emily Hicks. Minneapolis: University of Minnesota Press.

Law, Wing-Sang. 2006. "The Violence of Time and Memory Undercover: Hong Kong's Infernal Affairs." *Inter-Asia Cultural Studies* 7, no. 3: 383–402.

Leitch, Thomas. 2002. "Twice-Told Tales: Disavowal and the Rhetoric of the Remake." In *Dead Ringers: The Remake in Theory and Practice*, edited by Forrest and Koos, 37–62. Albany: State University of New York Press.

Lessig, Lawrence. 2001. *The Future of Ideas: The Fate of the Commons in a Connected World*. New York: Random House.

Leung, Grace, and Joseph Chan. 1997. "The Hong Kong Cinema and Its Overseas Market: A Historical Review, 1950–1995." In *Fifty Years of Electric*

Shadows: The 21st Hong Kong International Film Festival, edited by Law Kar and Stephen Teo, 136–151. *Hong Kong:* Urban Council.

Li, H. C. 1993. "Bibliography: Chinese Electric Shadows: A Selected Bibliography of Materials in English." *Modern Chinese Literature* 7, no. 2 (Fall): 117–153.

Lii, Ding-Tzann. 1998. "A Colonized Empire: Reflections on the Expansion of Hong Kong Films in Asian Countries." In *Trajectories: Inter-Asia Cultural Studies,* edited by Kuan-Hsing Chen, 122–141. London and New York: Routledge.

Liu, Alan. 2004. *The Laws of Cool: Knowledge Work and the Culture of Information.* Chicago: Chicago University Press.

Liu, Hui, Shi-Yan Chao, and Richard Xiaoying Xu. 2018. "'Guangzhou Film' and Guangzhou Urban Culture." In *Early Film Culture in Hong Kong, Taiwan, and Republic China: Kaleidoscopic Histories,* edited by Emilie Yueh-yu Yeh, 134–155. Ann Arbor: University of Michigan Press.

Lo, Kwai-cheung. 2005. *Chinese Face/Off: The Transnational Popular Culture of Hong Kong.* Champaign: The University of Illinois Press.

Lopez, Ana M. 2000. "Facing up to Hollywood." In *Reinventing Film Studies,* edited by Christine Gledhill and Linda Williams, 419–437. London: Arnold.

Lui, Tai-lok. 2001. "The Malling of Hong Kong." In *Consuming Hong Kong,* edited by Gordon Mathews and Tai-lok Lui, 23–45. Hong Kong: Hong Kong University Press.

Mackintosh, Paul St John. 1996. *"Maborosi." The Times Literary Supplement* no. 4867 (July 12): 18–21.

Manovich, Lev. 2001. *The Language of New Media.* Cambridge, Mass.: MIT Press.

Mason, Phil. 2002. "Dancing to a New Beat." totalDVD. Accessed July 7, 2004. http://www.totaldvd.net/features/genre/200203Eastern.php.

May, Anthony, and Xiaolu Ma. 2014. "Hong Kong and the CEPA: The Changing Fortunes of Hong Kong Film Production." *Continuum: Journal of Media & Cultural Studies* 28, no. 1: 43–51.

Mayne, Judith, 1993. *Cinema and Spectatorship*. London: Routledge.

McCalman, Philip. 2004. "Foreign Direct Investment and Intellectual Property Rights: Evidence from Hollywood's Global Distribution of Movies and Videos." *Journal of International Economics* 62: 107–123.

McChesney, Robert W. 1999. *Rich Media, Poor Democracy: Communication Politics in Dubious Times*. Urbana: University of Illinois Press.

McKercher, Bob, and Billie Chow. 2001. "Cultural Distance and Participation in Cultural Tourism." *Pacific Tourism Review* 5, nos. 1/2: 21–30.

———. 2002. "Towards a Classification of Cultural Tourists." *International Journal of Tourism Research* 4, no. 1: 29–38.

Meng, Jing. 2017. "Hong Kong Keeps Crown as World's Most Visited City in 2017." *South China Morning Post*. Accessed March 14, 2018. http://www.scmp.com/business/china-business/article/2118799/hong-kong-forecast-keep-crown-worlds-most-visited-city-2017.

Miller, Toby, Nitin Govil, John McMurria, and Richard Maxwell. 2001. *Global Hollywood*. London: British Film Institute.

Mitchelson, Ronald L., and James O. Wheeler. 1994. "The Flow of Information in a Global Economy: The Role of the American Urban System in 1990." *Annals of the Association of American Geographers* 84: 87–107.

Moreau, Francois, and Stephanie Peltier. 2004. "Cultural Diversity in the Movie Industry: A Cross-National Study." *Journal of Media Economics* 17, no. 2: 123–143.

Morris, Meaghan, Siu Leung Li, and Stephen Chan Ching-kiu, eds. 2005. *Hong Kong Connections: Transnational Imagination in Action Cinema*. Durham, NC: Duke University Press; Hong Kong: Hong Kong University Press.

Mulvey, Laura. 1975. "Visual Pleasure and Narrative Cinema." *Screen* 16, no. 3 (Autumn): 6–18.

Munby, Jonathan. 1999. *Public Enemies, Public Heroes: Screening the Gangster from Little Caesar to Touch of Evil.* Chicago: University of Chicago Press.

Nancy, Jean-Luc. 1991. *The Inoperative Community,* edited by Peter Connor, 6–7. Minneapolis: The University of Minnesota Press.

Nix. 2004. "A Netfilm.com Review of Ong-bak 2003." *Netflix.* Accessed May 20, 2004. http://www.netflix.com/reviews/ongbak.htm.

Nornes, Abe Mark, and Yeh Yueh-yu. 1998. "Violence: Seen and Unseen." Accessed May 29, 2004. http://cinemaspace.berkeley.edu/Papers/CityOfSadness/violence.html.

Nowell-Smith, Geoffrey, and Steven Ricci., eds. 1998. *Hollywood and Europe.* London: British Film Institute.

Olson, Scott Robert. 1999. *Global Media and the Competitive Advantage of Narrative Transparency.* Mahwah, NJ: Lawrence Erlbaum Associates.

Pang, Laikwan. 2002. *Building a New China in Cinema: The Chinese Left-Wing Cinema Movement, 1932–1937.* Lanham: Rowman and Littlefield.

———. 2004. "Piracy/Privacy: The Despair of Cinema and Collectivity in China." *Boundary* 2, 31, no. 3: 101–124.

———. 2008. "'China Who Makes and Fakes': A Semiotics of the Counterfeit." *Theory, Culture & Society* 25, no. 6 (November): 115–138.

Paquet, Darcy. 2007. "'Korean Wave' Breaks as Film Exports Slump." *Variety Asia Online* (18 Jan). Accessed Feb 14, 2007. http://www.varietyasiaonline.com/content/view/625/1.

Piech, Stefan M. 1997. "The Impact of the 1989 Velvet Revolution on the Former Czechoslovakian Film Industry." *Innovation: The European Journal of Social Sciences* 10, no. 1: 37–60.

Ranciere, Jacques. 2006. *The Politics of Aesthetics.* Translated by Gabriel Rockhill. London: Continuum.

———. 2009. *Aesthetics and Its Discontents.* Translated by Steven Corcoran. Cambridge: Polity.

Rees, Gavin. 2001. "Getting Busy with the Miike." *Gardian Unlimited*. Accessed June 12, 2004. http://film.guardian.co.uk/interview/interviewpages/0,6734,458009,00.htm.

Richie, Donald. 2001. *A Hundred Years of Japanese Film*. Tokyo: Kodansha.

Robertson, Roland. 1992. *Globalization: Social Theory and Global Culture*. London: Sage.

Rosen, Stanley. 2001. "'The Wolf at the Door': Hollywood and the Film Market in China from 1994–2000." The Universities Service Centre for China Studies. Accessed Feb 22, 2007. http://www.usc.cuhk.edu.hk/wk_wzdetails.asp?id_924.

Rothman, William. 2001. "Violence and Film." In *Violence and American Cinema*, edited by J. David Slocum, 37–46. New York: Routledge.

Russell, Mark. 2004. "Dialogue: Park Chan-wook." *The Hollywood Reporter.com*. Accessed June 23, 2004. http://www.hollywoodreporter.com/thr/awards/cannes/feature_display.jsp?vnu_content_id=1000511737.

Sassen, Saskia. 1991. *The Global City: New York, London, Tokyo*. Princeton, NJ: Princeton University Press.

Sedgwick, Eve Kosofsky. 1985. *Between Men: English Literature and Male Homosocial Desire*. New York: Columbia University Press.

Sek, Kei. 2003. "Shaw Movie Town's 'China Dream' and 'Hong Kong Sentiments.'" In *The Shaw Screen: A Preliminary Study*, edited by Wong Ain-ling, 37–47. Hong Kong: Hong Kong Film Archive.

Semati, M. Mehdi, and Patty J. Sotirin. 1999. "Hollywood's Transnational Appeal: Hegemony and Democratic Potential?" *Journal of Popular Film and Television* 26, no. 4: 176–189.

Shih, Shu-mei. 2007. *Visuality and Identity: Sinophone Articulations Across the Pacific*. Berkeley: University of California Press.

Slocum, J. David. 2001. "Violence and American Cinema: Notes for an Investigation." In *Violence and American Cinema*, edited by J. David Slocum, 1–34. New York: Routledge.

Sontag, Susan. 2003. *Regarding the Pain of Others*. New York: Picador.

Steintrager, James A. 2005. "An Unworthy Subject: Slaughter, Cannibalism, and Postcoloniality." In *Masculinities and Hong Kong Cinema*, edited by Laikwan Pang and Day Kit-mui Wong, 155–174. Hong Kong: Hong Kong University Press.

Stock, Ann Marie, ed. 1997. *Framing Latin American Cinema: Contemporary Critical Perspectives*. Minneapolis: University of Minnesota Press.

Stokes, Lisa Odham, and Michael Hoover. 1999. *City on Fire: Hong Kong Cinema*. London: Verso.

Strong, William S. 1993. *The Copyright Book: A Practical Guide*. Cambridge, MA: MIT Press.

Sum, Ngai-Ling. 2003. "Informational Capitalism and U.S. Economic Hegemony: Resistance and Adaptations in East Asia." *Critical Asian Studies* 35: 373–398.

Teo, Stephen. 1997. *Hong Kong Cinema: The Extra Dimension*. London: BFI.

Tourism Commission. 2016. "Hong Kong: The Facts: Tourism." Accessed March 14, 2018. https://www.gov.hk/en/about/abouthk/factsheets/docs/tourism.pdf.

Trbic, Boris. 2005. "The Immortality Blues: Talking with Fruit Chan about *Dumplings*, and other tasty subjects." *Bright Lights Film Journal*. Accessed August 29, 2008. http://www.brightlightsfilm.com/50/fruitiv.htm.

Turner, Matthew. 2003. "Kill Bill Interview: With Quentin Tarantino and Uma Thurman." *View London*. Accessed May 1, 2004. www.viewlondon.co.uk/home_feat_int_killbill2.asp.

Tzioumakis, Yannis. 2006. "Marketing David Mamet: Institutionally Assigned Film Authorship in Contemporary American Cinema." *The Velvet Light Trap*, no. 57 (Spring): 60–75.

Udden, James. 2002. "Hou Hsiao-hsien and the Question of a Chinese Style." *Asian Cinema* 13, no. 2 (Fall/Winter): 54–75.

Urry, John. 1990. *The Tourist Gaze: Leisure and Travel in Contemporary Societies.* London: Sage Publications.

Vaidhyanathan, Siva. 2001. *Copyrights and Copywrongs: The Rise of Intellectual Property and How It Threatens Creativity.* New York: New York University Press.

Vaughan-Williams, Nick. 2009. *Border Politics: The Limits of Sovereign Power.* Edinburgh, UK: Edinburgh University Press.

Washburn, Dennis. 2001. "The Arrest of Time: The Mythic Transgressions of *Vengeance is Mine.*" In *Word and Image in Japanese Cinema,* edited by Dennis Washburn and Carole Cavanaugh, 318–342. Cambridge, UK: Cambridge University Press.

Wasser, Frederick. 1995. "Is Hollywood America? The Transnationalization of the American Film Industry." *Critical Studies in Mass Communication* 12: 423–437.

Weaver, James, and Jacob Wakshlag. 1986. "Perceived Vulnerability to Crime, Criminal Victimization Experience, and Television Viewing." *Journal of Broadcasting and Electric Media* 30, no. 2: 141–158.

Weisser, Thomas, ed. 1994. *Asian Trash Cinema: The Book.* Miami: ATC/ETC Publications.

Wikipedia. 2008. "Fruit Chan." Accessed August 29. http://en.wikipedia.org/wiki/Fruit_Chan.

Willemen, Paul. 1994. *Looks and Frictions: Essays in Cultural Studies and Film Theory.* Bloomington: Indiana University Press.

Williams, Alan. 2002. "The Raven and the Nanny: The Remake as Crosscultural Encounter." In *Dead Ringers: The Remake in Theory and Practice,* edtied by Jennifer Forrest and Leonard R. Koos, 151–168. Albany: State University of New York Press.

Williams, Louis. 2007. "Book-length Studies on Chinese Cinemas." *Journal of Chinese Cinemas* 1, no. 1 (Spring): 75–78.

Williams, Raymond. 1977. *Marxism and Literature*. Oxford: Oxford University Press.

Wollen, Peter. 1998. "Tinsel and Realism." In *Hollywood and Europe: Economics, Culture, National Identity, 1945–1995*, edited by G. Nowell-Smith and S. Ricci, 129–134. London: British Film Institute.

Yang, Jeff, Dina Gan, and Terry Hong. 1997. *Eastern Standard Time: A Guide to Asian Influence on American Culture from Astro Boy to Zen Buddhism*. Boston, New York: Mariner.

Yesasia. 2008. "Durian Durian." Accessed August 29. http://www.yesasia.com/global/1001809051-0-0-0-en/info.html.

Žižek, Slavoj. 2008. *In Defense of Lost Causes*. London: Verso.

———. 2011. "Today Liberty Plaza Had a Visit from Slavoj Zizek" (Speech Transcripts). Occupy Wall Street, October 9. Accessed October 12, 2011. http://occupywallst.org/article/today-liberty-plaza-had-visit-slavoj-zizek/.

〈《3D肉蒲團》成香港旅遊項目　旅行社增加觀影團〉。2011年4月25日。旅遊中國網。上網日期：2018年3月19日。http://www.china.com.cn/travel/txt/2011-04/25/content_22433800.htm。

〈RUSH HOUR 2來港取景一舉兩得　成龍借電影推介香港〉。《大公報》。2000年3月28日。

Wu, Angie。2007。〈第9屆海峽兩岸暨香港電影導演研討會紀要〉。大眾時代(2月13日)。上網日期：2007年2月20日。http://www.mass-age.com/mynews_ar ticle.php?id=1170&pagea=1。

于冬。2004。〈港片北上樂與憂：2002–2004年港產合拍片的內地市場狀況〉。《電影藝術》，第6期：頁9–11。

中華人民共和國中央人民政府。2017。〈新聞出版廣電總局：2016年中國電影票房457.12億元〉(1月3日)。上網日期：2018年5月2日：http://www.gov.cn/xinwen/2017-01/03/content_5156125.htm。

尹鴻、石惠敏。2009。〈2008：中國電影產業備忘〉。《電影藝術》，02期：頁7–15。

方國麟、馮若芷。1999。〈20年太久，只爭朝夕：杜琪峰火浴光影中〉。載《香港電影面面觀98–99》，頁56–60。香港：香港臨時市政局編印。

〈成龍：台選是「天上笑話」〉。《文匯報》。2004年3月29日。

〈成龍建議文化中心擺放更多垃圾桶〉。《東方日報》。2002年12月30日。

〈成龍昨日以「香港旅遊大使的身份」〉。《澳門日報》。2003年10月29日。

〈成龍挺董建華網壇一片撻伐聲〉。《開放雜誌》。2003年9月1日。

〈成龍最討厭兒子洋化」〉。《華僑報》。2003年10月29日。

〈成龍演戲無數仍未有一套愜自己心意〉。《東方日報》。2004年3月29日。

〈成龍勸年輕人勿拜金擬在京辦演藝學校全球招生〉。《新報》。2003年10月29日。

百度百科。2008。〈人民公廁〉。上網日期：8月29日。http://baike.baidu.com/view/1044410.htm。

佚名。2006。〈兩地合作拍片票房過億〉。《大公報》（10月23日）。上網日期：2007年2月15日。http://www.takungpao.com/news/06/10/23/GW-640106.htm。

李東然。2009。〈許鞍華：《天水圍的日與夜》重建我對電影的信心〉。人民網《人民日報海外版》（4月29日）。上網日期：2007年5月31日。http://media.people.com.cn/BIG5/40606/9210706.html。

杜琪峰。2006。《銀河映像第一個十年》主題論壇演講。香港（4月5日）。上網日期：2007年2月22日。http://big5.xinhuanet.com/gate/big5/news.xinhuanet.com/expo/2006-04/06/content_4390114.htm。

沙丹。2010。〈「長鳳新」的創業與輝煌〉。載《銀都六十1950–2010》，銀都機構編，頁30–44。香港：聯合出版。

周銘。2007。〈「黃金甲」14項提名恐是點綴〉。《新民晚報電子版》（2月3日）。上網日期：2007年2月17日。http://big5.news365.com.cn:82/gate/big5/xinmin.news365.com.cn/tt/200702/t20070203_1281408.htm。

施鵬翔a。1999。〈迪士尼島〉。載《迪士尼不是樂園》,葉蔭聰、施鵬翔編,頁106–153。香港:進一步。

——— b。1999。〈造夢的工場,也是埋葬夢的墳地〉。載《迪士尼不是樂園》,葉蔭聰、施鵬翔編,頁14–28。香港:進一步。

紀陶。2000。〈鎗火〉。香港電影評論學會。上網日期:2002年6月6日。http://www.filmcritics.org.hk/mission/reviewC.html。

張建。1998。《九十年代港產片工業一瞥——困景的探討及出路》。香港:關注香港電影工業發展研究會。

張建德。1998。〈市況下沉,創意上升:談九七年香港電影〉。載《香港電影面面觀97–98》,頁8–10。香港:香港市政局。

張燕。2007。〈打造亞洲《毒品網絡》探究《門徒》的真相〉。搜狐娛樂(2月1日)。上網日期:2007年2月14日。http://yule.sohu.com/20070201/n247982304.shtml。

清心。2003。〈《龍咁威2003》——今天我們才有一個「成長」故事〉。香港電影評論學會。上網日期:2018年5月2日。http://www.filmcritics.org.hk/film-review/node/2018/03/11/%E3%80%8A%E9%BE%8D%E5%92%81%E5%A8%812003%E3%80%8B%E4%BB%8A%E5%A4%A9%E6%88%91%E5%80%91%E6%89%8D%E6%9C%89%E4%B8%80%E5%80%8B%E3%80%8C%E6%88%90%E9%95%B7%E3%80%8D%E6%95%85%E4%BA%8B。

陳清偉。2000。《香港電影工業結構和市場分析》。香港:電影雙周刊。

彭麗君。2007。〈作為學術學科建制化的「中國」電影〉,林志明譯。《電影欣賞學刊》,第130期(3月):頁130–135;英原文:Pang, Laikwan. "The Institutionalization of 'Chinese' Cinema as an Academic Discipline." Journal of Chinese Cinemas 1 no. 1 (Jan 2007): 55–61.

登徒。2000。〈鎗火〉。香港電影評論學會。上網日期:2002年6月6日。http://www.filmcritics.org.hk/essay002C.html。

馮澤。2007。〈三大片露臉 不走尋常路〉。休閒頻道。上網日期:2007年2月12日。http://leisure.hangzhou.com.cn/20060801/ca1210800.htm。

黃建業編。2005。《跨世紀台灣電影實錄1898–2000》。台北：國立電影資料館。

廖炳惠。1991。〈既聾又啞的攝影師〉。《新電影之死：從〈一切為明天〉到〈悲情城市〉》，迷走、梁新華編，頁129–134。台北：唐山出版社。

潘國靈編。2006。《銀河映像，難以想像：韋家輝＋杜琪峰＋創作兵團（1996–2005）》。香港：三聯書店。

〈踏足亞齊省重災區　成龍驚嘆天災殘酷〉。《明報》。2005年4月20日。

鄧正健。2008。〈譯了再說〉。《字花》第16期（10月）：頁13–14。

盧覓雪。2006。〈杜琪峰不願以和為貴：《黑社會2》放棄內地放得好〉。《亞洲時報在線》（4月13日）。上網日期：2007年2月22日。http://www.atchinese.com/index.php?option=com_content&task=view&id=15236&Itemid=91。

謝凱瑩。2009。〈香港電影節11月赴粵首辦〉。《明報》（8月17日）。

謝曉、陳弋弋。2005。〈數字看CEPA〉。人民網（1月21日）。上網日期：2007年2月8日。http://ent.people.com.cn/BIG5/8222/42057/43636/3135545.html。

華語電影

《3D肉蒲團之極樂寶鑑》（*3D Sex and Zen: Extreme Ecstasy*）。孫立基導，2011。（DVD，香港：新寶，2011）

《97古惑仔之戰無不勝》（*Young and Dangerous IV*）。劉偉強導，1997。（DVD，台北：冠鈞，2005）

《98古惑仔之龍爭虎鬥》（*Young and Dangerous V*）。劉偉強導，1998。（DVD，台北：方妮，2005）

《A計劃》（*Project A*）。成龍導，1982。（VCD，香港：樂貿，2009）

《A計劃續集》（*Project A II*）。成龍導，1987。（VCD，香港：樂貿，2009）

《KJ音樂人生》（*KJ*）。張經緯導，2009。（DVD，香港：CNEX，2009）

《PTU》(*Into the Perilous Night*)。杜琪峰導，2003。(DVD，香港：美亞，2003)

《一個字頭的誕生》(*Too Many Ways to Be No.1*)。韋家輝導，1996。(DVD，香港：鐳射，1997)

《一路向西》(*Due West: Our Sex Journey*)。胡耀輝導，2012。(DVD，香港：鐳射企業，2012)

《十分鍾情》(*A Decade of Love*)。李公樂等導，2008。(DVD，香港：千勳，2008)

《十面埋伏》(*House of Flying Daggers*)。張藝謀導，2004。(DVD，香港：安樂，2004)

《三國之見龍卸甲》(*Three Kingdoms: Resurrection of the Dragon*)。李仁港導，2008。(DVD，香港：千勳，2008)

《大內密探靈靈狗》(*On His Majesty's Secret Service*)。王晶導，2009。(DVD，香港：華娛，2009)

《大事件》(*Breaking News*)。杜琪峰導，2004。(DVD，香港：寰亞，2004)

《大隻佬》(*Running on Karma*)。杜琪峰導，2003。(DVD，香港：美亞，2003)

《天水圍的日與夜》(*The Way We Are*)。許鞍華導，2008。(DVD，香港：千勳，2008)

《天堂口》(*Blood Brothers*)。陳奕利導，2007。(DVD，香港：得利，2007)

《少林足球》(*Shaolin Soccer*)。周星馳、李力持導，2001。(DVD，香港：寰宇鐳射，2001)

《心想事成》(*It's a Wonderful Life*)。鄭中基導，2007。(DVD，香港：嘉利，2007)

《文雀》(*Sparrow*)。杜琪峰導，2008。(DVD，香港：寰宇，2008)

《父子》(*After this Our Exile*)。譚家明導，2007。(DVD，香港：鐳射，2007)

《世代同行》(*More Than Conquerors*)。張敬時導，2015。

《功夫》(*Kung Fu Hustle*)。周星馳導，2004。(DVD，香港：年代，2005)

《去年煙花特別多》(*The Longest Summer*)。陳果導，1998。(VCD，台北：新生代，1998)

《古惑仔2之猛龍過江》(*Young and Dangerous 2*)。劉偉強導，1996。(VCD，美國：泰盛，2005)

《古惑仔3之隻手遮天》(*Young and Dangerous 3*)。劉偉強導，1996。(VCD，香港：寰宇鐳射，2005)

《古惑仔之人在江湖》(*Young and Dangerous*)。劉偉強導，1996。(DVD，香港：美亞，2005)

《未竟之路》(*Road Not Taken Free*)。林子穎、黃頌朗導，2015。(DVD，香港：OutFocus，2017)

《伊莎貝拉》(*Isabella*)。彭浩翔導，2006。(DVD，香港：鉅星，2006)

《再生號》(*Written By*)。韋家輝導，2009。(DVD，香港：美亞，2009)

《再見阿郎》(*Where a Good Man Goes*)。杜琪峰導，1999。(DVD，香港：美亞，2000)

《危城諜侶》(*The Spy Lovers in the Dangerous City*)。畢虎導，1947。(錄像並未發行)

《江湖》(*Jiang Hu*)。黃精甫導，2004。(DVD，香港：美亞，2004)

《江湖告急》(*Jiang Hu—The Triad Zone*)。林超賢導，2000。(DVD，香港：寰宇，2000)

《老港正傳》(*Mr. Cinema*)。趙良駿導，2007。(DVD，香港：樂貿，2007)

《至尊無賴》(*Undercover Hidden Dragon*)。陳嘉上導，2006。(DVD，香港：美亞，2006)

《色·戒》(*Lust, Caution*)。李安導，2007。(DVD，香港：安樂，2007)

《似水流年》(*Homecoming*)。嚴浩導，1984。(VHS，香港：美亞，年份不詳)

《低俗喜劇》(*Vulgaria*)。彭浩翔導，2012。(DVD，香港：寰宇數碼，2012)

《宋家皇朝》(*The Soong Sisters*)。張婉婷導，1997。(DVD，香港：美亞，2003)

《我愛水龍頭》(*Woai shuilongtou*)。黃精甫導，1997。(錄像並未發行)

《投名狀》(*The Warlords*)。陳可辛導，2007。(DVD，香港：鉅星，2008)

《赤壁》(*Red Cliff*)。吳宇森導，2008。(DVD，香港：美亞，2008)

《赤壁——決戰天下》(*Red Cliff 2*)。吳宇森導，2009。(DVD，香港：美亞，2009)

《兩個只能活一個》(*The Odd One Dies*)。游達志導，1997。(DVD，香港：美亞。1997)

《夜宴》(*The Banquet*)，馮小剛導，2006。(DVD，香港：寰亞，2006)

《孤男寡女》(*Needing You ...*)。杜琪峰導，2000。(DVD，香港：美亞，2000)

《底語呢喃》(*Voices Omumur*)。「自治八樓」。

《放·逐》(*Exiled*)，杜琪峰導，2006。(DVD，香港：鉅星，2006)

《旺角卡門》(*As Tears Go By*)。王家衛導，1989。(DVD，香港：寰亞，2005)

《明媚時光》(*Glamorous Youth*)，翁子光導，2009。(錄像並未發行)

《狗咬狗》(*Dog bite Dog*)。鄭保瑞導，2006。(DVD，香港：樂貿，2006)

《盲探》(*Blind Detective*)。杜琪峰導，2013。(DVD，香港：洲立影視，2013)

《門徒》(*Protege*)。爾東陞導。2007。(DVD，香港：得利，2007)

《阿嫂》(*Mob Sister*)。黃精甫導，2005。(DVD，香港：樂貿，2005)

《青梅竹馬》(*Bamboo Door, Bamboo Door*)。黃精甫導，1999。(VCD，香港：影意志，1999)

《非常突然》(*Expect the Unexpected*)。游達志導，1998。(DVD，香港：寰宇，1998)

《柔道龍虎榜》（*Throw Down*）。杜琪峰導，2004。（DVD，香港：鐳射，2004）

《毒戰》（*Drug War*）。杜琪峰導，2013。（DVD，香港：寰亞影視，2013）

《紅海行動》（*Operation Red Sea*）。林超賢導，2018。

《美人魚》（*Mermaid*）。周星馳導，2016。（DVD，香港：安樂，2016）

《英雄》（*Hero*）。張藝謀導，2002。（DVD，香港：安樂，2005）

《英雄本色》（*A Better Tomorrow*）。吳宇森導，1986。（DVD，香港：天聲，2005）

《風景》（*Pseudo Secular*）。許雅舒導，2017。

《香港三部曲》（*Hong Kong Trilogy: Preschooled Preoccupied Preposterous*）。Christopher Doyle 杜可風導，2015）。（DVD，台北：天馬行空，2015）

《香港製造》（*Made in Hong Kong*）。陳果導，1997。（DVD，香港：亞洲影帶，2001）

《唐狗與北京狗》（*The Dogs*）。黃精甫導，2000。（VCD，香港：影意志，2000）

《家有喜事2009》（*All's Well End's Well 2009*）。谷德昭導，2009。（DVD，香港：鐳射，2009）

《師奶唔易做》（*My Mother Is a Belly Dancer*），李公樂導，2006。（DVD，香港：洲立，2006）

《恐怖雞》（*Intruder*）。曾謹昌導，1997。（VCD，香港：德寶，2000）

《特警新人類》（*Gen-X Cops*）。陳木勝導，1999。（DVD，香港：寰宇，1999）

《真心英雄》（*A Hero Never Dies*），杜琪峰導，1998。（DVD，香港：寰宇，1998）

《神探》（*Mad Detective*）。杜琪峰導，2007。（DVD，香港：美亞，2007）

《逆戰》（*The Viral Factor*）。林超賢導，2012。（DVD，香港：英皇電影，2012）

《得閒飲茶》（*I'll Call You*）。林子聰導，2006。（DVD，香港：洲立，2006）

《情癲大聖》(*A Chinese Tall Story*)。劉鎮偉導，2005。(DVD，香港：樂貿，2006)

《第一號戰犯》(*War Criminal Number One*)，李鐵、黃達才導，1947。(錄像並未發行)

《細路祥》(*Little Cheung*)。陳果導，1999。(VCD，台北：新生代，2005)

《野‧良犬》(*The Pye-Dog*)。郭子健導，2007。(DVD，香港：寰宇，2007)

《麥兜響噹噹》(*McDull Kung Fu Kindergarten*)。謝立文導，2009。(VCD，香港：Panorama，2009)

《傘‧聚》(*75 Days: Life, Liberty and Happiness*)。Film 75。

《傘步》(*Umbrella Moves*)。朱迅導，2016。

《喋血雙雄》(*The Killer*)。吳宇森導，1989。(DVD，樂貿，2007)

《喜馬拉亞星》(*Himalaya Singh*)。韋家輝導，2005。(DVD，香港：美亞，2005)

《單身男女》(*Don't Go Breaking My Heart*)。杜琪峰導，2011。(DVD，香港：鉅星錄像，2011)

《幾乎是，革命》(*Almost a Revolution*)。郭達俊、江瓊珠導，2015。(VCD，香港：Artifactory，2015)

《復仇》(*Vengeance*)。杜琪峰導，2009。(錄像並未發行)

《悲情城市》(*A City of Sadness*)。侯孝賢導，1989。(DVD，台北：新生代，2003)

《最後判決》(*Final Justice*)。趙崇基導，1997。(DVD，香港：寰亞電影，1997)

《港囧》(*Lost in Hong Kong*)。徐崢導，2015。(DVD，香港：洲立影視，2016)

《湄公河行動》(*Operation Mekong*)。林超賢導，2016。(DVD，香港：鐳射企業，2017)

《無間道》(*Infernal Affairs*)。劉偉強、麥兆輝導，2002。(Blu-ray，香港：鉅星，2008)

《無間道II》(*Infernal Affairs II*)。Blu-ray。劉偉強、麥兆輝導，2003。(香港：鉅星，2008)

《無間道III終極無間》(*Infernal Affairs III*)。劉偉強、麥兆輝導，2003。(Blu-ray，香港：鉅星，2008)

《無極》(*The Promise*)。陳凱歌導，2005。(DVD，香港：得利，2006)

《童年往事》(*The Time to Live and the Time to Die*)。侯孝賢導，1985。(DVD，香港：鉅星，2006)

《紫雨風暴》(*Purple Storm*)。陳德森導，1999。(DVD，香港：寰宇，1999)

《菊豆》(*Ju Dou*)。張藝謀導，1990。(DVD，台北：豪客，2006)

《集結號》(*Assembly*)。馮小剛導，2008。(DVD，香港：鉅星，2008)

《黑社會》(*Election*)。杜琪峰導，2005。(DVD，香港：鐳射，2005)

《黑社會：以和為貴》(*Election 2*)。杜琪峰導，2006。(DVD，香港：鐳射，2006)

《亂世備忘》(*Yellowing*)。陳梓桓導，2016。

《傷城》(*Confession of Pain*)。劉偉強、麥兆輝導，2007。(DVD，香港：鉅星，2007)

《新警察故事》(*New Police Story*)。陳木勝導，2004。(DVD，香港：寰宇，2004)

《暗花》(*The Longest Nite*)。游達志導，1998。(DVD，香港：寰宇，1998)

《暗戰》(*Running Out of Time*)。杜琪峰導，1999。(DVD，香港：美亞，2003)

《楊貴妃》(*Yang Kwei Fei*)。溝口健二導，1955。(DVD，廣州：峨嵋，2006)

《義載2》(*Van Drivers 2*)。廖潔雯導，2016。

《葉問》(*Ip Man*)。葉偉信導，2008。(DVD，香港：寰宇鐳射，2009)

《奪命金》(*Life without Principle*)。杜琪峰導，2011。(DVD，香港：鉅星錄像，2012)

《滿城盡帶黃金甲》(*Curse of the Golden Flowers*)。張藝謀導，2006。
　　(DVD，香港：安樂，2007)

《瘋狂的石頭》(*Crazy Stone*)。寧浩導，2006。(DVD，香港：千勣，
　　2006)

《福伯》(*Fu Bo*)。黃精甫、李公樂導，2003。(DVD，香港：鐳射，
　　2003)

《精武門》(*Fist of Fury*)。羅維導，1972。(DVD，香港：千勣，2009)

《辣手回春》(*Help!!!*)。杜琪峰導，2000。(DVD，香港：美亞，2000)

《餃子：三更2之一》(*Dumplings—Three … Extremes*)。陳果導，2004。
　　(DVD，香港：Applause Pictures, 2004)

《墨攻》(*A Battle of Wits*)。張之亮導，2006。(DVD，香港：得利，2006)

《審死官》(*Justice, My Foot!*)。杜琪峰導，1992。(DVD，香港：寰宇，
　　2007)

《賭神》(*God of Gamblers*)。王晶導，1989。(DVD，香港：美亞，2003)

《樹大招風》(*Trivisa*)。許學文、歐文傑、黃偉傑導，2016。(DVD，香
　　港：鐳射企業，2016)

《獨臂刀》(*The One-Armed Swordsman*)。張徹導，1967。(DVD，香港：
　　洲立，2004)

《獨臂刀大戰盲俠》(*Zatoichi Meets One Armed Swordsman*)。安田公義導，
　　1971。(發行不詳)

《親密》(*Claustrophobia*)。岸西導，2009。(DVD，香港：亞洲，2009)

《霍元甲》(*Fearless*)。于仁泰導，2006。(DVD，香港：安樂，2006)

《龍咁威2003》(*Dragon Loaded*)。谷德昭導，2003。(DVD，香港：美
　　亞，2003)

《鎗火》(*The Mission*)。杜琪峯導，1999。(DVD，香港：美亞鐳射，
　　2000)

《寶貝計劃》(*Rob-B-Hood*)。陳木勝導，2006。(DVD，香港：樂貿，
　　2006)

《警察故事》(*Police Story*)。成龍導，1985。(VCD，香港：樂貿，2009)

《警察故事3之超級警察》(*Police Story III Super Cop*)。唐季禮導，1992。
(VCD，香港：樂貿，2009)

《警察故事4之簡單任務》(*Police Story 4: First Strike*)。唐季禮導，1996。
(DVD，香港：華納，2002)

《警察故事續集》(*Police Story II*)。成龍導，1988。(VCD，香港：樂貿，
2009)

《鐵三角》(*Triangle*)。徐克、林嶺東、杜琪峰導，2007。(DVD，香港：
鉅星，2007)

《竊聽風雲》(*Overhead*)。麥兆輝、莊文強導，2009。(DVD，香港：鐳
射，2009)

非華語電影

After Life(下一站，天國). Directed by Hirokazu Koreeda (是枝裕和), 1998.
(DVD, Tokyo: Bandai, 2003)

Agitator(煽動者). Directed by Takashi Miike (三池崇史), 2001. (DVD, Tokyo:
Daiei, 1999)

American Gangster(犯罪帝國). Directed by Ridley Scott, 2007. (DVD, US:
Universal, 2008)

Around the World in 80 Days(八十日環遊世界). Directed by Frank Coraci,
2004. (DVD, US: Walt Disney, 2004)

Audition(切膚之愛). Directed by Takashi Miike, 1999. (DVD, Hong Kong:
UIH, 2004)

Bat (Thirst)(蝙蝠). Directed by Park Chan-wook, 2009. (錄像並未發行)

Blood the Last Vampire(血戰新世紀). Directed by Chris Nahon, 2009. (DVD,
US: Sony Pictures, 2009)

Cafe Lumiere(咖啡時光). Directed by Hou Hsiao-Hsien (侯孝賢), 2004.
(DVD, Taipei: Aurora, 2005)

Chilsu wa Mansu (柒洙和萬洙). Directed by Park Kwang-su (朴光洙), 1988. (錄像發行不詳)

DOA: Dead or Alive (生死格鬥). Directed by Takashi Miike, 1999. (DVD, Tokyo: Kino, 2003)

Distance (這麼…遠，那麼近). Directed by Hirokazu Koreeda, 2001. (DVD, Hong Kong: Panorama, 2003)

Go (*Go!*大暴走). Directed by Isao Yukisada (行定勳), 2001. (DVD, Hong Kong: Intercontinental, 2002)

Goodfellas (盜亦有道). Directed by Martin Scorsese, 1990. (DVD, US: Warner. 2007)

Illusion (幻之光). Directed by Hirokazu Koreeda, 1995. (DVD, Tokyo: Bandai, 2003)

Invisible Waves (暗湧). Directed by Pen-ek Ratanaruang, 2006. (DVD, Hong Kong: Panorama, 2006)

Joint Security Area (JSA安全地帶). Directed by Park Chan-wook (朴贊旭), 2000. (Hong Kong: ihkmusic, 2002)

Karaoke (你卡拉，我OK). Directed by Chris Chong Chan Fui (張千輝), 2009. (錄像並未發行)

Kill Bill (標殺令). Directed by Quentin Tarantino, 2003. (DVD, US: Buena Vista, 2004)

Mother (非常母親). Directed by Bong Joon-ho (奉俊昊), 2009. (錄像並未發行)

Narazu-mono (雙雄喋血記). Directed by Ishii Teruo (石井輝男), 1964. (錄像發行不詳)

Nobody Knows (無人知曉的夏日清晨). Directed by Hirokazu Koreeda, 2004. (DVD, Taipei: Hoker, 2005)

Old Boy (原罪犯). Directed by Park Chan-wook, 2004. (DVD, Seoul: Showeast, 2004)

Once Upon a Time in High School (藉着雨點説愛你). Directed by Yoo Ha (柳河), 2004. (DVD, Seoul: CJ Entertainment, 2004)

Ong Bak（拳霸）. Directed by Prachya Pinkaew, 2003. (DVD, US: 20th Century Fox, 2005)

Pulp Fiction（危險人物）. Directed by Quentin Tarantino, 1994. (DVD, Hong Kong: Panorama, 2006)

Rain Dogs（太陽雨）. Directed by Ho Yu-hang（何宇恆）, 2006. (Hong Kong, Intercontinental, 2006)

Rumble in the Bronx（紅番區）. Directed by Stanley Tong, 1995. (DVD, Hong Kong: Deltamac, 2000)

Rush Hour（火併時速）. Directed by Brett Ratner, 1998. (DVD, US: Warner. 1999)

Rush Hour 2（火拼時速2）. Directed by Brett Ratner, 2001. (DVD, US: Universe, 2001)

Sanshiro Sugata（姿三四郎）. Directed by Akira Kurosawa（黑澤明）, 1943. (DVD, Tokyo: Toho, 2009)

Shanghai Knights（贖金之王2：皇廷激戰）, Directed by David Dobkin, 2003. (DVD, US: Buena Vista. 2003)

Shanghai Noon（贖金之王）. Directed by Frank Coraci, 2000. (DVD, US: Buena Vista. 2000)

Sympathy for Mr. Vengeance（復仇）. Directed by Park Chan-wook, 2002. (DVD, Seoul: CJ Entertainment, 2002)

The Big Brawl（殺手壕）. Directed by Robert Clouse, 1980. (DVD, US: 20th Century Fox, 2004)

The Bride Wore Black（黑衣新娘）. Directed by François Truffaut, 1968. (DVD, US: 20th Century Fox, 2001)

Cannonball Run（炮彈飛車）. Directed by Hal Needham. 1980. (VCD, Guangdong: Guangdong yinxiang, 2003)

The Departed（無間道風雲）. Directed by Martin Scorsese, 2006. (DVD, US: Warner, 2008)

The Godfather（教父）. Directed by Francis Ford Coppola, 1972. (VCD, Hong Kong: Deltamac, 2007)

The Godfather Part II (教父 2). Directed by Francis Ford Coppola, 1974. (VCD, Hong Kong: Deltamac, 2007)

The Godfather Part III (教父 3). Directed by Francis Ford Coppola, 1990. (VCD, Hong Kong: Deltamac, 2007)

The Tuxedo (特務踢死兔). Directed by Kevin Donovan, 2002. (DVD, US: Universal, 2003)

Tokyo Story (東京物語). Directed by Yasujiro Ozu (小津安二郎), 1953. (DVD, Hong Kong: Panorama, 2005)

Vengeance Is Mine (我要復仇). Directed by Shohei Imamura (今村昌平), 1979 (DVD, Hong Kong: Panorama, 2002)

Windstruck (野蠻師姐). Directed by Kwak Jae-yong (郭在容), 2004. (DVD, Hong Kong: Edko, 2004)